Jiashiyuan Xinli Suzhi Xunlian Yanjiu

驾驶员心理素质训练研究

张艳霞　著

人民交通出版社股份有限公司
北　京

内 容 提 要

本书主要围绕驾驶员的感知与决策能力、注意力、情绪、意志力、压弹能力、个性优化、自我认知、交通安全意识、心理健康等素质的训练进行编写，并对驾驶员心理素质训练进行了实证研究。本书的目标在于探究安全驾驶的影响因素，制定驾驶员心理素质训练方案，提升驾驶员心理素质，预防事故发生，保证安全出行，让安全驾驶从“心”做起！

本书可作为交通运输管理部门、交通运输企业驾驶员心理健康管理的参考用书，也可以作为交通运输管理专业大专院校和驾驶培训学校的教学参考资料。

图书在版编目(CIP)数据

驾驶员心理素质训练研究/张艳霞著. —北京：人民交通出版社股份有限公司，2020.6

ISBN 978-7-114-16563-4

Ⅰ.①驾… Ⅱ.①张… Ⅲ.①汽车驾驶员—心理素质—研究 Ⅳ.①U471.3

中国版本图书馆 CIP 数据核字(2020)第 081798 号

书　　名：驾驶员心理素质训练研究
著 作 者：张艳霞
责任编辑：范　坤
责任校对：孙国靖　魏佳宁
责任印制：刘高彤
出版发行：人民交通出版社股份有限公司
地　　址：(100011)北京市朝阳区安定门外外馆斜街 3 号
网　　址：http://www.ccpcl.com.cn
销售电话：(010)59757973
总 经 销：人民交通出版社股份有限公司发行部
经　　销：各地新华书店
印　　刷：北京虎彩文化传播有限公司
开　　本：787×1092　1/16
印　　张：11.5
字　　数：271 千
版　　次：2020 年 6 月　第 1 版
印　　次：2020 年 6 月　第 1 次印刷
书　　号：ISBN 978-7-114-16563-4
定　　价：35.00 元

前 言

“车祸猛于虎”，交通事故已成为“世界第一害”。在“人、车、路、环境”四个因素中，与人有关的事故约占总体事故的90%以上，有资料显示，在人的因素中，驾驶员因素占到75%以上。驾驶员是一个特殊的职业群体，他们的工作时间不规律，班次更迭轮换频繁。工作过程中，同伴少，又需要长时间的维持注意力的高度集中，工作活动空间小，还会接触噪声、振动、空气污染等多种职业危害因素，这些因素除了会诱发跟驾驶工作的有关生理疾病外，还会给驾驶员的心理健康带来一定影响。

笔者作为一名从事心理学教学与科研的教师，二十多年来将所学的心理学知识和交通特色寻找了一个结合点——交通心理学。起初，笔者致力于心理危机干预的研究，先后主持完成山东省社科联人文社会科学年度课题“积极心理学视角下大学生心理危机预防与干预实证研究”，山东省教育厅人文社会科学研究项目“突发灾难事件的心理危机干预研究”，特别是做完山东省社会科学规划研究课题“重特大交通事故后的心理危机干预研究”后，深深感受到交通事故的预防比事后的危机干预更重要。曲突徙薪，防患于未然，减少交通事故从“心”开始，提升驾驶员心理素质，有针对性的进行心理训练至关重要。

本书是在多年驾驶员心理素质训练实践的基础上编写而成。在写作的过程中，笔者将理论知识的科学性与活动训练的实践性、针对性、可操作性相结合。

本书精选了驾驶员心理素质训练内容，一共11章。第一章，绪论；第二章，驾驶员的感知与决策能力训练；第三章，驾驶员良好的注意品质培养与训练；第四章，驾驶员情绪管理能力训练；第五章，驾驶员的意志力训练；第六章，驾驶员压弹能力培养与训练；第七章，驾驶员的个性优化训练；第八章，驾驶员的自我认知与感悟能力训练；第九章，驾驶员交通安全意识训练；第十章，驾驶员心理健康的自我维护训练；第十一章，驾驶员心理素质训练的实证研究。

在每一章的编写上，我们按照训练的流程“学一学，练一练，想一想”三个环节进行。“学一学”即理论阐释，提供相应的心理学背景知识。我们知道，提高认知是提高心理素质的重要方面。如果对心理学的知识一知半解或是根本不了解，就很难有效提高其心理素质。所以，首先需要学习相关的心理学知识；“练一练”包括心理自测和团体辅导活动两部分。心理自测部分，为驾驶员提供专业量表及计分办法，评价标准，独立完成测试；团体辅导活动部分，主要依据团体辅导的原理，围绕有关主题，设计相应的活动，制定训练方案。“想一想”是围绕训练活动，来启发驾驶员思考、反思，注重引导驾驶员自主地探索和感悟，人的心理成长，靠的不仅仅是相关理论知识的学习，更需要人的亲身体验、感受和感悟。心理学需要用心去体会，所以把驾驶员的体验和感悟，作为一个主线，渗透在团体训练中，非常具有新意。

交通事故的预防，道路交通安全状况的改善，需要多管齐下，方方面面共同努力。基于当前的道路交通情况，提升驾驶员心理品质，促进交通安全有着重要的现实意义。本书的目标在于探究安全驾驶的影响因素，制定驾驶员心理素质训练方案，提升驾驶员心理素质，预防事故发生，保证安全出行，让安全驾驶从"心"做起！

由于本人水平所限，书中定有诸多疏漏之处，恳请各方专家和广大读者批评指正，不吝赐教。

编　者

2019 年 12 月

目　录

第一章 绪 论

驾驶员是一个特殊的群体,有着不同于其他职业的要求。由于驾驶员职业的特殊性,在运输过程中,驾驶员常常需要长时间连续驾驶,并始终保持良好的状态,时刻对道路条件、道路环境和车辆运行状况等信息进行观察,准确识别潜在的风险,迅速操控车辆进行应对,劳动强度较大。车辆行驶途中,车流、人流、道路条件和天气条件等都在不断发生变化,驾驶员所遇到的交通情况都会不同,每一种异常情况的出现,都预示着随时会有交通事故发生的危险,需要驾驶员及时、正确应对,瞬间的不规范操作,都可能会引发交通事故。驾驶员在车辆运行中常常受到车辆颠簸、振动和环境噪声的影响,工作环境恶劣,容易引发生理疾病;此外,驾驶员面临着复杂、多变的交通环境,长时间处于高度紧张状态,同时还会受到各种外界因素的刺激,比如遭遇其他道路交通参与者的挑衅、乘客因不理解而无端指责等,心理状态容易发生变化,甚至产生消极、抑郁心理。

据资料表明:交通事故的发生很多都是由于驾驶员的心理异常、情绪不稳定、应急处置能力欠佳、操作不当等因素造成的。驾驶员不仅要具有娴熟的驾驶操作技能,还要有良好的心理素质。操作协调性、反应的迅速程度、思维的敏捷性、情绪的稳定性、注意力的集中程度和优良的个性等都可通过训练得到提高。

第一节 驾驶员心理素质训练概述

一、驾驶员心理素质训练及意义

1. 驾驶员心理素质训练

驾驶员心理训练是指利用一定的手段和方法结合驾驶训练内容和执行的运输任务,有目的、有计划地培养驾驶员所具备心理素质而进行的训练活动。心理训练有个体自主训练和团体心理素质训练两种类型。

个体自主训练,即通过言语暗示、肢体松弛方法等对自身本体状态进行自我调整练习,改变本体生理、心理状态,达到自我控制、自我约束、自我调节、自我放松,取得心身双修的效果。

团体心理素质训练,是在团队中进行心理帮助与辅导的一种心理能力和心理素质培养模式。心理训练实质上是一种特殊的教育过程,它是根据"身、心、灵"互动理论组织设计比较系统、实用、有效的活动,引导驾驶员相互交流、共同探讨、彼此启发、互相支持鼓励,在团体动力作用下,促使个体观察、体验和分析自己的心理行为反应,了解、商讨和分享他人的态度、感受,从而探索自我、接纳自我、完善自我,深化自我认识,调整观念,改善情绪和解决行为上的困扰和问题,调整和改善与他人的关系,学习积极的态度与行为方式,增强社会适应能力,促进人格健康成长。

“身、心、灵”作为一个整体,三者之间存在互动关系。对每一个人来说,其身体、心理和精神构成了一个内在的系统,而其个体与环境之间也构成了一个外在的系统。通过适当的技术或操作训练,可以调控人的心理活动从而引起某种生理状态的产生,也可以调控人的生理活动从而引起某种心理状态的产生。内在系统的健康互动与外在系统的协调发展,构成了健康人格的基本内容。

2. 驾驶员心理素质训练的意义

对驾驶员进行心理素质训练有助于其形成与发展必备的心理品质。我们所要求驾驶员具有感觉器官(视觉、听觉、嗅觉、触觉器官)的高度灵敏,观察分析交通情况的迅速准确,注意力的高度集中,以及遇到突发状况时情绪控制稳定并能准确、可靠地操纵汽车等,驾驶员必备的心理素质是由汽车驾驶这一工作的基本特点决定的。通过心理训练有利于这些素质的提高与发展。

通过心理素质训练,驾驶员可以学会意志的自我培养和情绪的自我控制,有助于培养驾驶员在极其复杂的交通情况下,自觉地控制和调节心理状态的能力,从而间接减少交通事故的发生概率,保证行车安全。

对驾驶员进行心理素质训练有助于心理复原能力、压力容忍能力等积极心理潜能的培养与发展。现代交通的大流量、快节奏、高技术,对驾驶员的心理素质要求越来越高。在驾驶工作中,瞬息万变的交通环境,使驾驶员面临着各种随时而来的身体和心理上的考验,他们的体力、脑力消耗极大,各种矛盾错综复杂,有些不能及时解决,长期以来遗留下来,轻则影响当前的工作,重则使人们心理生活异常,形成一种病态心理现象。驾驶员长期处于高风险、高压力、高应激的状态之下,加强抗压和应激训练非常有必要。驾驶员如果对此缺乏必要的心理准备,势必会表现出某些情绪过激、心理疲劳、动机不足、动作迟钝、心态消极等状况。

二、驾驶员心理素质训练的理论基础

1. 团体动力学理论

团体动力学理论(Group Dynamics)是由德国心理学家勒温创立的,它研究的是团体的形成与发展,群体内部人际关系及其他群体的反应,群体与个体的关系、群体的内在动力、群体间的冲突、群体行为等。

团体动力学的本质含义有两层:一是作为一种影响团体过程,促进团体效能发挥的途径;二是作为一种对于团体进行科学研究的手段。

驾驶员的心理素质训练一般也是以集体参与形式为主的团体活动,所以适当地把团体动力学引入驾驶员团体训练活动过程中,能提高其团体效能。

2. 人本主义心理学

人本主义心理学是伴随着存在主义的兴起而发展起来的,其主要观点在于强调对个人经验、个人价值、个人尊严的重视,主张研究人的整体意识经验。主要理论代表有马斯洛需求理论、罗杰斯“以来访者为中心的治疗”等,尤其是后者,主张放弃精神分析的指导性和权威性意见,而是相信来访者对于自己需要什么有一个基本的了解(也许是潜意识的)。在治疗过程最为关键的在于营造一种温暖、开放、融洽、平等的氛围,罗杰斯的治疗观是一种人生哲学,而不是对于"异常的治疗",这与他的人性观是有关的,他对人性的看法是乐观而富有积极性的。对于学习,罗杰斯认为,人类具有天生的学习愿望和潜能,这是一种值得信赖的心理倾向,它们可以在合适的条件下释放出来;当人们了解到学习内容与自身需要相关时,学习的积极性最容易激发;在一种具有心理安全感的环境下可以更好地学习。

这种积极乐观的人性观和学习观,也是团体心理训练作用的基础,在指导过程中,组织者要设法营造一个平等开放、互相尊重、互相协助的氛围,这对于参与团体心理训练的个体的自我认同、自我发现和成长、自我效能感都会有很大的帮助。在驾驶员的心理素质训练过程中,组织者与参训者之间,参训者相互之间的协同合作,以及在温暖、开放、融洽、平等的氛围下进行沟通交流,都是提升训练效果的重要影响因素。

3. 小群体互动理论

美国东密歇根大学管理学教授斯图尔特·塔布斯运用系统论方法对小群体进行专门研究,并提出小群体互动的一般系统模型,包括三个部分:相关背景因素、内在影响和结果。小群体互动就是这三个因素的相互影响。

该理论针对驾驶员心理素质的训练过程,通常需要分小组体验、互动、分享与感悟。驾驶员团体的同质性和异质性同时存在。职业驾驶员同质性表现在文化素质、专业、工作环境基本接近,长期在一起工作,会有一些共同的观点和思维模式。异质性主要表现在每个成员的文化背景、性格、成就动机等不一样。因此,针对驾驶员团体的特点,在一些需要分小组训练的心理素质方面,从认知、情感和行为三个角度进行相关训练。

4. 社会学习理论

社会学习理论创始人班杜拉强调人的思想情感和行为不仅受直接经验的影响而且受间接经验的影响,强调行为与环境的相互作用,以及认知过程、观察学习和自我调节过程的重要性。在驾驶员的心理素质训练中也应努力营造一种宽松的氛围,发挥每一位成员的作用,让他们一直处在一种充满信任与关心尊重的环境中,更好地去认知和学习,循序渐进地提高心理素质。

5. 积极心理学理论

积极心理学是心理学领域的一场革命,是一门从积极角度研究心理学的新兴科学。研究的代表人物有塞尔格曼。积极心理学强调激发人的认识能力,倡导对各个心理问题以积极的视角作出积极的解释和分析,使个体不仅能解决问题,更能从中获得积极的力量。包括认为人性本善,要以乐观的态度去看待人性,以最大限度地挖掘和激发人积极的心理需求,如求知欲、进取心、自我意识等;积极心理学强调激发对象爱的能力,包括爱自己,爱他人与被人爱的能力,也就是激发对象的积极情感能力;通过积极心理学理念来培养健康的人格,如喜悦、宽容、幸福、责任、自信等积极的人格特质,进而形成积极的解释和应对风格,内化为稳定的心理活动;问题的存在是必然的,重点在于问题的解决之道。通过积极心理学理念来培养积极健康的情绪,能恰当表达、合理调适;培养积极意志行为,有效应对挫折与压力。

在驾驶员的心理素质训练中以积极心理学理论为指导,培养驾驶员积极的认知,获得积极力量,悦纳自我;培养驾驶员积极的情绪,良好的移情能力,提高主观幸福感;养成驾驶员积极的意志行为,提高行动的计划性、自觉性、坚韧性和独立性;完善驾驶员积极的人格特征，全面提升驾驶员的心理健康水平。

三、驾驶员心理素质训练的原则

1. 主动性原则

在心理素质训练过程中，要充分调动驾驶员的主动性、积极性，引导他们自觉地学习、练习和思考，学会结合自己的个性特点，独立思考、融会贯通，尝试着找出适合自己的心理训练方法，来自觉控制和调整自己的心理状态。这种主动、积极的态度无疑对心理训练有着巨大的推动作用，有利于驾驶员在心理训练过程中始终保持积极的状态，达到预期的效果。在实施心理素质训练过程中，自己不主动参与就没有任何效果，别人不可能代他训练并取得效果。如何在训练前做好动员，以及在训练初期激发兴趣是达到心理训练效果的重要因素。

2. 循序渐进原则

人的生理机能和心理机能都是用进废退，心理素质训练必须持之以恒地进行，才能保持高水准。根据知识技能、工作态度形成和心理品质的发展规律，科学制定训练计划，精心安排训练内容和方法。在训练内容上应具有较强的针对性，每项训练重点多集中在一两个具体科目，并按照从简到繁、从易到难的顺序逐步增加训练难度，并且要及时反馈训练的结果。使驾驶员了解自身的训练效果并指出其训练中的不足。在训练方法上要突出可操作性和可评价性，以便最终检查和评价训练的成绩。

3. 针对性原则

心理训练必须有针对性。就像现代体育和传统体育的一大不同，就是结合生理学知识，搞清了各种训练的针对性，去掉许多危险或者低效的训练方法。健身房里的联合器械就是针对身体的某一块肌肉的训练来设计的。

心理训练在这方面更困难一些。因为在日常生活中，各项心理机能都是统一发挥作用的，驾驶活动需要各项生理机能和心理机能协同作用，如何将各项技能抽取出来，通过某种训练单独加以强化，到目前为止还没有很准确的答案，但这是心理训练努力的方向。

驾驶员心理训练主要是由心理学专家或受过专业训练的人员应用心理学的理论和方法，针对驾驶员的认知、情绪、人格、心理健康进行训练，促进驾驶员心理品质的提升。

4. 全面性原则

人的心理机能各方面通常是相互影响的，训练的过程同样需要遵循全面性原则。由于人们从事的体育项目或者日常工作不同，肯定会有某些生理机能或者心理机能被突出训练。但在这个时候不能对其他机能有所偏废。目前社会上已经存在着不少心理训练班，由于训练时间过短，只能针对某一心理机能进行训练。有的是“注意力训练”，有的是“自信心训练”，有的是针对情绪的“情绪管理训练”，有的是针对挫折与压力的“压力缓解训练”，不一而足。在目前心理训练发展阶段，由于社会还不认可，条件简陋，从单项训练入手无可厚非。但不采用全面训练，单项训练的成果就不容易保持，因为心理机能在现实生活中是互相配合发挥作用的。比如不进行情绪训练，注意力训练的效果就不容易保持；不接受行为训练，外显行为笨手笨脚；长期低效率，自信心又从哪里来。

5. 情境体验原则

一定的心理素质只能在一定的情境下体现出来，训练情境与真实情境越接近越好。这一点上与体育训练有明显不同。在健身房、游泳馆里练出的力量,在比赛场地基本能发挥出来;但在教室里训练出的"自信心",在驾驶实践场合可能无影无踪。

人的心理活动与情境高度契合,情境体验这一原则也是心理训练和心理辅导的不同之处。心理辅导对情境的区别一般没有特殊要求,多在咨询室里进行。心理训练讲究通过实际体验来进行训练。心理训练强调让训练者去直接体验,这是心理训练与道德教育,以及心理辅导的区别之一。所以模拟情景下的心理训练体验更容易直接刺激感知觉、形成表象,激发情绪和产生行为。

6. 区别对待原则

个体在心理特征、年龄、性别、驾驶技能与经验等各方面的差异较大,决定了驾驶员的心理训练不能搞"一刀切",每个人的心理训练重点也应有所不同。即使是针对普遍性问题的训练,也会因每个人的具体情况不同而在训练内容、方法和目标设置上有所区别,这也是传统意义上的因材施教原则在驾驶员心理训练中的应用和实施。

四、驾驶员心理素质训练的内容

1. 驾驶员自知与感悟能力训练

驾驶员个体能较好地感知、省察自己的认知、情感和行为经历。包括驾驶员个体对认知活动的自我意识、调节和监控,对特定行为或经历所产生的感想和体悟,以及能有效地自我洞察和反思,省察自己的言行。对自己的优势与劣势有正确的认识,并对自己的实力、优势有正确的估计和积极的肯定;相信自己有能力实现既定目标,特别在问题难度加大时,表现出对自己决定或判断的认可;主动接受挑战,将自己置于挑战性极强的环境中。

2. 驾驶员感知与决策能力训练

感知与决策能力主要包括:一是对驾驶中出现的一切信息,都能灵敏、迅速、准确地反应出来的能力;二是以视、听、动觉为主的所有感知器官共同参与,协同活动反应交通信息的能力;三是对速度、距离、方位、状态和肢体运动的精确判断与控制能力;四是对风险有敏锐的觉察力和预见性驾驶能力,驾驶经验丰富,知道什么情况下存在着危险,提前预判并采取措施,在遇到紧急情况时能保持冷静,迅速做出正确反应。能及时感知到突发状况,反应迅速,技术娴熟;在遭遇风险时,能保持冷静沉着的状态,思维清晰,行动有条不紊,并能有逻辑地排查、分析与思考,果断作出选择。

3. 驾驶员良好的注意品质训练

驾驶活动对驾驶员注意品质提出了很高的要求。驾驶员注意的广度、稳定性、分配与转移能力直接影响着驾驶技能的发挥和安全行驶。"集中注意,安全驾驶""事故出于麻痹大意"等常见的安全警句,都是讲安全驾驶和事故预防受人的心理活动的选择倾向性和意识清醒程度的影响。根据国外有关资料报道,有 16% ~34% 的道路交通事故与注意有关。对道路交通事故的统计发现,大多数的肇事者都说是因为思想麻痹、走神、开小差、注意力不集中导致判断不准,错过信息,行动出错,从而引发事故。可见,在汽车行驶过程中,对于驾驶员来说,自始至终都要把注意力集中到驾驶上,即使一两秒的注意力不集中也容易引发事故。

4. 驾驶员情绪管理能力训练

情绪稳定性是驾驶员应该具备的重要心理品质之一,无论汽车性能多么先进,交通状况多么通畅，驾驶始终都是一个风险职业，许多不可预知因素都会导致紧急情况的发生，在这样的情景中驾驶时，需要驾驶员具备良好的情绪管理和控制能力。情绪管理训练即通过放松、自我暗示、调整认知、静态心身松弛、即时心身松弛、转移注意力等手段，达到消除过度紧张、焦虑，稳定情绪的目的。根据自己情绪波动的规律，进行自我检查，一旦发现情绪有不正常的表现，迅速作出调整，采取移情、发泄、放松、自我激励等方法，改变情绪状态。

5. 驾驶员压弹能力训练

加强驾驶员压弹能力训练，对于提高驾驶员的心理健康，保证驾驶安全具有重要意义。因驾驶活动的复杂性，驾驶员的驾驶技术、情绪心境都会影响驾驶操作过程；另外，驾驶中可能出现各种意料之外的情况，驾驶员能否在最短时间内接受变化并采取灵活积极的措施应对这种变化，决定了是否能顺利完成驾驶任务。进行驾驶员压弹能力训练，驾驶员在遇到挫折或创伤后的心理恢复正常，具有使行为功能恢复正常的能力；在遭受诱惑、阻力、敌意、压力时保持冷静、镇定和抑制负面情绪和行动的能力；在面对压力、困难或挫折时的坚韧性和耐受力；对人、事持乐观态度，能够以平和的心态面对环境的转换；能够根据不同场景、不同文化、不同人等情境因素，权变得调整自己的应对策略。

6. 驾驶员意志品质训练

驾驶员在从事驾驶活动时，为达到安全的目的，充分发挥自己的体力和技能，冷静处理复杂的交通矛盾冲突，正确处理路面情况，顽强忍耐，坚忍不拔等都是驾驶员意志品质的表现。驾驶工作的特殊性决定了对驾驶员的意志品质的要求是多方面的。进行驾驶员意志品质训练目的是发展和完善自我意志行为，培养吃苦耐劳，不怕困难的顽强精神，培养驾驶员意志的自觉性、果断性、坚持性、自制性品质。

7. 驾驶员安全意识训练

驾驶员安全意识淡薄是道路交通事故多发的根本原因，驾驶员要努力掌握专业理论与操作技能，不盲目服从权威或他人；做事耐心细致，不遗漏任何可能对驾驶安全产生影响的细微环节；对自己的行为敢于负责，对自己的失误敢于诚实报告，敢于承担责任。要培养驾驶员善待生命、珍惜生命的健康意识；事故严重、灾害频繁的风险意识；预防为主，防范在先的超前意识；行为规范、技术优先的科学意识；时刻注意安全的警觉意识。驾驶员安全意识训练，包括责任意识教育，安全知识教育，培养安全预防意识，训练安全驾驶习惯。尊重生命、充分关爱生命，始终把安全放在第一位，文明行车，谨慎驾驶，共同构建一个安全文明、和谐有序的交通环境。

8. 驾驶员个性完善训练

人的个性是指在一定的先天生理基础上、一定的社会历史背景下所表现出来的独特、稳定和本质的个性心理倾向和个性心理特征的总和。“事故倾向性”理论指出：某些人由于具有某些个性特征因而比其他人更易发生事故，掌握容易引发交通事故的不良个性品质，通过个性完善训练，培养驾驶员沉着冷静、宽容大度、正直诚实、自信果断、谦虚进取的个性特征。

9. 驾驶员心理健康自我维护训练

驾驶员的心理健康是影响安全驾驶的重要因素之一，为了减少心理问题的出现，驾驶员心理健康的自我维护非常必要。驾驶员一方面要培养积极的心态，积极的心态使人产生向上的力量,使人喜悦、生气勃勃,使人沉着、冷静,有目标、敢于承担责任、独立自主;另一方面学习维护心理健康的方法,确立恰当的目标,投入工作生活,理性认知,积极归因,加强意志锻炼,增强情绪的自我调控能力,培养幸福感。拥有积极的心态,自我维护心理和谐,才能更好地感知生活的美好。

五、驾驶员心理素质训练的方法

1. 专题讲座

围绕训练主题进行专题讲座,主要是理论知识的传授,这是驾驶员心理训练前的一种准备或是辅助手段,专题讲座是为心理素质训练奠定理论基础,如果只听讲座而不参与其他的训练活动,往往收效甚微。

2. 体验式训练法

驾驶员亲自参与体验,在完全放松状态下,完成训练任务,然后驾驶员相互交流完成(未完成)任务时的心理感受以及处理问题的长处及不足,最后教练运用心理学、教育学、社会学等知识深入浅出从理论层面点评,为驾驶员答疑解惑,使驾驶员掌握更多心理方面及其他综合知识,提高驾驶员心理素质、职业心理能力和综合能力。

3. 场景模拟训练法

场景模拟训练法,是设计各种各样意想不到的场景,让个体置身于模拟的应激情景之中,并不断施加各种应激刺激信息,训练其控制情绪、调整心态,迅速组织思维,快速准确分析、判断及解决应激事件的能力。

4. 角色扮演训练法

角色扮演是一种综合性、创造性的互动活动,人们通过进行角色扮演活动,可以分享和感知经验与心得。事先由教练根据训练主题创作剧本,参与活动的所有成员都是扮演者,通过扮演各自的角色参与活动。在角色扮演中,人们能亲身体验和实践他人的角色,从而能够更好地理解他人的处境,设身处地体验他人在不同情况下的内心情感,同时,反映出个体深藏于内心的情感。角色扮演能增进人们对他人社会角色和自身角色的理解,从而学会更有效地履行自己角色的心理技术,培养人性中重要的同理心。

六、驾驶员团体心理素质训练的目标与要求

1. 驾驶员团体心理训练的目标

驾驶员团体心理训练的目标:

(1)提升驾驶员心理素质,使其感觉灵敏,注意力集中,迅速准确地观察分析交通情况,遇到突发情况时能自觉地控制和调节心理状态,冷静准确、可靠地操纵汽车,减少了交通事故的发生概率,保证行车安全。

(2)培养驾驶员心理复原能力、情绪控制能力、压力容忍能力等积极心理潜能。驾驶员是高风险、高压力、高应激的职业,对心理素质要求越来越高。在驾驶工作中,面对复杂的交通环境,驾驶员经历着各种随时而来的身心考验,体力、脑力消耗极大,各种矛盾错综复杂,若不能及时解决,轻则影响当前的工作,重则使驾驶员的心理生活产生异常,形成一种病理心理现象。

2. 驾驶员团体心理训练的要求

(1)积极互动,广泛交流。团体训练是以参加者的积极互动为基础的,参加者若消极观望、被动应付,甚至弄虚作假,不仅会一无所获,白白浪费时间,更重要的是会破坏整个团体训练活动的氛围。团体辅导训练中最有价值的是多种资源的相互作用。不论是交流信息、解决问题、探索个人价值,还是练习新的行为、感受被接受的体验,团体成员们会有多种多样的观点和想法,团体提供的反馈比个人的反馈更有力量,尤其是在行为演练的过程中,他人的建议、反应和感知都很有价值。团体成员应尽量争取和团体内的其他成员都有交流的机会,避免只与自己喜欢的团体成员沟通。

(2)保守秘密,尊重隐私。训练活动能否顺利进行,气氛是否热烈,效果到底怎样,都依赖于团体成员的表现。在团体活动中,成员要尽量敞开心扉,但在活动中获得的信息必须保守秘密,不向外传播。辅导训练活动过程中,不论你是"参与者"还是"观察者",都要积极自我流露或寻求对策,真情感受或支持鼓励。要杜绝抱怨、嘲讽或到团体外透露团体成员的隐私。

(3)坦率真诚,保持中立。团体中成员要坦率真诚地与其他团体成员进行交流,不掩饰自己的真实情感。对他人的表露,要提供反馈。在团体中,成员要尊重他人,仔细倾听,不随意打断别人的发言,听到和自己不一致的意见时不指责、不评论。

(4)遵守纪律,练习巩固。成员按时参加每次团体活动,不迟到,不缺勤。参加活动时,注意力集中,不接打手机、看报纸、吃东西、做其他事。课下独立完成心理自测、心灵感悟、反思体验、推荐阅读、电影赏析等环节的训练,这些环节的训练本身就是心理辅导与训练的一个重要环节,对提高自己的心理能力有不可低估的作用。

第二节　心理自测与团队构建

一、心理自测

1.【心理自测】测试一:卡特尔16种人格因素问卷(16PF)

卡特尔16种人格因素问卷(16PF)共有187道题目,都是有关个人兴趣和态度等的问题,告知驾驶员账号和密码,自行登录华瑞人才测评系统(http://203.158.23.14/sdit/index.asp)网上完成。卡特尔16种个性因素测验量表(16PF)结果解释如下:

通过网上测试我们能够得到16种人格因素的得分,一般我们使用1~10的标准分,其中1~3分为低分,4~7分为平均分,8~10分为高分。如果在某个因素上面的得分为低分,可以解释为低分特征,如果分数趋中,则可以解释为平均特征;如果得分为高分,则解释为高分特征。分数越低越偏向于低分特征,反过来分数越高的越偏向于高分特征,见表1-1。

卡特尔16种个性因素测验表　　表1-1

因素	维度名称	内　容	低分解释	高分解释
A	乐群性	此维度主要评估您在工作和生活中,是愿意一个人做事,还是比较喜欢与别人合作	缄默、孤独、冷漠	外向、热情、乐观

续上表

因素	维度名称	内容	低分解释	高分解释
B	聪慧性	此维度主要评估您的智力水平和学习理解的能力	思想迟钝，常识浅薄，抽象思维能力弱	聪明，有才能，善于抽象思维
C	稳定性	此维度主要测试情绪的稳定性	情绪激动，容易产生烦恼	情绪稳定而成熟，能面对现实。
E	恃强性	此维度主要测试在团队、组织或社会中，您是倾向于领导、影响别人还是倾向于服从	谦虚、顺从、通融、恭顺	好强固执，独立积极
F	兴奋性	此维度主要测试您是性格外向、热情活泼，还是性格内向、谨慎寡言	严肃、审慎、冷静、寡言	轻松兴奋，随遇而安
G	有恒性	此维度主要测试您是否具有明确的目标理想，以及您的责任感的强弱	苟且敷衍，缺乏奉公守法精神	有恒负责，做事尽职
H	敢为性	此维度主要测试是否擅长与别人交际，以及是否有喜欢冒险的倾向。因素H常随年龄而增强	畏怯退缩，缺乏信心	冒险敢为，少有顾虑
I	敏感性	此维度主要测试您平时是比较感性、富于幻想，还是比较理智、现实。一般女性在此项上的得分高于男性	理智，着重现实，自食其力	敏感，感情用事
L	怀疑性	此维度主要测试您做人是比较坦率真诚随和，还是多疑戒备。在团体活动中，低L做事往往优先考虑团队利益，因素L过分高者常常对团队的利益和稳定性产生不利影响	依赖随和，容易与人相处	怀疑、刚愎自用、固执己见
M	幻想性	此维度主要测试您做事是认真谨慎、脚踏实地，还是富于想象，倾向于思考而不是倾向于行动	现实、合乎成规，力求妥善合理	幻想、狂放、任性
N	世故性	此维度主要测试您做人比较坦率真诚，还是比较老练世故	坦白、直率、天真	精明能干、世故
O	忧虑性	此维度主要测试您体验到的烦恼和忧郁程度	安详沉着，有自信心	忧虑抑郁、烦恼自扰

续上表

因素	维度名称	内容	低分解释	高分解释
Q1	试验性	此维度主要测试您的心态和思想是开放自由,还是比较保守落伍	保守、尊重传统观念和标准	自由和激进,不拘泥于现实
Q2	独立性	此维度主要测试您平时是比较倾向于独立、果断,还是依赖性强,习惯随波逐流	依赖、随群、附和	自立自强,当机立断
Q3	自律性	此维度主要测试您是否有坚强的意志、自制力和明确的目标感	矛盾冲突,不顾大体	知己知彼,自律谨慎
Q4	紧张性	此维度主要测试您在平时状况下和遇到事情的时候,是比较心平气和还是容易紧张	心平气和,闲散宁静	紧张困扰,激动挣扎

2.【心理自测】测试二:合作能力测试

指导语:本测试由一系列陈述语句组成,请你根据自己的实际状况,从 A. 非常符合,B. 有点符合,C. 无法确定,D. 不太符合,E. 很不符合中选择最符合自己特征的描述。选择时请根据自己的第一印象,不要思虑太多。

(1)我喜欢在别人的领导下完成工作。

(2)我不喜欢参加小组讨论。

(3)与陌生人一起讨论时,我会放不开。

(4)我喜欢与人一起分担一项工作。

(5)我与周围人的关系很和谐。

(6)我觉得自己要比别人缺少伙伴。

(7)很少有人可以让我感到可以真正信赖。

(8)我时常感到寂寞。

(9)我相信大合作大成就,小合作小成就。

(10)我感到自己不属于任何圈子中的一员。

(11)我与任何人都很难亲密起来。

(12)我的兴趣和想法与周围人不一样。

(13)我常感到被人冷落。

(14)没人很了解我。

(15)在小组讨论时我感到紧张不安。

(16)我善于把工作分解开,让合适的人一起做。

(17)我感到与别人隔开了。

(18)我感到羞怯。

(19)我要好的朋友很少。

(20)我只喜欢与同我谈得来的人接近。

【测试结果】

请参照以下答案，对自己的选择进行计分，计分方法很简单，分别地计算在你答案中：

选择 A 的数目________(A)　　选择 B 的数目________(B)

选择 C 的数目________(C)　　选择 D 的数目________(D)

选择 E 的数目________(E)

接着按照下面的公式计算出原分数：________(R)

$R = E \times 5 + D \times 4 + C \times 3 + B \times 2 + A$

最后，请按照下表所列的规则，根据你的原始分数(R)，找出相应的排名值(P)。

比如你的原始分数(R)是 73，那么下表对应的 P 值就是 58，就表明你的合作能力要比 58% 的人高，反过来也就是说，你的合作能力要比 42% 的人低，合作能力常模对照表见表 1-2。

合作能力常模对照表(%)　　表 1-2

R	P	R	P	R	P	R	P	R	P	R	P
20	0	34	1	48	8	62	31	76	65	90	89
21	0	35	1	49	10	63	33	77	67	91	90
22	0	36	2	50	11	64	35	78	69	92	92
23	0	37	2	51	12	65	38	79	71	93	93
24	0	38	2	52	14	66	40	80	73	94	93
25	0	39	3	53	14	67	42	81	75	95	94
26	0	40	3	54	16	68	45	82	77	96	95
27	0	41	4	55	17	69	48	83	79	97	95
28	0	42	4	56	19	70	50	84	81	98	96
29	1	43	5	57	21	71	52	85	83	99	96
30	1	44	5	58	23	72	55	86	84	100	97
31	1	45	6	59	25	73	58	87	86		
32	1	46	7	60	27	74	60	88	86		
33	1	47	7	61	29	75	62	89	88		

心理学家威廉·詹姆士曾经说过："如果你能够使别人乐意和你合作，不论做任何事情，你都可以无往不胜。"合作是一种能力，更是一种艺术。唯有善于与人合作，才能获得更大的力量，争取更大的成功。对希望提高合作能力者的建议如下：

(1)借鉴合作成功者的成功合作经验，总结合作失败的教训，为己所用。

(2)培养发现别人的优点，并能不吝赞赏，发挥其长处的能力。

(3)与合作者求同存异。

(4)学会正确评估自己和合作者的能力、优缺点。

(5)培养团队意识和合作精神。

二、心理训练

1.【心理训练】活动一：滚雪球

目的：热身活动，活跃气氛，打破僵局，加速驾驶员之间的了解。

操作程序：

(1)小组成员6人围成一圈，开始连环介绍，每人用一句话介绍自己，介绍内容可以是姓名、性格、爱好、兴趣等。

(2)组织者确定自我介绍的方向和规则，任意提名一位驾驶员开始自我介绍。方向顺时针或者逆时针皆可，介绍规则每个人必须介绍自己的特性2~3个，第一名介绍完，第二名介绍时要说："我是＊＊＊(什么特性)、＊＊＊(姓名)旁边的＊＊＊(姓名)、＊＊＊(特性)"，第三名学员说："我是＊＊＊旁边的＊＊＊的旁边的＊＊，依次下去……

(3)最后介绍的一名学员要将前面所有驾驶员的名字属性复述一遍；在复述中如果有遗忘，小组成员可提示补充。

(4)总结：初入一个陌生的团体，人们一般都会有些紧张。采用一些轻松的活动活跃气氛，打破僵局，有助于成员放松自己，减轻焦虑，团体成员通过齐心合作，"心结"打开，大家相互熟悉。

2.【心理训练】活动二：微笑握手

目的：初步相识，感受团体心理成长的特殊氛围。

操作程序：

(1)组织者："今天的你与以前的你是不一样的，你今天心情愉快，积极乐观，让我们团体中的每个人都感受到今天这个不一样的你。请你面带微笑，和周围的人亲切地握握手，打个招呼。"

(2)组织者鼓励每位驾驶员在房间里自由走动，见到其他小组驾驶员友好握手。

(3)引导大家争取与每一位成员握手，并简单交流。

(4)总结：良好的开端是成功的一半。团体形成初期，成员要相互接触、相互了解，以逐渐建立相互信任、相互接纳的关系，减少心理防卫，在以后的活动中互相配合、支持、协作，形成团体凝聚力。

3.【心理训练】活动三：大风吹

目的：活跃气氛，在活动中获得积极的情绪体验；突破旧有的人际圈子，促使驾驶员改变原有习惯性的人际组合。

操作程序：

(1)所有驾驶员围圈而坐(凳子比总人数少一条)。

(2)组织者下口令：大风吹，大风吹"什么特征的人身上"，如吹到穿运动服的人身上，符合这个特征的人就要迅速离开自己的座位，换一个座位坐下。所有穿运动服都站起来都换个位置，最终总有一个人抢不到位置，没有抢到位置的这个人就得担当新主持人。

(3)新主持人再接着"吹"，直至驾驶员新的组合基本形成为止。

(4)总结：活跃气氛，体验积极的情绪，不断适应新的人际组合。

三、反思感悟

感受初次合作的魅力，并想一想参加心理素质训练的期望与打算。

参加心理素质训练，大家可能有各种各样的动机和缘由，也有不同的期望，这些都很正常。通过训练提高自己的心理素质，驾驶员要开放自己，减少防卫，用心参与，自己越主动，训练越有成效，收获也就越大。

第二章　驾驶员的感知与决策能力训练

在驾驶过程中,驾驶员通过自己的视觉、听觉、触觉、嗅觉等感觉器官获得各种信息,比如眼睛透过车窗看信号灯,双手感受到转向盘的操作力量,右脚感受加速及制动状况,耳朵听到发动机的响声,鼻子闻到各种气味等。这些人脑对直接作用于感觉器官的客观事物个别属性的反映就是感觉。然而在驾驶过程中,各种有关、无关的信息以及安全、危险的信息总是混杂在一起的,还要靠驾驶员对直接作用于感觉器官的客观事物做整体的反映,这就是知觉。在驾驶活动中,视知觉、错觉、风险感知能力等对安全行车起到非常重要的作用。

第一节　驾驶员的感知能力与行车安全

感知能力是驾驶员通过感觉器官对外部客观事物的要素及特性在头脑中所作出的反映,是人的感知觉系统对事物做出的综合判断。感知能力是驾驶员心智技能的重要组成部分。对一个机动车驾驶员而言,感知能力的强弱与其感觉灵敏度、驾车经历、行车经验等因素有关,对行车安全是十分重要的,是安全行车的认识基础。大量的统计资料表明,因驾驶员的感知错误造成的交通事故大约占事故总数的40%。因此,加强驾驶员感知能力的培养,提高驾驶员的感知能力具有重要的现实意义。

一、驾驶员的视知觉能力与安全行车

驾驶员的视知觉能力是驾驶员在驾驶过程中,对直接作用于视觉器官的事物整体的反映。研究表明,驾驶员视知觉所获得的信息占全部信息的80%以上,在驾驶员的感觉系统中,视知觉尤为重要,因此,在行车过程中,驾驶员视知觉能力的高低直接关系到驾驶员的驾驶行为的安全性。

1.视力与安全行车

视力是眼睛识别物体微小细节的能力。驾驶员的视力有静视力和动视力,驾驶员在静止状态下的视力称为静视力。实际驾驶中,汽车驾驶员观察外界事物,都是在动态下进行的,即观察的物体是按一定速度运动着,驾驶员本身也在车辆行驶状态下观察物体。在动态条件下,驾驶员观察物体的视力称为动视力。一般说来,动视力比静观力低10%～20%,特殊情况下甚至要降低30%～40%。动视力随物体运动的速度、环境照度和驾驶员年龄等因素的影响而变化。根据实验证明:当被测试目标运动速度增加时,动视力随之降低;照度强弱直接影响驾驶员的动视力,在照度过强或过弱的地方行车时,驾驶员就要考虑到这一因素对动视力的影响,以保证行车安全。动视力还与年龄有关,年龄越大,动视力降低越大;随着汽车行驶速度的提高,驾驶员的注视点前移,视野变窄,周界感减少即视野缺损,意味着缺损区无法感知交通信息,视野敏感度下降说明视区感知信息能力降低,极易造成交通事故。

2. 视野与安全行车

眼睛观看正前方所能看见的空间范围称为视野。视野常用角度来表示，视野有静视野和动视野之分。当头部和眼球固定不动时，眼睛观看正前方所能看见的空间范围叫静视野。如仅将头部固定，眼球自由转动时能够看到的全部范围称为动视野。驾驶员的视野与行车速度有密切关系，行车速度越高，驾驶员注视得越远，视野越窄，注意力随之引向景象的中心而置两侧于不顾，结果形成所谓隧道视。此外，车速越高就越看不清路边近处的景物。因此，设计较高行驶速度的道路时（如高速公路），要采取封闭式，以禁止行人和非机动车进入车道，避免发生危险。按照这种规律，高速公路上的交通标志都应设在车道上方。

3. 颜色视觉与道路交通安全

交通环境中的许多信号如交通信号、交通标志、交通标线及车辆内部的仪表、灯光等是靠色彩来表达和传递的。颜色可以分为两大类，即非彩色的，如黑、白和各种灰色；彩色的，如除黑、白和各种灰色外的一切颜色；颜色具有色调、明度和饱和度三个基本属性，有一小部分人（如色盲或色弱）不能辨别某种颜色或某两种颜色，对颜色的辨别形成了障碍，从而影响行车安全，并极易发生交通事故。

颜色在由视觉传至大脑的过程中，产生色彩物理、色彩生理和色彩心理的效应，使人获得色感觉。颜色能影响人们的情绪、工作效率以及生活和其他方面，同样也能影响驾驶员安全驾驶车辆。不同的颜色进入人们的眼帘，不但能使人们产生大小、轻重、冷暖、远近、明暗等的感觉，还能引起人们产生兴奋、紧张、安全、烦躁、忧郁等心理效果。

不同颜色的光其视认性不同，能从最远处辨认的顺序为：红、绿、黄、白。所以，交通信号中红色作为危险禁行信号，绿色作为通行信号。无论在何种天气环境下，红色、绿色光的视认性都好，而红色又好于绿色。可见，交通信号中设置红灯停、绿灯行是有科学依据的。

4. 明适应、暗适应与安全行车

眼睛从亮度大的部位转移到亮度小的部位时，或者从明亮地方进入黑暗地方，或者与上面相反时，都不能一下子看清物体，需要经过一段时间适应后才能看清。这是人眼对光的亮度变化的适应性。从暗处到亮处的适应叫明适应，明适应时间较短，一般只需几秒钟到1分钟，通常对视觉影响不大；从亮处到暗处的适应叫暗适应，暗适应时间较长，一般经过4～6分钟才能有所适应，要完全适应则需要30分钟左右。

眼睛的适应特性，对交通活动中的照明有更高的要求，如汽车进入高速道路的隧道时，由于明暗差别过大，驾驶员的眼睛不能很快适应，即便是车速为60公里/小时，产生10秒的视觉影响，则相当于汽车行驶了167米的距离，也可能发生交通事故。当汽车从隧道出来时，由于是明适应，适应时间短，所以影响不大。在一些大城市，在市区与市郊的交界处，应将路灯的距离慢慢拉长，直到郊区人烟稀少的地方，才不设置路灯，使眼睛适应由亮慢慢变到暗，达到安全行车的目的。

5. 眩目与安全行车

夜间行车，由于灯光等的照射作用，驾驶员容易发生眩目。影响眩目的因素：光源的发光强度；光源外观的大小；光源与驾驶员眼睛的相对位置；光源周围的亮度；驾驶员眼部的照度；驾驶员眼睛的暗适应性。眩目一般分为两种：生理眩目和心理眩目。生理眩目是由于强光入射到眼球内，不仅在视网膜上形成亮度很高的辉点，而且在角膜和网膜之间的介质中发生散射，形成一种光幕，致使驾驶员视觉感受到的亮度对比度大大降低，因而造成视觉伤害，降低视觉功能。心理眩目则是由于在视野内经常出现高亮度光源的刺激，使眼睛产生不舒适和疲劳感。

夜间行车，驾驶员很容易发生眩目现象，而使视力下降。根据实验，眩目可使静视力下降至0.4，如要恢复到1.1，则需要20秒。眩目可使动视力下降至0.3，经过40秒后可恢复到0.6左右。一般情况下，视力下降25%，而恢复视力的时间约需3～4秒。另根据实验，驾驶员感到眩目的距离为100±25（米）。但实际驾驶过程中，对向车前照灯发出的光并不一定正射在视网膜中央，同时驾驶员可以转动眼球避开强光，这样会减弱眩目的程度。

解决夜间行车防眩目是当前国内外的重要研究课题。防止车灯眩目主要从两方面着手。一是设法减少光源射入眼内的光的照度；二是改变车灯光束与眼睛的投影角度。目前推广使用的双光束前照灯，即在配光结构上，调整近光束向下、向右侧偏斜，尽量避免或减少对驾驶员眼部的照射，以备会车时使用。根据上述原理，在《道路交通安全法》中明确规定，夜间会车应当在距相对方向来车150米以外改用近光灯。

6. 深度知觉与安全行车

深度知觉又称距离知觉，或立体知觉，是个体对物体的空间距离及物体三维特性在头脑中的反映，或指人的视觉器官对物体三维空间的远、近距离的感知能力，驾驶员的深度知觉包括对物体与自身距离的判断以及不同物体间距离的判断。根据判断对象以及自身运动状态，可分为静态深度知觉与动态深度知觉，而后者对驾驶人安全行车更为重要。驾驶员在行车过程中，由视觉获得的信息占全部信息的80%以上，而深度知觉则是驾驶员获得对象的速度、空间位置以及距离等信息的重要途径。

驾驶员在行车过程中，只有具备准确的深度知觉能力才能正确地估计与判断行车距离，适应复杂的交通环境。然而在现实中，驾驶员由于深度知觉不准确而引发交通肇事的情况屡见不鲜。据调查，在交通事故中，由于车速过快、距离误判所造成的事故占总数的70%。例如由于驾驶员的深度知觉能力差，导致追尾、剐蹭事故；由于对车辆左右两侧的距离判断不准确，往往导致车辆右侧发生的剐蹭、碰撞事故要多于左侧。因此在行车中，驾驶员必须随时准确地掌握各种交通对象的空间距离。例如：路上行人和各种车辆杂乱时，需找出恰当的空间通过；会车时，需要判断自己的车辆能否安全通过来车所留空间；车辆掉头，进出车场（库）等，都需要驾驶员具有准确的深度感知能力。据调查，在深度感知较差的驾驶员中，车辆剐碰的现象较多，而在深度感知较好的驾驶员中，则很少有车辆剐碰的现象。已有研究也发现，安全组驾驶员的深度知觉能力明显好于事故组驾驶员，说明深度知觉能力较差是事故诱因之一。

一般来说，影响驾驶员深度知觉的客观因素包括道路条件、照明水平、气象条件等。另外，一些主观因素，如驾驶经验以及自身的生理、心理状态等也会影响驾驶人深度知觉的准确性。因此，驾驶员可以通过有意识地训练，提高其深度知觉的准确性。在行车过程中，驾驶员可以有意识地判断前方物体的形状距离，在行车中进行练习。因为人在步行时速度慢，观察比较清楚，而在驾驶过程中，车速快，观察就比较模糊。开车时如果用步行方法来观察前面的路况，往往会产生错觉。只有通过练习，才能判断准确。目击物体时，距离远就显得小，距离近就显得大，大小在感觉上随距离远近而变化。驾驶员必须在行车实践中反复体验,才能在快速行车中克服远近给人的错觉,掌握物体的真正大小和距离,保证车辆安全通过。对于前面横过道路的行人、牲畜等,要判断其前进速度,以及掌握车速和到达时间,提高行车的安全性,避免事故发生。

二、驾驶员对车、路的感知能力与安全行车

驾驶员对车体、车速、车辆控制等的感知能力,对安全行车、预防和减少交通事故有着非常重要的作用。

1. 对车体的感知能力

对车体的感知能力是指驾驶员对所驾车辆的空间外形特征,如车辆的长、宽、高、离地间隙、前后轮距、轴距和轮胎位置等,有非常准确的把握。

驾驶员只有具备对车体的感知能力,才能保证车辆行驶时,与外部障碍物、交会车辆保持适当的横向、纵向的安全间距,才能准确地控制车辆位置,正确选择安全通过的空间,达到安全行车的目的。

驾驶员对车体的感知能力可以通过以下方法提高:第一,在出车前认真观察车的样子,将车的外部特征在脑中形成表象,对于特殊的部分运用注意训练把它作为注意的对象来加以强化记忆;第二,在行车中仔细观察行车环境,发现有可能造成行驶空间障碍的,一定不能存有侥幸心理,要减速或停车仔细、全面地观察,确保无误时才可通过;第三,回忆整理观察结果,强化对成功经验的记忆。

2. 对车速的感知能力

对车速的感知能力是指驾驶员能判断所驾车辆和其他车辆的行驶速度的能力。

驾驶员正确感知车速,是选择合适的挡位、掌握会车和超车的时机与地点的基础。遇到险情时,根据车速来预测安全距离,并采取相应的应急措施,以避免交通事故的发生。

驾驶员对车速的感知能力可以按照观察、对照、修正、记忆强化的步骤来练习:第一,驾驶员在行车时,认真观察车外事物,体验不同车速下的视、听感受;第二,不看车速表,通过不同的视、听觉的感受来判断车速;第三,查看车速表,找出误差加以修正;第四,对正确的感知觉体验反复练习强化,形成经验;第五,将对车速的各种体验内化通过联想对号入座或在头脑中进行模拟训练,强化记忆。

3. 对车距的感知能力

对车距的感知能力是指驾驶员在车辆运行中能够准确地预测到所驾车与其他车辆、行人及障碍物之间保持安全间距的能力。

驾驶员对安全车距的感知主要是依靠视觉系统提供的信息来完成的,通过双眼视差感知物体的相对距离。通过观察后视镜(包括内外后视镜)的方法判断所驾车与其他车辆、行人及障碍物之间的间距。实验表明,驾驶员判断的车间距往往比实际要小,随着车速的提高,判断的误差不断增大,发生碰撞事故多是由于距离判断错误所致。所以,驾驶员如果没有很好地对安全车距的感知能力,就不能准确估计所驾车与其他车辆、行人之间的安全距离,尤其是在紧急情况下安全距离的预测不准,会造成车辆追尾、刮碰等交通事故。

4. 对道路的感知能力

对道路的感知能力是指驾驶员驾车在各种道路上行驶时,道路情况对安全行车影响的

感知能力。包括路面感知、净空(净空是指路面上空的架空线路等障碍物体)感知、盲区感知、方向感知等。

有了路面感知,如承重力、附着力、平整度等,才能判断汽车能否安全通过而不出现轮胎下陷、车体倾斜等事故;有了净空感知,如路面宽度、净空高度等,才能安全地通过隧道、涵洞等地段;有了盲区感知,如对弯道、坡道、支路、障碍物等视线不及位置情况的预见,才能应付在弯道、坡顶后面出现的情况;有了方向感知,如对方向突变时道路走向、支路数量的感知等,才不会在交叉路口出现转弯速度过快、过急等危及安全的情况。驾驶员对道路具有较高的感知能力,就能在各种复杂道路上,正确处置危及安全的各种情况。

驾驶员学习一些与道路有关的知识,例如行车过程中道路线形的变化、不同路面的附着能力等,在具有代表性的路段、路面上停车,仔细观察道路的特征、路面轮胎碾压痕迹与道路路面的变形情况等,善于分析道路上其他车辆留下的痕迹特征,借以判断道路的情况。

5. 对车辆控制的感知能力

对车辆控制的感知能力是指驾驶员在驾驶车辆过程中,手和脚不断变换操纵车辆时,对身体肌肉活动的感知能力。如手转动转向盘的快慢和幅度,脚踩踏离合器踏板、制动踏板力量的轻重缓急等。

对车辆控制的感知能力有助于驾驶员正确地控制车速、行驶方向和车体的位置,尤其是在紧急情况下,实现操作动作的准确化和自动化。

三、驾驶错觉与行车安全

1. 错觉与驾驶错觉

错觉是在特定条件下产生的对客观事物的歪曲知觉。错觉可以发生在视觉方面,也可以发生在其他知觉方面。如当你掂量同是一公斤棉花和铁块时,你会感到铁块重,这是形重错觉;当你坐在正在行驶的汽车上,看车窗外的树木时,会以为树木在移动,这是运动错觉。错觉是不符合客观实际的知觉,包括几何图形错觉、时间错觉、运动错觉、空间错觉以及光渗错觉、整体影响部分的错觉、声音方位错觉、形重错觉等。

在车辆运行过程中,驾驶员也会产生驾驶错觉现象。驾驶错觉是指驾驶员在驾车行驶中,由于生理、心理或环境等主客观因素的影响而发生的对事物的感知失误。驾驶错觉会引起驾驶员判断的错误,从而导致驾驶错误,引发交通事故。据统计,在交通事故中由于驾驶员错觉而引起的占35%左右。所以了解错觉产生的原因,掌握驾驶员在行车中产生各种错觉的特点和规律,尽量避免它所产生影响是很有必要的。

2. 错觉产生原因

产生驾驶错觉的原因是多种多样的,归纳起来主要有主、客观两方面的原因。

主观方面原因有驾驶员过去的经验和情绪因素。在没有更多参照物的条件下,两个物体中的一个在运动时,我们往往会把它们中任何一个看成运动的。例如,“云遮月”的时候,可以把月亮看成在云后移动,也可以把云看成在月亮前移动。人们一般的经验是,运动的对象总是在较大的静止的环境中移动,而且这种联系相当巩固,所以“云遮月”的时候,会产生这种错觉。我们都有这样的经验,乘火车时在列车里通过车窗看临近火车开动时,总是觉得自己所在的列车在开动。这是因为当乘车时,由于车的运行形成外物移动的知觉,这个经验牢固地印在脑海里,因而在列车里对临近列车的移动总是不假思索地认为是自己所在的列车在开动。但是,由于缺乏振动的感觉与推动的感觉,便会很快地意识到自己所乘的列车并未向前移动。

驾驶员低落的情绪会导致时间错觉的产生,认为时间过得很慢;心情好时,总想着高兴的事,可能感觉不到有噪声,但心情烦躁时,一点点噪声都会觉得相当刺耳,无法忍受。

客观方面原因有:一是客观的外界环境,事物已经变化了,驾驶员仍用原来的感知觉习惯去感知,从而产生错觉;二是驾驶员感知的特性可能引起驾驶错觉,如由于驾驶员的感知是在运动中进行的很容易将外面静止的物体看成是运动的,有时也误认为一些运动的事物是静止的;三是事物的某些客观属性和透视原理易于引发驾驶错觉,如同样的物体离得较近的就觉得大些,垂直线与水平线是等长的,却觉得垂直线比水平线长一些,黑白两匹马同时跑过来,总是黑马看起来近些,而白马远些等。事实上驾驶员的驾驶错觉往往不是由一两种因素单独作用引发的,大多数情况下是多种因素综合作用的结果。

3. 开车过程中驾驶员常出现的错觉及其对行车安全的影响

由于受主、客观因素的影响,驾驶人在行车过程中往往会产生各种错觉。这些错觉与错看、漏看不同,它是人类知觉的一种特性,驾驶员应掌握这一特性,行车中注意预防。

距离错觉:对于路上各种类型的车辆,驾驶员有时会对来车的车长、会车距离及跟车距离产生错觉。当路上的参照物少时会感觉距离远;雨雪天气中感觉距离远;前面是小车时感觉距离远,反之,则感觉距离近。在光线充足的白天,驾驶员在行车中对距离的判断同样有很大误差。驾驶员对前方来车的速度和距离难以作出正确的判断,而且对方车速越高,判断的误差越大。很多超车时发生的正面碰撞事故就是由于驾驶员对距离判断错误导致的。

速度错觉:主要表现在速度惯性错觉。因为驾驶员是根据观察到的景物的移动作为相对参照物来估计车速的,景物移动的多少和丰富程度会导致对车速的不同判断。在市区道路上对车速易于估高,在原野道路上易于估低;在加速时易于将车速估高,减速时易于估低。长时间以某一速度行驶后会对该速度适应,对其余速度感觉不适,从而产生速度错觉。

引起驾驶员产生速度错觉的因素主要有两点:连续对比感觉的影响和适应性的影响。当人连续受到有差异的某种刺激后,所产生的差异感往往比差异本身实际的客观物理量差别大,这就是连续对比感觉的影响。英国道路研究所曾对汽车驾驶员做过“车速减半”试验,即首先让驾驶员将汽车加速到某一规定车速(以车速指示为准),然后要求驾驶员立即凭自己的主观感觉将车速减低到当前车速的一半。当车速变化时,驾驶员主观感觉到的速度差别总是比实际大。适应性是人体自身的一种特性。这种特性决定了人对外界有变化的情况比较敏感,而对缺少变化的刺激则感觉迟钝。减速前等速行驶的距离越长,车速判断的误差越大。这是因为在长直线高速公路上等速行驶一段时间后,由于适应性的影响,驾驶员的速度感减弱,虽然实际车速很高,但主观上觉得车速并不高。

弯度错觉:弯道可见部分越小,驾驶人就越会低估其曲率。在实际道路上,对于不超过半圆的圆弧线形,总觉得它的弯度比实际弯度要小,而且对于同样曲率半径的弯道,前方容易看清楚时,会产生弯度小的错觉。在蛇形弯道行驶时,由于视线需要向相反方向改变,注视相反方向的弯道,则会产生弯道更为弯曲的错觉。前种错觉会使驾驶员依然高速行驶,后种错觉则会使驾驶员过急过多地转向,这对安全行车都是不利的。在弯曲的道路上,即使同一曲率半径，也会感到山区比平地容易转弯，所以高速急转弯是很危险的。

当汽车在坡度发生变化的坡道上行驶时，驾驶员常会出现坡道错觉。在既长又陡的坡道上下坡，当坡度变得越来越小的时候，实际上汽车还在下坡，却有变成上坡之感，这时若误以为是上坡而去踩加速踏板，那么很有可能大祸临头。而在上坡时，也会因中途坡度变缓而误认为上坡结束，开始下坡了，从而放松警惕盲目换挡，导致车辆后溜而出事故。

颜色错觉：在市区等交通复杂路段，周围景物五颜六色，相互交错，容易分散驾驶员的注意力，特别是夜间，容易将路口红绿灯当成霓虹灯，或把停驶车辆的尾灯当成行驶车辆的尾灯。另外，夏季戴墨色太阳镜时易将浅色物体“滤掉”，产生错觉。

光线错觉：太阳光、反射物体的亮光、夜间远光灯强光等会使驾驶员的视觉一时难以适应，形成光线错觉。如明亮的车窗、阳光下人行道树木交替变幻的阴影、原野的积雪等，易使人产生眩晕；进出隧道时眼睛一时不能适应，都会产生光线错觉。

时间错觉：在行车过程中，时间知觉也是很重要的，尤其是在高速行驶时，如果不能在必要的时刻精确掌握和及时发现交通情况，就不能迅速准确地采取应急措施，有时仅 1 秒之差，就会造成交通事故。因此，正确的感知时间是保证行车安全的重要条件。而实际人们对时间的估计也常常会出现错觉。通常，短于 1 秒的时间间隔被估计得偏长，而长于 1 秒的时间间隔被估计得偏短。驾驶员心情愉快时，感觉时间过得很快；心情烦躁时，感觉时间过得很慢。另外，在任务紧急、急于赶路时，也会产生时间长的念头，以至于盲目开快车。

四、驾驶员的危险感知能力

驾驶员危险知觉的研究是交通事故心理研究中的一个热点。危险感知能力是指对外部环境潜在危险的主观认知和评价，以及相应的准备行为。驾驶员危险感知能力水平与事故率呈负相关，驾驶员对潜在风险的认知水平越高，发生事故的可能性就会越低。危险感知能力与驾驶员的年龄、经验、动机与需要、人格特性、对环境的熟悉程度等有关。预防交通事故的发生，对驾驶员进行测试了解其危险知觉能力，实施预知危险训练显得尤为重要。

1. 驾驶员危险感知能力的影响因素

1）年龄

与成年驾驶员相比，年轻驾驶员的危险驾驶行为倾向更强。其原因一是年轻驾驶员缺乏驾驶经验，年轻驾驶员对包含有潜在危险的路面信息的扫描程度不够，有些危险信息察觉不到。二是感觉寻求更强。超速、车距过近等危险驾驶行为，造成他们危险感受的阈限更高。三是认知局限，低估危险行为结果的严重程度，高估自己的驾驶技术和识别危险的能力。

和年轻驾驶员相比，老年驾驶员由于身体的各项机能下降，认知加工效率降低、反应更加迟钝，发生事故的风险增高。但是，研究却发现了与常识相反的结论：老年驾驶员事故率的增长比他们的事故暴露率要低，主要原因可能是老年驾驶员意识到了同年龄有关一些生理上的限制，危险感受的阈限降低，并使用一些自我管理或相关的保守策略，如：减慢驾驶速度，避免困难情景，减少夜间驾驶，并且只在熟悉情景中驾驶等。

2）性别

女性驾驶员的危险知觉水平普遍要高于男性驾驶员。研究结果发现，与其他年龄组的男性驾驶员相比,年轻女性驾驶员的危险知觉水平很低,尤其在评估黑暗条件下驾驶、上下坡的曲线路段以及乡村路段驾驶时,危险知觉水平更低。这是由于男女在感觉寻求方面的差异造成的。由于男性和女性生理上存在差异,男性的危险寻求指数要远远高于女性,他们对危险的敏感度要低于女性。

3)驾驶经验

新手和有经验驾驶员之间的差异表现为以下三点:

(1)危险反应时不同,新手发现危险比较慢,他们比有经验的驾驶员发现的危险也少。无驾驶经验的人对危险区域的注视时间要长于有经验驾驶员,他们发现危险的时间要比有经验的驾驶员长。有经验驾驶员对危险对象注视时间短,这样使其可以更快地作出反应或者去重新检视其他潜在的危险区域。

(2)视觉搜索模式不同,研究发现,在刚刚获得驾照的几个月内,新手驾驶员发生碰撞事故的次数最多。有经验的驾驶员会根据不同的道路情况调节视觉搜索模式,而新手对所有的道路情况都使用相同的视觉搜索模式。

(3)对环境线索的利用不同,有经验的驾驶员更广泛地利用环境线索来侦测危险;驾驶经验能提高驾驶员对潜在危险的意识,并引导眼睛注视可能包含潜在危险的地方。有经验的驾驶员对交通环境有一个整体感知,而年轻的无经验驾驶员对一个情景的危险水平的评估则是基于单个维度。新手往往更关注危险本身,对交通情境中危险的知觉缺乏整体性,缺乏为避免危险而采取某种驾驶措施的准备。

4)驾驶技术的自我评估

虽然驾驶技术有差异,但是大多数驾驶员都认为自己驾驶技术比别人强,特别是在危险识别方面,更是坚持自己比别人强的想法。驾驶员越自信,在驾驶时越觉得安全,因为他们将驾驶技术等同于安全。虽然良好的危险识别能力同安全有关,但没有证据显示驾驶技术同事故率有任何明显关系。所以,驾驶员的驾驶技术并不能绝对保障安全。而且,研究者还发现,飙车驾驶员有良好的驾驶技术,但在普通公路上,但他们比控制组的普通驾驶员更容易发生事故。那些认为自己驾驶技术好的人危险驾驶行为更多。自我认定的驾驶技术水平同速度成正相关,由于速度同事故危险性相联系。于是,那些强调自己驾驶技术好的人,极易发生事故。

5)侥幸心理

超速驾驶员有一种侥幸信念,这种信念使他们低估真实的危险水平。如果在危险驾驶行为之后没有发生事故,则会进一步加强侥幸心理,使他们认为自己以前的超速行为是合理的,并使该行为得到强化。

6)人格

人格特征是影响危险感知能力的重要因素。不同人格特征的驾驶员具有不同的危险感知水平。内外控倾向对驾驶员的危险感知有一定的影响。外控型的驾驶员往往缺乏谨慎的态度,对危险事件缺乏有效的防范措施。与内控型驾驶员相比,外控型驾驶员发生交通事故率比较高,危险知觉水平较低。感觉寻求高的驾驶员其危险感知水平较低。焦虑性和利他性高的驾驶员的危险感知水平也较高。攻击性得分高的驾驶员的危险感知水平更低。

2. 驾驶员预知危险训练方法

驾驶员预知危险训练,是提高危险预测能力的训练。危险预测能力可以使驾驶员尽早感知潜在的风险,并采取必要措施化解潜在的交通危险,预防交通事故的发生。驾驶危险预测的理论体系在美国、日本、德国等发达国家已经相当成熟,并且各国各自开发了符合本国交通特点的危险预测能力训练体系。如美国的称之为 IPDE(Identify Predict Decide Execute)法的驾驶员教育程序和德国联邦道路交通研究所基于驾驶员的特性而开发的安全教育体系,均从交通环境中的潜在危险及应采取的对策等方面进行培训,效果很好。预知危险训练内容一般包括交通突变先兆信息的感知预判能力、车速的感知判断能力、注意力训练和驾驶技能训练。目前对于驾驶员预知危险训练方法主要有“集体教育”和“厅式讨论教育”。集体教育,驾驶员被动接受安全教育信息,不能发挥人的主观能动性,教育效果难以保证;厅式讨论教育,以分组讨论为主要方式,让驾驶员对模拟的动态交通情境进行观察,提高注意力和对危险因素敏锐的感受性,就“采取何种措施防止事故”进行主动思考,培养驾驶员自主判断,独立解决交通问题的能力。

对驾驶学员进行危险预测能力训练时,先采用静态的场景,对驾驶员进行厅式讨论教育,让驾驶员观察场景画面,并让驾驶员回答一些问题,来考察其能否正确地预测潜在的危险。再采用动态可交互的交通场景对真实交通危险场景进行再现,让驾驶员感受到一个动态的交通环境,使培训者获得深刻的培训体验。

五、驾驶员的判断决策能力

在复杂的交通环境中,为确保自己和他人的交通安全,驾驶员应该具有对周围车辆、行人的位置和运动速度等进行判断的能力。有很多交通事故都是由于驾驶员的判断不准确所引起的,如在左转弯碰撞事故中,大部分是由于驾驶员的判断错误所致。在超车追尾碰撞事故中,也有 50% 左右是因为驾驶员对超车时机、距离等判断失误造成的。

1. 驾驶员判断不准确的主要表现

1)对距离的判断不准确

驾驶人在行车过程中,需要准确地估计距离,但实际上很难做到这一点,这是引发事故的主要原因之一。

曾经有人做过一个实验,研究不同车速对两车相遇点估计的影响。当 A、B 两车相距 100 米时,同时以 120 公里/小时的速度相向行驶,两车的实际相遇点应该在两车距离的中点;当 A 车速度降为 80 公里/小时,B 车速度提高至 160 公里/小时时,实际相遇点将向 A 车方向移动至 33 米处;当 A 车速度进一步降为 60 公里/小时,B 车速度提高到 180 公里/小时时,实际相遇点更加靠近 A 车,此时相距仅 25 米。实验结果发现,车速不同,实际相遇点也存在差异,但是驾驶员始终都倾向把相遇点估计在两车距离的中点。驾驶员不能根据迎面来车的速度变化正确估计相遇点的位置,而且还很容易把迎面来车的速度估计得和自己的车速相同,这就很容易在会车时发生交通事故。此外,车型的大小也会对距离的判断产生影响。小车轮廓尺寸小、体积小,容易使人产生距离远的感觉。所以当一辆大型车与一辆小型车即使处在同样远的距离上,也容易产生认为小型车较远的感觉,因而容易引起驾驶员在尾随行驶时车间距离保持不足,诱发追尾碰撞事故。

2)对速度的判断不准确

驾驶员对速度的判断不准确表现在以下三个方面：

(1)驾驶员对迎面车速的判断不准确。容易把高速估计过低,而把低速估计过高。

(2)驾驶员对本车速度的估计不准确。驾驶员对本车速度的掌握主要通过两个途径:一是车速表,二是凭感觉进行估计。由于速度适应性的影响,驾驶员在长时间行车之后,往往对车速的判断准确性大大降低,因此,凭感觉估计车速往往准确性不高。在复杂路段的行驶过程中,或进出高速公路、交叉路口时,驾驶员总是习惯集中注意力去观察道路前方的交通情况,几乎没有时间看车速表,而是凭主观感觉来估计车速,这也就容易导致交通事故的发生。

(3)对超车时机的判断不准确。我国历年交通事故统计资料表明,在所有的机动车碰撞事故中,与超车有关的事故约占总数的10%。为了保证交通安全,驾驶员必须把握好超车时机,准确判断与被超车的相对速度和超车时间、距离。如果被超车速度越快,超车所需要的时间越长,超车也就越困难。

2. 驾驶员判断不准确的原因

一般来说,造成驾驶员判断失误的原因主要有以下几种：

(1)感知材料不全面、不正确。驾驶员要对事物的特征和关系作出正确的判断,必须以全面、正确的感知为前提。否则,将作出错误的判断。

(2)知识经验不足。驾驶员在行车过程中,往往是根据已有的知识经验,去推测未知的、将要发生的事情。如果知识经验不足,特别是新手,就不能用已有知识经验对新事物的意义作出正确、全面的理解或解释,就不能进行正确地判断。

(3)侥幸心理。以猜测为基础作出的判断,这是侥幸心理。以为只要自己的猜测实现,问题就可以侥幸解决,而往往结果事与愿违,造成事故。驾驶员要作出正确的判断,必须知己知彼。但有的驾驶人能够做到“知己”,却不能做到“知彼”,喜欢用自己的主观想象去猜测其他交通参与者可能采取的交通行为,或者是过高地估计自己的驾驶技术,盲目相信自己能够有效地避免危险或防止危险的发生等。

3. 驾驶员判断能力的提高

(1)训练提高自己的感觉敏锐性。驾驶员的感觉敏锐性,对安全驾驶有着重要的作用,直接影响到驾驶员行车时判断的准确性。在行车中,驾驶员需要了解感觉敏锐性的变化规律,以提高自身的感觉敏锐性。

①掌握各种条件对感觉敏锐性的影响,提高适应能力。例如在砾石路上行驶,车辆来回游荡,偏移抖动,会引起感觉的钝化;在黑暗中行车,突然到了灯光路,会刺激视觉变差等。掌握行驶特点采取对策,就能提高适应能力。

②按驾驶实践所提出的要求进行自我训练,提高感受性。比如对速度的估计能力、对距离的判断能力、对暗环境的适应能力等。人们常常由于职业的需要而进行感觉敏锐性锻炼,使某种感觉敏锐性得到高度的发展。比如一般人只能分辨2~3种黑色,而专门研究黑色纺织品的技术人员,则能分辨出40种不同的黑色。大量实践证明,人的各种感官点的感受性虽有一定的限度,但潜力也很大,而且是有规律的。驾驶员可以按照感受性变化的规律,科学地培养和训练,从而提高自己的感觉敏锐度。

(2)防止速度迟钝感。我们经常有这种体验,乘坐飞机时,会感到地面上的汽车、火车的运行速度特别慢,好像静止似的;乘坐汽车、火车,又会感到车外远方的行人、自行车速度特别慢,这是因为自身的绝对速度很大所引起的,从而造成对速度的迟钝感。且有这种速度迟钝感,不是低估自己本身的速度,就是低估比自己速度慢的其他物体的速度。驾驶员在高速行车时,常会低估自己车速和其他交通参与者的速度,如遇到异常情况,就难免作出错误判断,导致事故发生。因此,驾驶员行车时,应该经常察看自己的车速表,检查是否超速,不可仅靠直觉判断。对其他车辆和行人速度的判断,要留有余地,切勿低估。

(3)具备良好的速度感。速度感就是对所驾车辆的速度感知觉,也包括对其他车辆、行人及其他运行物体移动速度的判断。当驾驶员发现前进路上有障碍目标时,首先判断的是距离,接着要判断的是以本车速度约用多长时间与前方目标相遇。这种判断就要依赖对车辆的速度感知觉,良好的速度感可以让驾驶员准确地预测与障碍或对向来车相会的地点。如果驾驶员感到用现有车速行驶会在不适宜的地方与障碍相会,便会作出加快车速或减慢车速的决定,使车辆很平顺地通过障碍或来车等。缺乏速度感的人却做不到这一点,常常形成车与障碍和来车相挤交会时,不能提前修正车速,也预测不到安全适宜的车速,导致险象环生,对安全驾驶不利。

第二节 驾驶员的感知与决策能力训练方案

一、心理自测

运用驾驶适宜性检测仪进行适宜性检测,通过驾驶适宜性检测,一方面可以避免不适宜的人进入驾驶员队伍,消除安全隐患;另一方面,可以对驾驶员开展有针对性的教育和训练,指出他们生理、心理方面存在的问题和今后开车应注意的事项,降低事故发生率。驾驶适宜性检测能对驾驶员进行动体视力、暗适应、夜间视力、深度知觉、速度估计、周边风险感知、选择反应能力、紧急反应能力、处置判断能力进行检测。

二、心理训练

1.【心理训练】活动一:看图识危险

目的:通过群体讨论,在互相了解的基础上,对驾驶员感知能力与决策这一训练主题有较为专业清晰的认识,便于以后训练的进行。

操作程序:

(1)用 PPT 的形式介绍驾驶员感知风险和决策的相关知识,列举情景案例,说明其对安全行车的重要性。

(2)引导驾驶员主动讨论对这个主题的认识,可以举现实生活中的例子。

(3)从《图解驾车危险预测 101 例》中选取 40 张含有明显或潜在交通危险的图片,分组讨论交流,指出可能出现的危险并说明如何驾驶。

(4)总结:提高驾驶员在遇到风险时,能够灵敏迅速地感知的能力;训练驾驶员在危险发生时,镇定、果断地做出决策。

2.【心理训练】活动二:危险预测能力训练

目的:用可视化仿真技术再现危险场景的静、动态画面对驾驶员进行训练,提高驾驶员对潜在危险的感知与预判能力。采用 MultiGen Creator 软件来模拟交通危险场景,再用 MultiGen Vega 软件对建成的场景进行驱动,实现动态交互,用于对驾驶员进行的测试。

操作程序:

(1)初级场景观察训练:将潜在危险还没有显现的场景画面以学员(受训驾驶员)的视角展现。将每个场景的"场景描述"用语音或者字幕的方式告知受训者,并为每个场景提出一些针对性问题,观测其有没有意识到潜在可能出现的危险及准备如何驾驶。

(2)第一轮厅式讨论:安排一名教练员担任讨论主持人,安排学员对 5 个最初场景及其针对性问题进行讨论。

(3)透视场景、多视角场景观察训练:训练使用我们所开发三维静态模拟场景,将每个场景中挡住潜在危险的障碍物表面进行透视处理,让学员看到隐藏的危险因素,让其更进一步加深对潜在危险的认识,引导驾驶员预测接下来可能发生的突变场面。针对每个场景提出问题,包括所持态度,准备采取的措施等。

(4)第二轮厅式讨论:对(3)中展示的场景及其针对性问题进行第二轮讨论,最后由教练员讲解正确的应对措施。

(5)测试:用动态场景对驾驶员进行测试,驾驶员可以通过外部硬件设备对运行状况实现控制,实现加速、转向、制动等功能,观察其危险预测能力是否提高。

(6)评估总结:组织人员检查学员训练结果,并将此结果作为评价其危险预测能力的主要依据,并为每个驾驶员建立评估档案,以便日后对驾驶员进行进一步训练。

3.【心理训练】活动三:心灵电波

目的:锻炼情绪稳定性,提高遇到风险时临危不乱、冷静分析与面对的能力。

操作程序:

(1)全体成员分成两组,每组 10 人,围圈而坐;假设现在每组成员都是一个任务小组,在很危急的情况下,紧急传送某一任务电波,此电波送成功与否,意义重大。

(2)所有成员左手手心朝上,右手手心朝下并搭在相邻者左手的手心。

(3)闭上眼睛,静静等待左手相邻者发出的信息——在手心里轻轻点击(可以是 3 下、5 下、6 下、7 下等),收到信息后立即传给右手相邻者。

(4)比较每一次信息传来时的速度、强度等感受,传递速度快、强度高、准确性强的小组获胜。

(5)总结:集体交流分享,体会冷静处事的重要性。

4.【心理训练】活动四:老师说

目的:锻炼快速反应能力;调节气氛。

操作程序:

(1)主持人解释规则:当"老师说 1",学员把手举起来,"老师说 2",学员双手叉腰,"老师说 3",学员成立正状态。

(2)游戏正式开始时,主持人将:"老师说 1""老师说 2""老师说 3"与"1""2""3"混在一起,而根据规则只有前者才能作出动作。

(3)错误的人自动出列,最后剩下的一个就是冠军。

(4)总结:在进行此训练活动时注意要尽可能加快频率,调节气氛并锻炼受训驾驶员的快速反应能力。

5.【心理训练】活动五:九点连线思维与决策

目的:给成员提供一个需要决策的环境,锻炼其做出决策的能力,提升成员团体决策的质量。

操作程序:

(1)将成员每6人分为一组,讨论完成下列游戏:一笔画出五根直线将规则排列(三行三列)的九个点连接,如图2-1所示;一笔画出四根直线将规则排列(三行三列)的九个点连接,如图2-2所示。一笔画出五根直线将规则排列(三行三列)的九个点连接。

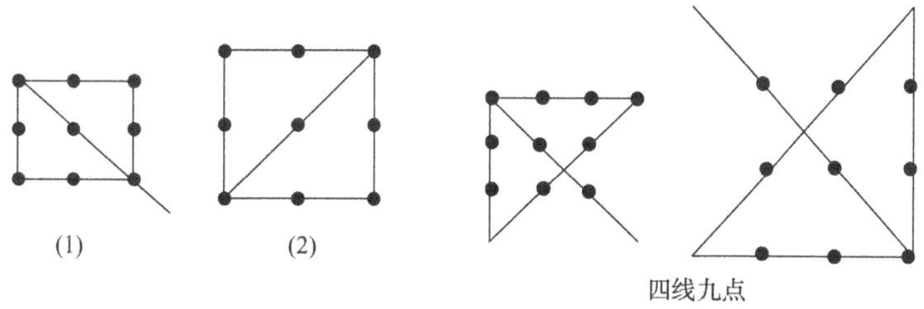

图2-1　五线九点　　　　图2-2　四线九点

(2)各小组讨论完成,比较哪个小组用时最短,方案最多。

(3)总结:团体合作,积极思维,拓宽思路,优化决策。

说明:五线九点相连很简单;四线九点相连有点难度。

6.【心理训练】活动六:风险问题脑力激荡

目的:提高驾驶员对风险的认识,通过团体的力量探讨如何感知风险。

操作程序:

(1)分组讨论在驾驶中遇到危险、意外的情景。

(2)列出前三个最容易发生危险的情况。

(3)相互交流如何及时地发现即将出现的危险,可提前做哪些准备。

(4)总结:驾驶风险无处不在,针对性训练使受训驾驶员能更迅速地感知风险,及时采取应对措施,确保行车安全。

三、反思感悟

结合专题学习与自我测试,思考评估自己的感知与判断能力、危险知觉与决策能力,同时查找在这些方面存在的问题以及掌握自我完善的方法。

第三章 驾驶员良好的注意品质培养与训练

驾驶员的注意直接影响着驾驶技能的发挥和能否安全行车。根据国外有关资料报道，有16% ~34%的道路交通事故与注意有关。对道路交通事故的统计发现，大多数的肇事者都说是因为思想麻痹、驾驶分心、注意力不集中导致判断不准，行动出错，从而引发事故。可见，在汽车行驶过程中，对于驾驶员来说，自始至终都要把注意力集中到驾驶上。即使一两秒的注意不集中也会发生事故。正如一位有经验的驾驶员所说的："安全行车几万里，出事就在一两米。"这些都说明注意对安全行驶的重要性。

第一节 驾驶员注意的概述

一、注意功能及分类

注意是心理活动对一定对象的指向和集中，注意贯穿于心理过程的始终，它与认识过程、情感过程、意志过程难以分开，是一切心理活动的共同特征。注意有两个特点，即指向性和集中性。注意的指向性表现出人的心理活动具有选择性，这种选择性不仅表现为选取某种活动和对象，而且表现为心理活动对这些活动和对象的比较长时间的保持。注意的集中性不仅指离开一切与活动对象无关的东西，而且也指对各种干扰刺激进行抑制，以保证对注意的对象能得到比较鲜明和清晰的反应。

1. 注意的功能

注意的功能有三个：选择功能、保持功能、调节与监督功能。

(1)选择功能：它使心理活动指向那些有意义的、符合需要的、与当前活动相一致的对象；避开或抑制那些与之无关的、干扰当前活动的各种对象。如果没有注意的选择功能，人的生活将会变成一片混乱。

(2)保持功能：当大量信息通过感觉、记忆时，每个信息单元必须经过注意才能转换成一种更持久的形式而得到保持。使注意对象的映像或内容维持在意识中，得到清晰、准确地反应。如果不加注意，它就会很快消失。

(3)调节与监督功能：即控制心理活动向着一定的方向或目标进行。注意服从心理活动的需要，受意识自觉调节和支配。因此，它是一种主动、积极的心理活动。注意保证了人们对事物更清晰的认识和做出更准确的反应，它是人们获取知识、掌握技能、完成各种智力活动和实际操作的重要心理条件。能使人的感受性提高，知觉清晰，思维敏捷，使行动及时、准确，它对实践活动起着重要作用。

2. 注意的分类

根据有无目的和意志努力的程度，人的注意可以分为两类，即无意注意和有意注意。

(1)无意注意也叫不随意注意。它是在没有任何意图、没有预定目的情形下,不需要主观努力,不由自主而产生的注意。例如,当人们在街上行走时,突然听到警车的笛声,于是就不由自主地去注意这一现象,这就是无意注意。无意注意主要是由客观事物本身的特点所引起的,包括刺激物的强度,强度大的刺激物(如强光、巨大的声响等)会引起人们的无意注意;刺激物的活动和变化,如一闪一灭或不停转动的霓虹灯、演讲者抑扬顿挫的声调等;刺激物之间显著的对比关系,如万绿丛中一点红;新异突出的刺激作用,如过街天桥上新粘贴的广告,也会引起无意注意。在一般情况下,无意注意对驾驶汽车是有益的。如红色的信号灯、发动机的异响声、轮胎与地面的摩擦声等外界刺激信号引起驾驶员对道路情况和车辆技术状况的无意注意,这种无意注意的参与对驾驶员估计道路环境和车辆技术状况以及完成相应操作保障交通安全都有其积极的意义。无意注意也有消极面,在特殊情况下,无意注意也会让驾驶员分心,对安全行车不利。在行车途中,车外环境不断变化,新鲜、稀奇的事以及各种各样的强烈刺激很多,如果驾驶员不能控制自己而成为无意注意的“奴隶”,那是非常容易出事故的。此外个人的兴趣和需要、情绪状态和健康状况也对无意注意有一定影响。

(2)有意注意又叫随意注意。它是一种自觉的有预定目的并经过意志的努力主动对事物所发生的注意。有意注意的集中对象是根据一定的目的确定的,且必须经过意志的努力,才能把注意集中保持在对象上。例如,进行交通规则考试时,考试前阅读和记忆交通规则,行车过程中留心观察路线和行人动态,都是有目的的注意。这时,即使感到单调、疲劳,还要强迫自己去注意,这种注意显示了人的心理活动的主动性、积极性。

有意注意的发生和维持,虽与主体的需要、兴趣、情感、知识经验有关,但这些主观因素的作用是间接表现出来的。它们都受主体当时确定的活动目的制约。要引起和保持注意应从以下几点着手:

①要加深对任务的理解。对自己活动的结果和意义的理解越深刻,集中注意的要求和决心越强烈,有意注意也就越能集中和稳定。

②要培养稳定的间接兴趣。间接兴趣是一种对活动结果的兴趣。人对于所从事的活动的直接结果可能没有兴趣,但对于活动的最后结果却有很大兴趣。有了这种间接兴趣,尽管活动本身枯燥,但有意注意仍能保持很长时间,使人长久地从事这种活动,直到完成任务。

③要尽量避免环境中能够分散注意的干扰因素,如无关的声音和光线等。同时,也应当排除与注意无关的思想和情绪情感的干扰,自觉地排除分心现象。在《道路交通安全法》中明确规定,车辆驾驶人不准在驾驶车辆时吸烟、饮食、闲谈或有其他妨碍安全行车的行为。又如,专家的研究结果表明,边驾驶边听广播会分散注意力。高声的爵士乐可使驾驶员的血压升高,脉搏加快,呼吸频率加快;进行曲可以增强驾驶员的积极性,但是在某些情况下会引起过度兴奋,以致产生某些挑衅心理。

④要合理组织活动,培养良好习惯。活动组织是否合理,关系到有意注意的保持。如一个人有良好的工作生活习惯,就可以在规定的时间内全神贯注地完成任务。

无意注意和有意注意是两种性质不同的注意,在实际工作中两种注意都需要,不能截然分开。平时我们的心理活动中往往同时具有两种注意的成分,只是程度不同罢了,而且在一定条件下两者是可以相互转化的。任何一项实际工作都离不开有意注意和无意注意。如果只有有意注意,没有无意注意,长久地依靠意志努力来维持注意,人就很容易疲劳,注意也不能维持很久;如果只有无意注意,没有有意注意,人就极易分心,工作就做不好。尤其是对驾驶员来说,驾车行驶在瞬息万变的道路上,必须依靠有意注意来排除干扰,与分散注意的刺激作斗争。同时,要设法使有意注意和无意注意相互交替,使注意保持长久、集中。

二、驾驶员注意品质及培养

1.驾驶员注意品质

1)注意的广度

注意的广度也叫注意范围。它是指在同一时间内人能够清楚地觉察或认识客体的数量。研究表明,在0.1秒的时间内,成人一般认清8~9个黑色圆点,注意到4~6个没有联系的外文字母,3~4个几何图形。如果事物之间有联系,我们也了解其意义,那么,注意的范围就会大一些。参与道路交通时,人们应当有较大的注意范围,并做到眼观六路,耳听八方,只有这样才能把与交通安全有关的重要信息都反映到头脑中来。例如,有经验的驾驶员不但能注意到近距离的交通信号、行人和障碍等,而且能注意到远距离的来车、道路情况和两侧动态,达到前后一目了然、左右了如指掌的程度。而初学开车的驾驶员,注意的范围就比较窄小,观察前方时,总感到看不远,视野放不宽,注意到横穿马路的行人,就忽略了远处的来车,注意到车前,又顾不得车后。所以,经常搞得紧张过度,措手不及,即使没有出事,也做出一些令人担惊受怕的危险动作来。

2)注意的稳定性

注意的稳定性是指注意持续在某种事物或所从事的某种活动上的时间。持续时间越长,注意就越稳定。反之,稳定性就差。注意的稳定和集中是一种很可贵的品质。

一个人的注意能否集中和稳定,与注意对象的特点有直接关系。简单而无变化的对象,注意的时间就很短。因为人们既不容易也没有必要长时间去注意一个毫无内容和变化的对象。实验证明,在被动和无目的地去看一个单调而没有变化的事物时,要想集中注意5秒都很困难。这是大脑皮层保护性抑制的表现。与其他工作相比,驾驶车辆更需要时刻集中注意。因为汽车运行速度高,车内外环境瞬息万变,只要稍微不注意,就会忽略某些重要情况而出事故。不过,要求驾驶员长时间毫无动摇地把注意集中在一件事上也是不现实的。根据研究,注意的稳定性有狭义和广义之分。狭义注意的稳定性是指注意维持在同一对象上的时间。当人把注意集中在同一事物时,注意不能长时间地保持固定不变,而是在间歇地加强和减弱。即一会儿注意,一会儿不注意。注意的这种周期性变化叫作注意的起伏现象。根据实验可知,听觉的起伏现象的周期最长,视觉次之,触觉最短,注意的这种起伏现象,主观上不易感觉到,对活动的效果也没有重大影响。广义的注意稳定性是指集中注意时,并不是仅仅指向一个单一的对象,而是保持注意的总方向和总任务不变,具体的注意对象和活动可以有所变化。例如,驾驶员开车过程中,并不是只把注意集中去观察前方,如果只注意前方,别的都不注意,那么集中5分钟都是困难的。我们所说的集中注意,主要是把注意始终集中于驾驶活动。在行车过程中时而注意观察前方,时而注意仪表,时而注意倾听声音,这些都是应该做的,也必须这样做。为此,驾驶员应养成不断变换有关的注意对象的习惯,只有这样,注意才能长时间保持在驾驶活动上。

注意的稳定与集中,也取决于人们有无坚定的目的。当人们为达到一定的目的而把注意集中于某一对象时，可以保持相当的稳定性。因此，人们要明确目标，善于从单调或缺少刺激的环境中不断发现新内容、新变化，以增强自己的注意。

3）注意的分配

注意的分配，是指人在进行多种活动时，能把注意同时指向不同对象。一般情况下，人们的注意在一定时间内，只能指向和集中于一定事物。这就是我们常说的"一心不能二用"。但是，在日常活动中，却经常要求人们同时去注意更多的事物，即"眼观六路，耳听八方"。

驾驶车辆的工作要求驾驶员有较强的分配注意的能力。因为在行车过程中，要求驾驶员要同时注意几个方面的情况。例如，要注意操纵转向盘、要观察仪表、要注意来往行人和车辆，还要注意交通标志等，如果不能分配注意，顾此失彼，那就非常容易发生事故。

注意的分配是有条件的。第一，在同时进行的两种活动中，必须有一种活动是已经熟练的，它可以不需要给予更多的注意，从而有可能把注意集中在另一种活动上。驾驶员驾驶车辆，驾驶技术越熟练，灵活分配注意越容易做到。第二，同时进行的几种活动中之间必须有一定的联系，或者形成某种反应系统。

注意分配的实质是并列的分配到几个活动中，基本活动处在意识的中心，而其他活动（自动化的活动）只受意识的检查。注意的分配形式有以下几种：

（1）从时间上分配，驾驶员要用较长的时间把注意集中在主要目标上，同时也要不断利用很少的时间注意其他有关的交通情况。

（2）从感官上分配，汽车行驶中，驾驶员利用不同的感官分别注意不同的情况。例如，用眼睛注意观察汽车前方的交通情况，用耳朵注意察觉发动机、传动机构的工作情况，用触觉器官感知操纵机构。

（3）从动作上分配，驾驶员要努力提高驾驶操作的熟练程度。操作熟练程度越高，所需注意力就越少。这样就可以使注意力集中到主要的活动上去。

（4）注意集中在主要目标上。行驶中驾驶员必须把主要注意集中在握稳转向盘上，其余精力察看仪表等。驾驶员应善于用较少的注意去发现能影响主要目标因素的变化。

注意分配的能力是因人而异的。有人能够同时进行几种活动，有人感到很困难。其关键在于艰苦练习，形成大脑皮层上各种各样牢固的暂时神经联系。汽车驾驶员是对注意的分配要求较高的职业，必须要有意识地练习，去达到能够同时注意几种活动，从而保证工作顺利进行。

4）注意的转移

在日常学习、工作和生活中，人们常常要把自己的注意不断地从一个对象转移到另一个对象上去。注意转移就是主动地把注意从一个事物转移到另一个事物上。注意的转移和注意的分散不同。注意的分散是在需要注意集中的情况下，受到无关刺激物的干扰，而使注意离开需要的对象。它是一种被动的、"不由自主地转移"，是注意受干扰或注意力松弛的表现，是消极有害的现象。注意的转移是操作者为了新任务新活动的需要所表现出的一种有目的的、主动的、及时的积极注意，它是为了完成好操作任务而发生的。驾驶员的工作是在动态系统中完成的，注意对象瞬息万变——环境在变化，路面行人的位置在变化，来往车辆在变化，这客观上就要求驾驶员不断地转移自己的注意，以适应变化着的情况的要求。

注意的转移受三个因素的制约。第一,大脑皮层神经兴奋过程和抑制过程相互转换的灵活性。灵活性强的人,注意转移就比较容易;灵活性差的人,注意转移较难。第二,对原来活动的注意集中程度。如果对先前活动注意非常集中,全神贯注,那么要把注意迅速转移到新的活动上就不容易。第三,新注意对象的特点。新注意的对象越符合人的需要和兴趣,注意的转移就越容易,反之,注意的转移就越困难和缓慢。

注意的转移表现在每个人身上是有差异的,但通过训练可以改善和提高驾驶员的注意转移的能力,这对注意比较迟钝的人尤为重要。

从上面的分析可以看出,注意对于安全驾驶来说非常重要。如果驾驶中注意范围太窄,注意力不集中,不能正确分配注意,不善于转移注意等都会导致交通事故。所以,要分析驾驶员的注意特点,找出存在的不足,根据上面介绍的原理训练注意力,逐渐具有集中稳定的、可以灵活转移的、有较大范围而又能正确分配的良好的注意力。

2. 驾驶员良好的注意品质培养

(1)提高对安全行车重要性的理解与认识。驾驶员时刻要铭记"手握转向盘,脚踩生命线"。在行车过程中,哪怕是极小的一点疏忽,就有可能对自身、他人和社会造成重大损失。每次出车前,都要记住要保证自己与他人的安全和幸福。只有对其中的意义理解得越清楚、越深刻,完成任务的愿望越强烈,那么,为完成这项活动任务所必需的一切,就越能引起注意。

(2)对驾驶工作的浓厚兴趣有利于注意的集中和保持。对工作富有浓厚的兴趣,是集中和保持注意的一个重要原因。就兴趣而言,可分为直接兴趣和间接兴趣。直接兴趣是指由事物本身所引起的兴趣,间接兴趣是指由事物的结果引起的兴趣。对于驾驶工作,有些人很感兴趣,有的人则兴趣不浓,所以,存在一个兴趣培养、激发、转化的过程。大多数的无意注意都是由有直接兴趣的事物引起的,而在驾驶工作中,很多事物则是单调的、枯燥的。如周期性的发动机响声,很难引发我们的直接兴趣,而我们又必须关注它。我们从枯燥的发动机响声的变化中,可以判断发动机运转是否正常,这时,对发动机响声的兴趣由间接兴趣转化为直接兴趣。这样一来,倾听发动机的声音就不会太费力、太疲倦,不需要特别的努力就能集中注意了。在驾驶工作中,就是要不断地把间接兴趣转化为直接兴趣,达到注意的集中与保持。

(3)了解不同交通参与者的行动特点有利于注意分配。驾驶员在道路上行驶时,随时会遇到机动车、非机动车、行人。而且,不同交通参与个体有各自不同的特点。例如,行人,有横穿马路的行人,有着急赶公共汽车的行人,上学的中小学生、买菜的老人等。因此,驾驶员必须经常分析这些参与者在不同地点、不同时间的心理状态,只有掌握了他们的行动特点,才能够对他们进行有效"指向"和"集中"。又如,机动车常在郊区或车流量不大的城区道路上超车或行驶,自行车常在左转弯或出胡同时猛拐,所以,驾驶员掌握了这些交通参与者的行动特征,就可能使自己的心理活动的"指向"和"集中"于明确的目标物,这样就可以大大减少自己头脑中需要处理的信息,从而节省了处理时间,以至可以及时采取措施,预防事故的发生。

(4)排除外界干扰,创造良好的驾驶条件,劳逸结合,保持旺盛精神状态。外界干扰不利于注意的保持,应设法采取措施,排除与驾驶行为无关的干扰。例如,保持驾驶室的安静，降低干扰声音的强度，预先把驾驶室内的一切可能妨碍操作的东西，如车内挂件、装饰品去掉，在驾驶过程中不聊天说话等。疲劳和生病都会降低整个心理活动的集中，注意容易分散，如果确实感到疲劳，应设法停车，稍做休息再继续驾驶，有助于集中注意的维持，驾驶者要注意劳逸结合，锻炼身体，睡眠充足，精力充沛，头脑清醒才能持久地将注意集中于驾驶工作。

(5)运用自我提醒和自我命令，防止单调的环境分散注意。能够引起注意的事物如果一再出现，就会习以为常，就不能再引起注意了。据国外研究，一个人长期处于单调刺激的环境中，知觉就会发生混乱，出现幻觉，而且会感到昏昏欲睡。美国哈佛大学的一个报告中指出"在长距离驾驶货车的驾驶员中，幻觉是极为常见的。在路上驾驶货车几个小时以后，他们开始见到一些幻影，如风窗玻璃上有巨大的红蜘蛛，一些不存在的动物跑过道路，以致常常引起事故。"

在环境单调，没有外界刺激的时候，保持注意也很难，这是因为缺乏外界刺激物，大脑的兴奋难以维持在较高的水平。所以，人们要善于从单调或缺少刺激的环境中发现新内容、新变化，以增强自己的注意。在驾驶的过程中，尤其是一些驾驶时间比较长、路途远的驾驶行程中，驾驶员由于生理与心理上的疲劳，稍有疏忽大意，可能会引发事故。因此，在这种情况下，要经常提醒自己特别是在要求加强注意的紧要关头，运用自我提醒，不断自我命令的方式集中注意，保证安全行车。

第二节　驾驶员的"不注意"与驾驶分心的预防

一、驾驶员的"不注意"

1."不注意"的定义

不注意在心理学上没有明确的定义，大多用作注意的反义词。分析事故原因时常归咎于驾驶员及操作人员的不注意。例如："麻痹大意""心不在焉""不当心""疏忽粗心""没有注意到信号"等，这些说法比较含糊笼统，缺乏深入的具体分析。似乎人的注意力是一个可以无限开发的宝库。只要人依靠意识控制，就能无限提高注意力，就可以防止一切事故，事实证明这是不可能的，人脑接受相关信息的能力，手脚操作能力都是有限的。

客观事物千千万万，发出的信息错综复杂，人不可能接受所有的信息，大脑对信息加工能力有限，不可能对所有信息都作出反应。因而，人对一些事物给予注意，对另一些事物则不注意。人是否接收到客观事物的信息，受时间速度、地点方位、环境情境等客观因素的影响，也受人的健康状况、感官机能、心理状态等自身因素的制约。人能否对信息进行加工作出反应，又受智力技能、知识经验、操作技术熟练程度的影响。对众多的客观事物有所不注意，才能有所注意；有所注意，必然同时有所不注意。要克服不注意，对所有事物都注意是不可能做到的。

日本心理学家狩野广之认为发生事故或灾害时，不能把原因简单地归咎于某人的"不注意"。他说："许多情况并非人们故意造成'不注意'，而是应该考虑到'不注意'是自然法则引起的。也许任何人都不会故意去制造事故,人们一般都不会有意识地造成‘不注意’的。所以,与其说,‘不注意’是事故的原因,毋宁说‘不注意’是某种原因的结果。不去研究和排除造成‘不注意’的条件与原因,而想克服‘心不在焉’去防止事故发生,这样的想法完全是一种非科学的安全管理法……”。

为了预防事故,就要去研究“不注意”的背后原因以及“不注意”的自然法则,从而找到合理的对策,而不应该一句“不注意”了事。

注意和不注意这两个概念不是两极对立的。不论是无意接收到的信息还是有意搜寻捕捉到的信息,人们总是要区分为重要信息、一般信息、多余信息和无关信息。然后决定自己对每一个信息的注意水平:密切注意、一般注意、稍微注意、不注意。这就是说在注意和不注意之间存在着一个连续过渡带,这个过渡带是受主客观因素共同影响的。

那些暂时尚未出现的隐蔽信息,一旦出现往往使人来不及辨别、评价并作出适当的反应。这类信息若与安全有关,则可能造成事故。现代科学手段可以把这些暂时隐藏的信息,及时地展现在人们面前,使人有充裕的时间作出反应,以保证生产操作的安全。任何机械运行和管理系统都应该有其自身的预警系统,缺乏预警系统,只要求人们加强注意是无济于事的。

人的注意力是有限的,不是可以无限开发的精神能源。人只能把有限的注意力用在最重要的对象和活动上。

2. 驾驶员“不注意”的原因分析

(1)信息认知过程中的注意失误。由于注意范围狭小,注意分配能力较差,注意转移能力较差等原因,尽管客观刺激物出现,并且刺激到人的感官,但是没有引起人的注意,不能转化为信息传达到人的大脑,人也就无法感知这些客观事物。注意的稳定性差也使人从注意对象上动摇、分心而失去必要的信息。由于缺乏知识而对引起人注意的文字、数码、标志、符号无法译码,因而也就失去其引人注意的意义。由于缺乏经验而对物体的空间距离、运转速度感知失误,对超速毫无警惕,不加注意。

(2)判断决策时注意偏离中心。复杂操作的判断决策往往要依据多方面的信息,这些信息对操作决策的重要性并不相同,一些关键的具有重要意义的信息应成为思维活动注意的中心,一些次要信息应处于注意中心的周边,关系不大或无关信息则不予注意。如果被次要的或无关的信息所困扰,使注意力偏离中心,则有可能作出错误的判断,导致操作失误,而造成事故。解决复杂的操作问题如机器故障的排除,发生事故之初的抢救措施,一要注意问题的关键,二要注意操作程序不能错乱。有时要在很短时间内进行判断决策,没有高度集中在关键问题上的注意,就不可能保证思维的敏捷性。

二、驾驶分心及影响因素

1. 驾驶分心的定义

驾驶是一种多任务并且复杂的活动,到目前为止,对于驾驶分心没有一个可以广泛接受的定义,比较权威的定义有澳大利亚道路安全委员会从注意力转移角度对驾驶分心进行的定义:驾驶员分心是驾驶员自愿或非自愿的转移驾驶任务(不是由于酒精、药物、疲劳等因素),而且转移任务是因为驾驶员执行另外的任务而短暂地将注意力集中在与驾驶无关的事件、物体和人上，这种转变降低了驾驶员的环境认知、决策水平和操作技能。

2. 驾驶分心的分类

驾驶分心来源的分类有多种形式，概括比较全面的是从听觉、视觉、认知、操作4个维度进行的分类。美国国家公路安全管理局把驾驶分心分为4种类型：视觉分心，听觉分心、身体分心和认知分心。视觉分心主要是指驾驶员的视线有意或无意地离开路面；听觉分心指的是驾驶员间断或连续地注意声音或听觉信号而忽视道路环境；身体分心是指驾驶员单手或双手离开转向盘而导致不能安全地完成驾驶行为；最后，认知分心则指驾驶员有其他思想分离其注意力导致驾驶员不能安全驾驶或导致驾驶员反应降低。

最近的驾驶分心分类研究集中在驾驶任务需求和驾驶任务需求的量化分类上，美国国家公路安全管理局在驾驶分心的相关研究中对车内无线通信设备的使用、辅助驾驶装置的使用、车内乘客交谈、取放车内物体、在车内饮食、思维停顿、车外部吸引源等进行了比较详细的来源分类。

车内驾驶分心的研究比较深入，尤其是关于使用手机和辅助驾驶装置导致的驾驶分心，如手持型和免提型设备对驾驶分心的影响差异；导航系统的声音提示和视频显示的适应性等，而且相关研究成果已经对手机和车内辅助驾驶装置形成了一些导则和标准，相对于车内引起的驾驶分心，车外驾驶分心源的影响研究仍处于起步阶段，主要对驾驶分心进行了一些定性的描述，未对车外的驾驶分心源的影响程度进行实证研究。

3. 驾驶分心的测量

在驾驶分心的研究中，测量驾驶分心的主要方法有：眼动测量法、视觉遮挡测量法、外周视觉任务检测法等。而其中，外周视觉任务检测法已被认为是在测量使用车内信息系统时的安全认知负荷的标准方法。

1）眼动测量法

眼动测量法近年来在我国得到了越来越多的应用，它主要是对视觉行为进行实时测量，记录注视频率、注视时间等。当驾驶分心出现时，驾驶员往往会对分心物体进行1～2秒的扫视。眼动测量法就是利用测量分心任务造成的眼睛离开路面的时间来测量驾驶分心。但是，眼动测量法对设备的要求较高，需要的成本也较高，相比之下，外周视觉任务检测法的使用成本相对较低，且方便易用。

2）视觉遮挡测量法

视觉遮挡测量法和眼动测量法一样，是利用测量眼睛离开路面的时间来测量驾驶分心的。这种方法的基本假设和逻辑是：驾驶员在驾驶过程中只需要部分时间注意路面，而其他时间可以用来进行别的活动，比如使用车载设备。如果能设计某种遮蔽装置来遮挡驾驶员视线，而驾驶员又能自主控制遮蔽装置的开闭，就可以通过测量遮挡开闭的时间来推算出驾驶员需要多长时间注视路面，有多长时间进行其他活动，从而确定出驾驶任务和分心任务的视觉负荷。但是，视觉遮挡测量法对驾驶员的干扰较大，因此，只能被应用在模拟驾驶器中。

3）外周视觉任务检测法

外周视觉任务检测法是沿袭了双任务测量法的一种针对驾驶行为的测量方法。该方法的基本逻辑是：随着驾驶主任务对心理资源的要求增加，驾驶员剩余心理资源就会大大降低，从而导致对外周视觉任务目标的反应变慢，击中率下降，因此，可以通过测量外周视觉任务的绩效来评价驾驶员的驾驶行为。也就是说，驾驶员在驾驶过程中对外周视觉任务的击中率越高，就说明驾驶员的心理资源剩余也越大，在这种情况下，驾驶员就可以更好的使用车内系统，如导航系统等，保证驾驶安全；反之，说明驾驶员不能很好地使用车内系统，驾驶危险系数就会上升。

和上面几种测量方法相比，外周视觉任务检测法的最大优势就是，除了测量视觉分心以外，还能对认知分心进行测量。通过研究，各国研究者还指出外周视觉任务检测法有很好的敏感性，他们指出在关注认知分心和视觉分心的研究中，外周视觉任务检测法是一种较好的方法。

4. 驾驶分心的影响因素

分心是否影响驾驶员表现和安全，依赖于四个主要因素：驾驶经验、驾驶任务要求、竞争任务要求以及驾驶员应对竞争活动的自我调节能力。

1）驾驶经验

年轻驾驶员由于缺乏经验，更容易受到竞争活动（指和驾驶活动同时进行的其他活动）及其他因素的影响，年轻驾驶员在处理竞争活动时其空闲的注意资源更少。例如，一个缺乏经验的驾驶员，相比于有经验的驾驶员，应对竞争任务时其空闲的注意资源更少。有经验的驾驶员通过练习，已经可以同时处理很多驾驶子任务，因此，仅需要很少的注意资源，美国专家研究发现，对于新手驾驶员，与使用自动变速器操纵杆相比，手动变速转换显著降低了信号检测绩效。对于新手驾驶员，手动变速转换是一个要求注意参与的任务，它占用了很多注意资源，并且会干扰驾驶表现。

2）驾驶任务要求

驾驶任务要求不以个人条件为转移，是对驾驶员的个人能力和驾驶活动所提出的要求。影响驾驶任务要求的因素包括交通条件、天气、路况、乘客的数量和种类、驾驶室的人体工效学设计以及汽车速度。一般来说，驾驶任务要求越低，可供驾驶员参与竞争活动的剩余资源越多。例如，一个良好的人体工效学设计的汽车驾驶舱，将减少工作负荷，并给予驾驶员更多的注意资源来参与竞争任务，并由此降低从事重要任务的难度。由于现代车辆操作起来更方便，驾驶任务相对容易，并不需要驾驶员完全投入注意，并持续维持注意来安全驾驶，因此，现代驾驶任务可称为“满意任务”，但是往往低任务要求反而促使驾驶员更加自信，对于无关安全驾驶的信息分配注意资源，以至于卷入分心，导致事故。

3）竞争任务要求

竞争任务是指在驾驶过程的特定时间内，驾驶任务以外的非必要驾驶活动的额外任务，它与驾驶任务竞争注意资源，例如和乘客聊天、打电话等，由于竞争任务与驾驶任务往往同时进行，驾驶员的能力是否能够胜任竞争任务的难度、竞争任务分配的时间、驾驶员的经验、竞争任务的操作内容和难度等因素，都会对驾驶任务的干扰程度具有重要影响和作用。

4）自我调节能力

在应对竞争活动的过程中，驾驶员自我调节的能力是影响驾驶员分心的关键因素。自我调节的作用，主要是在驾驶过程中的计划、策略和操纵侧面上，通过驾驶员的执行来控制和调节自身暴露于竞争活动、从事不安全行为的时间，从而有效控制资源的投入。

当发生驾驶分心时，驾驶员将投入一部分注意资源去处理竞争任务，势必会以某种形式干扰正常驾驶。这种干扰可大可小。以上提到的四种影响因素,可在竞争任务和安全驾驶的关键活动之间起到调节干扰程度的作用。

三、提高驾驶员的警觉性,预防不注意

1.影响驾驶员警觉性的因素

驾驶员警觉性是指他们处理突显信息的灵敏性、准确性和稳定性,也就是在操作过程中,随时都能发现与安全有关的突显信息,能较为准确快速作出必要的反应,预防事故的发生或事故的扩大。影响驾驶员的警觉性因素有以下几个方面。

(1)对任务目的重要意义的理解程度。深刻了解自己的驾驶及操作活动和实现生产总体目标的关系,总体目标对安全生产又有明确的要求;充分了解自己操作的原理和有关的安全问题的关键所在,就可以提高警觉性和预见性。

(2)驾驶员及操作人员的注意品质。驾驶员拥有良好的注意品质,如较大的注意范围和扫视能力,良好的注意分配和转移能力,以及较好的注意稳定性,其警觉性就可大大提高。这些品质可以利用仪器进行检测。例如,注意分配检测仪,以及综合测试注意力的操纵机能检测仪。检测结果有利于驾驶员及操作人员的选拔和培训。

(3)驾驶操作人员的心理负荷量。心理负荷量是在单位时间内心理承受刺激的容量,一般地说,技术熟练、经验丰富的人心理负荷量就较大,除应付常规的驾驶操作需要外,还有一定的剩余心理容量,可应付意外的复杂刺激。反之,技术经验不足,应付常规操作就心理满负荷运转,无法应付意外的复杂状况,出现超心理负荷现象。超心理负荷现象也可以因为社会原因、家庭生活原因、人际关系原因造成。超负荷很容易使人产生心理疲劳,而使警觉性下降。工作任务不饱满,缺乏组织压力,会出现心理低负荷现象,低负荷使人松懈,警觉性也会下降。

(4)工作时间过长,疲劳使人的警觉性降低。一项对驾驶员的研究表明,长时间驾驶的后期,单次性扫视(朝某一方向作一次扫视)有所减少,而模式性扫视(朝某一方向做两次以上扫视)有所增加,这意味着疲劳的积累和警觉性的降低,通过单次扫视往往发现不了问题,而有效的单次扫视减少,扫视范围就缩小了,这就降低了对意外刺激的检测能力。

当路况过于复杂,驾驶员警觉性较低时,周边视野就会缩小甚至丧失,形成“隧道知觉”。这时就无法利用周边视野获取路边的信息,无法预防突然闯入的意外刺激,易出事故。反之,路况过于单调、道路平直,路旁地貌单一,这时会产生道路的“催眠”现象,降低人的警觉性,甚至产生幻觉而导致事故。所以,高等级公路有意设置一些弯道和搓板道,增设醒目的交通标志,以提高驾驶员的警觉性。

(5)人体的生物节律也影响人的警觉性水平的高低变化。一天当中,一般来说,从上午7点到下午3点警觉性升高,到晚上8点以后警觉性明显下降,警觉性的低谷出现在凌晨3点左右。具体到每个人则与其生活习惯、上岗前的休息状况有关。在一个月当中,人的体力、智力、情绪分别以22天、28天、32天为周期,上下波动交互运行,其中有两个或三个因素在同一天处于临界期,这一天就是临界日,处于临界日的人体力、智力、情绪都不稳定,容易导致事故的发生。

2. 改善驾驶分心,预防"不注意

1)适时休息

单调、疲劳或者嗜睡这些因素无论单独发生作用,还是彼此联合发生作用,都会降低驾驶员的注意稳定性。可以通过训练来增强注意稳定性,但在执行需要持续注意的任务中,疲劳始终破坏着注意稳定性,对于驾驶员来说,最好的维持注意稳定性的手段便是停车并休息一会,睡上一小觉是最理想的,做到适当休息,劳逸结合。因此,驾驶员正确评估自己的注意稳定性并适时休息,对于交通安全至关重要。

2)适当唤醒

使驾驶员维持一个高水平的唤醒是非常重要的。多数"不注意"现象是由觉醒水平低下引起的。觉醒水平低下有可能是先天性的,可能是在环境简单的道路上行驶所产生的,也有可能是疲劳引起的。经常休息自然可以维持高水平的唤醒,就像摄入适量的兴奋物质(如咖啡因)一样。其他形式的外部刺激也是有效的,如音乐、对话。目前,在单调驾驶条件下,言语交流的潜在效果只在模拟器研究中得以探索。多里在长途货车驾驶员从事单调模拟器驾驶任务的研究中发现,当驾驶员时不时进行短暂的言语任务时,他们的绩效成绩有所提高。除此之外,控制车厢温度等环境因素也会防止瞌睡,保持适当唤醒。

3)规范驾驶行为

驾驶员在行车过程面临着来自信号灯、行人、车辆路面状况等各种信息,这些信息,时刻在变化着,只有驾驶员集中注意才能有效地顾及周围信息、选择信息、迅速做出正确决策,采取适当的措施,确保行车安全。开车期间不要过多交谈或发生激烈的争吵,说话的同时不要放松对道路交通情况的观察;如果交通状况混乱,应禁止谈话;减少紧张程度,情绪稳定上路行驶;将车载设备音量调小,以便及时了解外界的交通动态(警报音、救护车音和喇叭声);驾驶车辆时禁止接听或拨打手持电话;车上有小孩哭闹,待妥当处理后再继续行车。

4)改善路况

可以通过有效的道路环境设计来改善困倦和分心驾驶员的注意状况。斯塔茨等人认为,道路环境设计对于驾驶员注意缺乏的改善最有效果。在比较直而且平稳的道路上,时间长了,会让行车的人感到疲惫,注意力分散,导致车祸。必要的弯道设计会让人提高注意力,也会让车有略微的颠簸,从而减少事故的发生频率。减速标线、振荡标线、地面减速带的设置能引起驾驶员注意,提示驾驶员必须减速行驶,提高车辆行驶安全。

5)掌握规律

要了解不同的交通参与者各自的不同特点,分析不同的人比如老人、小孩、上班族等人在不同的地点不同时间的心理状态,掌握他们的行动规律,使驾驶员自己的注意力可以集中地指向明确,减少信息处理的时间。

第三节　驾驶员良好注意品质的训练方案

一、心理自测

1. 注意力测验练习

测验材料:练习纸、测验纸、计时器、铅笔。

测验方法：用笔将练习纸上的数字按照1、2、3、4……的顺序依次连起来，尽可能快，但必须按顺序连，不可以漏连数字，如图3-1所示。在连的时候，请一个同伴帮忙隔2秒钟发一次“画圈”的命令，如果听到同伴说“画圈”命令时，立即在当时所连到的数字上画一个圈，然后马上接着连下去。

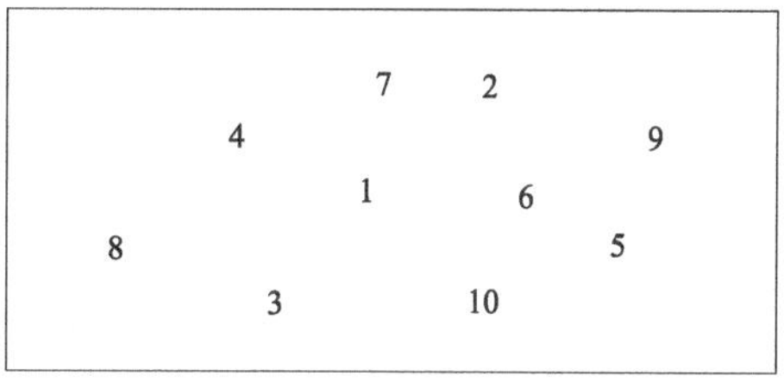

图3-1　注意力测验练习纸

准备好之后，同伴发令“开始”，然后每隔2秒钟发一次“画圈”的命令，直到10个数字连完。（正式测验隔2分钟发一次“画圈”的命令）

2. 注意力正式测验

做过练习，熟悉流程后，发放正式测验纸。准备好后，同伴发令“开始”，驾驶员尽快地在测验纸上按1、2、3、4……的顺序依次连数字，同伴每隔2分钟发一次“画圈”的命令，此时驾驶员立即在当时所连到的数字上画圈并马上接着连下去，当同伴发完第6次“画圈”命令时，再立即发一次“停笔”的命令。

3. 计分与评价

将驾驶员画圈的数字以及每分钟所连数字的个数（后一个画圈的数与前一个画圈的数之差）列在统计表中，如表3-1所示。

注意力测试统计表　　表3-1

画圈次数	1	2	3	4	5	6
画圈的数字						
每次连字个数						

根据表中的信息，以画圈次数为横轴，以每次连字的个数为纵轴画出点线图，如图3-2所示。

当第一次连字个数少于第二次连字个数时，说明注意力转移的速度较慢，在对一个问题集中注意力时，常常有一段时间的准备和适应过程。当曲线有两个以上的波峰时，则说明注意力集中时间较短，意志对注意力的控制效果较差。

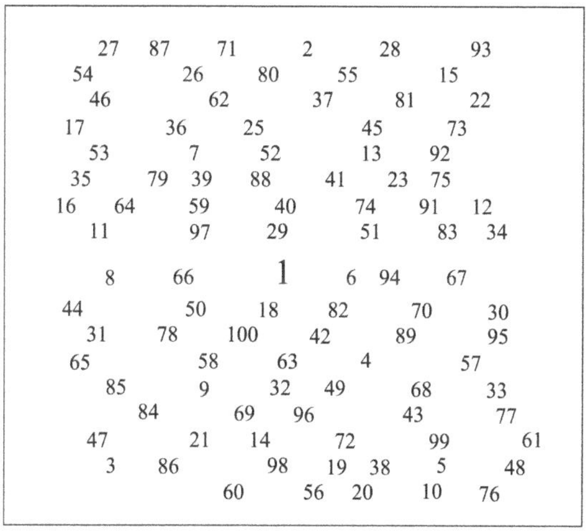

图3-2　注意力测试图

二、心理训练

1.【心理训练】活动一:“舒尔特表”训练

目的:通过“舒尔特表”训练视线搜索能力、注意的稳定性(持久性)、广度、分配(任务和时间)、转移和集中注意力的能力,提升驾驶员的注意力。

操作程序:

(1)组织者事先制作若干张“舒尔特表”,即有25个小方格的表,将1~25的数字打乱顺序,填写在里面,发给驾驶员每人10张,如表3-2所示。

舒尔特表 表3-2

10	20	18	4	9
7	5	8	13	17
19	1	25	16	3
6	11	21	2	15
23	12	24	14	22

(2)要求驾驶员以最快的速度从1数到25,要边读边指出,同时计时,每天完成1张。

(3)连续10天进行记录,看看每天的用时是否会缩短。

(4)总结:正常成年人看一张图表的时间大约是25~30秒,有些人可以缩短到十几秒。

2.【心理训练】活动二:看谁的速度快?

目的:集中注意力训练,提升驾驶员的注意力。

操作程序:

(1)组织者事先制作,打乱顺序的从1~88的88个数字表格,发给驾驶员,如表3-3所示。

1~88数字表 表3-3

9	63	57	30	56	75	21	86	34	88	45
38	5	69	79	31	59	78	7	67	3	66
80	50	22	48	70	13	24	25	12	51	8
11	29	84	6	36	1	42	74	46	77	37
33	53	23	62	14	20	19	52	82	4	18
41	47	55	72	39	83	61	54	27	76	28
10	58	2	43	71	26	32	49	73	40	17
60	68	35	81	15	64	87	44	16	85	65

(2)请驾驶员以最快的速度把它按顺序找出来,看看谁最快?

(3)连续完成5张不同的88格训练表。

(4)总结:反复练习能培养驾驶员的注意广度和注意转移的品质。

3.【心理训练】活动三：被难住的心算家

目的：通过讲故事的形式，寓教于乐，使驾驶员了解注意的规律和特点。

操作程序：

(1)组织者给驾驶员讲述“被难住的心算家”的故事，故事如下：

阿伯特卡米洛先生是一位著名的心算家，不管你给他出一个多么复杂的难题，他都能立即得出正确的答案。在他的心算历史上，还从来没有被人难倒过。

这天，一位年轻的心理学家从远方慕名而来，他要亲自考一考这位著名的心算家。

年轻的心理学家微笑着和心算家打过招呼后，心算家很客气地请他随便出题。

“一辆载着285名旅客的火车驶进车站，这时下车去35人，又上来85人”，心理学家不紧不慢地开始出题了。心算家听后微微一笑。“在下一站上来101人，下去69人；再下一站下去17人，上来15人；再下一站下去40人，只上来8人；再下一站又下去99人，上来54人。”这时主考人已说得喘不过气来。“还有吗？”心算家非常同情地问主考人。“还有”主考人透了口气说：“请您接着算。”他又加快速度说：“火车继续往前开，到了下一站……再下一站……再下一站……”，这时他突然叫道：“完了，卡米洛先生！”

心算家轻蔑地笑着说：“您马上要知道结果吗？”

“那当然”，心理学家点点头，同样微笑着说：“不过，我现在并不想知道车上还有多少乘客，我想知道的是这趟车究竟停靠了多少站？”

这时心算家一下子呆住了。

(2)讨论分析：心算家为什么答不出主考人的问题？这位心理学家又是怎样把心算家难住的呢。

(3)结合自己的驾驶实践谈谈故事带给我们的启发。

(4)总结：注意是有指向性和集中性的。人们注意某项活动时，心理活动就指向、集中于这一活动，并抑制与这一活动无关的事物。心理学家早已料到，根据心算家已形成的心算动力定型，通常只会去注意计算车厢内的乘客数的多少，也就是说他只会对车厢乘客人数的增减感兴趣，产生有意注意(有预期目的，需要做一定的意志努力的注意)，而对列车所停靠的车站数却忽视了。于是，他故意以越来越快的速度出题，以更好地引起心算家对车厢乘客数的注意(有意注意)，使他无暇注意到还会有另外一个答案。心算家果然上当，被心理学家难住了。

4.【心理训练】活动四：找不同

目的：看图活动，锻炼驾驶员观察和集中注意力的能力。

操作程序：

(1)组织者事先制作几组看上去很相似，但存在不同的图片或者有隐藏图形的图片。

(2)让驾驶员找出不同，或者找出隐藏的图，看看谁准确率最高且用时最短。

(3)总结：反复练习，循序渐进，能培养驾驶员的观察力和注意力。

5.【心理训练】活动五：缩扩视野训练

目的：通过视野缩扩，训练驾驶员集中注意力的能力。

操作程序：

(1)组织者事先制作用于缩扩视野的图片，如图3-3所示，并发给驾驶员。

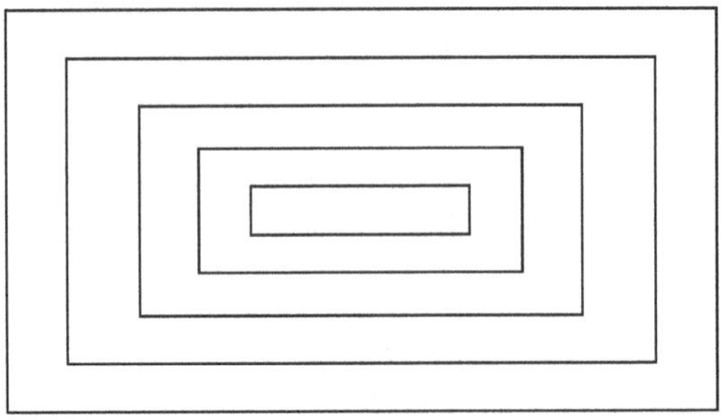

图 3-3　视野缩扩图

(2)驾驶员视点先注视最里边的方形,接着视点向外注视第二个方形及第二个方形的整体,也包括最里面方形,一层一层向外展开。

(3)同样方法,再从大方形回到小方形。

(4)做完一组,搓手,直到手发热停止,两手轻抚眼部,缓解眼部疲劳。

(5)总结:反复训练,有助于锻炼驾驶员集中注意力的能力。

6.【心理训练】活动六:视点上下、左右、"蛇形"移动训练

目的:通过视野缩扩,训练驾驶员集中注意力的能力。

操作程序:

(1)组织者事先制作用于进行驾驶员视点上下、左右、"蛇形"移动训练图片,如图 3-4、图 3-5、图 3-6 所示。

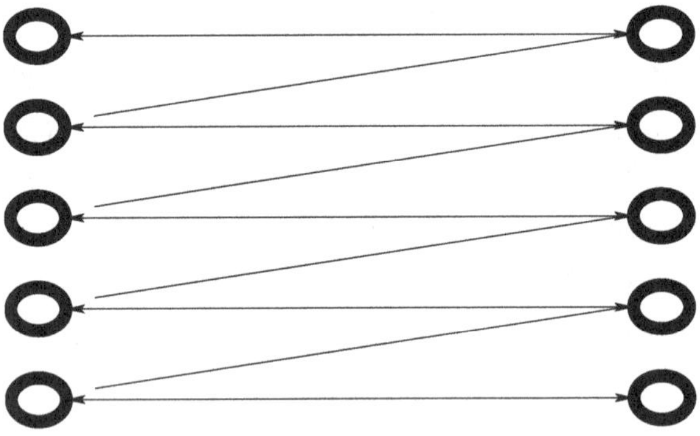

图 3-4　视点左右训练图

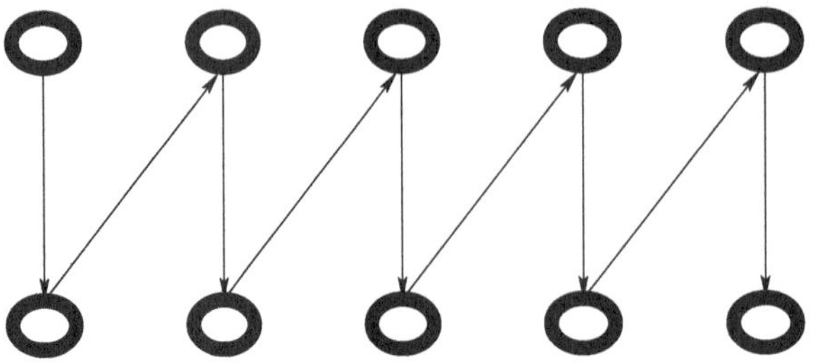

图 3-5　视点上下训练图

图 3-6　视点"蛇形"训练图

(2)驾驶员视点从左到右,再从右到左,快速的、大幅度反复移动。

(3)驾驶员视点从上到下,再从下到上,快速的、大幅度反复移动。

(4)驾驶员视点从左到右,从上到下,蛇形,快速的、大幅度的反复移动。

(5)做完一组搓手,直到手发热停止,两手轻抚眼部,缓解眼部疲劳。

(6)总结:反复训练,有助于锻炼驾驶员注意的转移、分配以及集中注意力的能力。

7.【心理训练】活动七:脑力激荡—驾驶员注意力不集中的克服

目的:用“逆向思维”类小游戏进行破冰、活跃气氛,思考、交流、分享如何克服驾驶员注意力不集中的问题。

操作程序:

(1)“大西瓜小西瓜”活动。操作:一人发令,其余人要根据口令比画相反动作。如发令人说“大西瓜”,其他人就要比画小西瓜的样子。

(2)思考:驾驶员结合自己的驾驶经历谈谈如何克服驾驶注意力不集中,如何避免驾驶分心。

(3)讨论、交流:将驾驶员共同认可,行之有效的方法收集起来,打印成册,积极实践。

(4)总结:经过脑力激荡,总结10条由驾驶员提出的克服注意力不集中的方法,汇总如下:

①注重营养、休息和睡眠;

②经常参加体育运动;

③养成良好的工作与学习习惯;

④维持生物钟,尽量按照生物钟来活动;

⑤每次只做一件事情;

⑥工作间隙多休息;

⑦不要久坐;

⑧工作完成后奖励自己;

⑨每次发现自己走神的时候,对自己说:“回到这来”;

⑩如果受外界干扰,让你无法集中注意力,就对自己说:“随它去吧”,做一个深呼吸,让焦躁的情绪随着呼气呼出去。然后再说:“回到这来。”

8.【心理训练】活动八:一手画圆一手画方

目的:训练驾驶员的注意分配能力。

操作程序:

(1)组织者准备A4纸和铅笔,发给驾驶员。

(2)驾驶员挑战一下一手画圆,一手画方。

(3)小组内相互传看每个人的“杰作”,请画得最好的驾驶员传授经验。

(4)总结:俗话说“一心不能二用”,但驾驶车辆的工作要求驾驶员有较强的分配注意的能力,驾驶员必须要有意识地练习,去达到能够同时注意几种活动,从而保证工作安全、顺利进行。

9.【心理训练】活动九:视听训练

目的:训练驾驶员的注意力。

操作程序：

(1)请组织者准备东西(小挂件之类的)和收音机、手机等能播放的设备。

(2)凝视：拿一样东西，请驾驶员仔细地看它30秒，然后闭上眼睛，试着确切地把它说出来，如果某些细节不清楚的话就再看一次，闭上眼睛再次描述，如此反复，直到能把此事物说得清楚为止。

(3)静听：打开收音机听广播，然后逐渐调低音量，把音量调到尽可能低，低到刚好能听清楚为止。

(4)总结：凝视使人排除外界干扰，静听微弱的声音迫使人集中注意力。反复进行凝视和静听训练，循序渐进，能提高驾驶员的感知能力和注意力，利于安全行车。

10.【心理训练】活动十：送你十八句祝福语

目的：放松活动，同时训练驾驶员的观察和注意力。

操作程序：

(1)请组织者准备写有祝福语的图片。

(2)把祝福语呈现给驾驶员。

(3)驾驶员试着把它读出并写下来。

(4)总结：结束训练送给大家十八句祝福语。

四季安康、欢聚一堂、日进斗金、年年有余、恭喜发财、岁岁平安、三阳(羊)开泰、春和景明、八方来财、招财进宝、七星高照、五谷丰登、出门见喜、金玉满堂、吉祥如意、紫气东来、春满人间、五福临门。

三、反思感悟

结合专题学习与自我训练，思考评估自己的注意广度、注意的转移、注意分配能力，同时查找存在的问题以及克服驾驶分心。

第四章 驾驶员情绪管理能力训练

情绪对驾驶员的影响很大,与行车安全有密切的关系。在驾驶活动中,驾驶员的机体和心理经常处于紧张状态,情绪起伏较大,积极的情绪对顺利完成驾驶活动有着很大的推动作用;消极的情绪对驾驶活动有很大的阻碍作用。研究情绪与驾驶活动的关系,掌握其变化的规律和特点,及时控制和调节情绪,对于驾驶安全十分重要。

第一节 驾驶员情绪的概述

一、情绪的概念与功能

1. 情绪的概念

情绪是人对客观事物是否符合自己需要而产生的态度的体验。它是人对客观世界的一种特殊的反映形式。情绪是伴随认识活动而形成的一种心理活动过程。人们在认识客观事物的过程中,不仅可以了解事物的表面特征,揭示事物的本质及其内在联系,同时还会对所反映的事物产生好恶或肯定与否定的态度。如一些现象使人愉快,另一些现象使人悲哀;一些现象使人愤怒,另一些现象使人恐惧。愉快、悲哀、愤怒和恐惧等都是不同情绪的体验。

情绪是人对客观现实的反映,产生的根源在于客观事实本身。情绪不同于认识过程。认识过程是人对客观事物本身的反映,而情绪则是反映客观事物与人的需要之间的关系。情绪是人对客观事物与人的需要之间关系的反映。客观事物并不全部都能引发人的情绪,只有与人的需要有关的事物,才能引发人的情绪。它是以需要为中介的一种反映形式。一般地说,能满足人的需要的事物,都会引起肯定的情绪和积极情感的体验(如愉快、满意等),而不能满足人的需要的事物,则会引起否定的情绪和消极情感体验(如愤怒、恐惧等)。此外,认识过程是通过形象或概念来反映客观事物,而情绪是通过体验来反映客观事物与人的需要之间的关系,无论人对客观事物抱什么态度,人自身都能直接体验到。体验被认为是情绪的基本特征。离开了体验就谈不上情绪。

情绪是人对客观事物的态度的体验,而这种体验反映着客观事物与人的需要之间的关系。舒适的驾驶环境和行车安全都是驾驶员的需要,这些需要满足了驾驶员才会产生愉快、满意等肯定的情绪体验。例如,驾驶员在行车过程中爆胎了,而自己没有带换胎工具,当你拦下一辆汽车向其驾驶员求助时,他却置之不理把车开走,这时你就会因为刚才遭受冷漠而在心理上产生相应的内部体验和外部的表现,会感到很悲哀,从而引起消极的否定性的情绪,如厌恶、愤怒、埋怨等;当你失望的瞬间,后面来的另一辆汽车的驾驶员主动向你伸出了友爱的双手,帮你装好备胎,使你的汽车恢复正常行驶,这时你的心理就产生与前者完全不同的内部体验和外部表现,会引起积极的肯定性的情绪,如满意、愉快、高兴、自信等,由此可见,各种不同的情绪体验都会给驾驶员在行车安全上带来不同的心理效应,积极的情绪起增力作用,消极的情绪起减力作用。

2.情绪的功能

(1)信号功能。情绪是人们在学习、工作和生活中,相互影响的一种重要方式,它在人与人之间具有传递信息、沟通思想的功能。这种功能是通过情绪情感的外部表现——表情来实现的。表情被称为“情绪的语言”。人们在社会生活中,经常通过表情来传递信息,从而达到沟通思想、相互了解的目的。如教师对学生点头微笑、轻拍肩膀表示赞赏;面部表情严峻表示不满或问题的严重性;用手势控制学生在课堂中的行为等。这些信号使学生对事件的认识、态度更鲜明,更易为学生感知和理解。

(2)感染功能。情绪的感染功能是指个体的情绪可以感染别人,使别人产生强烈的内心体验,形成与之相应的情感。许多文艺作品无不是以情感人,以情育人。在教学中,教师也要注意用自己的情绪去感染学生,使学生产生强烈的内心体验,将教师的要求转化为自己的需要,乐于接受教育。

(3)驱动功能。情绪的驱动功能是指人的情绪对人的活动具有推动和调节功能。积极的情绪能够激励人们的行为,提高活动效率。适度的情绪兴奋性,可使身心处于活动的最佳状态,进而有效地完成任务。研究证明,适度的紧张和焦虑能促使人积极地思考和成功地解决问题。情绪过于松弛或过于焦虑、紧张将不利于问题的解决。当然,消极的情绪则会干扰阻碍人的行动,降低活动效率。

二、情绪的生理变化和外部表现

1.情绪的生理变化

随着情绪的发生,有机体会产生一系列的内部生理变化。这些变化主要包括呼吸系统、血液循环系统、皮肤电反应、脑电反应和内外腺体的变化等。它们都可以作为测查情绪变化的客观指标。

(1)呼吸系统的变化。据研究,人在愤怒时,呼吸每分钟可达40~50次(平静时一般每分钟呼吸20次左右);高兴时每分钟呼吸17次;突然惊恐时,呼吸会暂时中断,心跳每分钟约增加20次;狂喜或悲痛时,呼吸会发生痉挛现象。

(2)血液循环系统的变化。在某些情绪状态下,心血管系统会发生一系列变化,如恐惧或暴怒时,心跳加速、血压升高,血糖增加,血液的化学成分(如血氧含量)也发生变化。

(3)脑电和皮肤电的变化。在不同的情绪状态下,脑电波会发生变化。通常人处在正常清醒、安静、闭目状态时,脑电被呈现出 α 波(频率为8~14次/秒,振幅为21~100微伏)。在紧张、焦虑状态下,出现高频率、低振幅的 β 波(频率为14~30次/秒,振幅为5~20微伏)。在熟睡时,则出现低频率,高振幅的 δ 波(频率为3次/秒,振幅为50微伏)。

人在惊恐、困惑、紧张时,皮肤电的反应最显著。因为血管的收缩和汗腺的变化会引起皮肤电阻的变化。汗液中有大量的钠元素,使导电性增强,电阻下降,电流升高。

2.情绪的外部表现——表情

人类情绪和情感的主观体验的外部表现模式称为表情。古语说:“情动于中,而形于外。”达尔文认为，原始人的表情最初具有生存适应的价值。例如愤怒时咬牙切齿、鼻孔张大、紧握拳头、胸部挺起，是人类祖先做好搏斗的准备。后来，通过遗传保留下来。现在人类用表情传递非语言的信息，仍然具有适应价值。研究表明，人类的表情并不都是遗传的，也不仅具有生物适应的价值。它明显地受社会文化的影响，具有后天习得的性质，成为人类交际的重要手段。盲人的面部表情和正常人的面部表情相似，但表情的程度和范围与正常人不同。表情兼有遗传和习得两种成分。

表情主要有面部表情、言语表情和肢体表情。

1）面部表情

面部表情亦称脸部表情。眼、眉、嘴等的变化，最能表示一个人的情绪和情感。面部表情被认为是情绪和情感表达的主要通道。通常左侧脸比右侧脸的表情更丰富，这是因为大脑右半脑更多地参与情绪和情感信息的处理。研究表明，植物性神经系统的变化在每一种情绪和情感中都有体现。例如人在羞愧时因血管的舒张而脸红，恐怖时因血管收缩而苍白。人类的面部表情可以用额眉部、眼鼻部和口唇部的变化来标志，这三个部分的肌肉运动的不同组合，就构成了不同的面部表情，表达着相应的情绪和情感。例如人在愉快时，额眉部放松，眉毛稍下降；眼鼻部眼睛眯小，面额上提，鼻孔扩张；口唇部嘴角后收、上翘等。这三个部位肌肉运动的组合就构成一个愉快的面部表情。

2）言语表情

言语表情是情绪和情感在语言的音调和节奏、速度等方面的表现。言语不仅是交流思想的工具，也是传达情绪和情感信息的手段。人在高兴时语音轻快，悲哀时语音低沉缓慢，愤怒时说话大声而严厉。

3）肢体表情

肢体表情是情绪和情感在身体的姿势和动作方面的表现。用于表达情绪和情感的身体动作，以手和脚为主，尤其以手的动作为主。例如，人在欢乐时手舞足蹈，悔恨时捶胸顿足，惧怕时手足无措等。面部表情、言语表情和肢体表情相互联系，共同传递情绪和情感的信息。

根据这三个方面，在一定程度上可以识别人的情绪和情感。但人的情绪和情感具有社会性，人可以有意识地调节、控制自己的表情，隐藏自己的真正情绪和情感。由于表情可以为主体所控制，所以把表情、主观体验和生理生化三个方面结合起来，才是识别人类情绪和情感的可靠方法。

三、驾驶员情绪的测量

关于驾驶员情绪状态的测量，国内研究者大多采用的研究工具为祝蓓里修订的情绪状态量表。该量表由 40 个描述不同情绪状态的形容词构成，共 7 个分量表组成。7 个分量表的维度分别为：紧张、愤怒、疲劳、抑郁、精力、慌乱与自尊。量表的计分方法分为 5 点计分：“几乎没有”“有一点”“适中”“相当多”“非常多”分别记 0、1、2、3、4 分。情绪状态总分等于 5 个消极的情绪（紧张、愤怒、疲劳、抑郁和慌乱）得分之和减去 2 个积极情绪（精力，自尊感）得分之和加 100。其中，消极情绪得分越高，心境干扰程度越大；积极情绪分数越高，心境干扰程度越低；情绪状态总分数越高，表明情绪状态更加消极，即心情更为纷乱、烦闷或失调。

何存道运用情绪状态量表对232名男性卡车驾驶员的情绪状态进行了问卷调查，结果表明：

(1)事故组卡车驾驶员的愤怒、疲劳、慌乱等消极情绪显著高于安全组卡车驾驶员。

(2)事故多发组卡车驾驶员的紧张、抑郁、愤怒、疲劳、慌乱等消极情绪显著高于安全组卡车驾驶员。

(3)年龄因素对卡车驾驶员的精力状态有显著影响。对其余各种情绪状态没有显著影响。

(4)驾驶工龄对卡车驾驶员的情绪状态没有显著影响。

朱国锋采用驾驶员情绪状态量表对265名客车驾驶员的情绪状态进行了问卷调查。结果表明：

(1)年龄对驾驶员的疲劳状态有显著影响，对其余各种情绪状态没有显著影响。

(2)女驾驶员的紧张情绪显著高于男驾驶员，积极情绪(精力)显著低于男驾驶员。

(3)出租汽车驾驶员的愤怒、疲劳、紧张等消极情绪显著高于公交大客车驾驶员，积极情绪(精力)显著低于公交大客车驾驶员。

(4)事故组驾驶员的愤怒、疲劳、紧张、慌乱等消极情绪显著高于安全组驾驶员，积极情绪(精力)显著低于安全组驾驶员。

陈晓晨等人采用情绪状态量表对218名驾驶员开展问卷调查，目的探讨不同类型驾驶员的情绪状态与安全驾驶的关系，研究结果表明：

(1)不同类型的驾驶员在紧张、疲劳与抑郁维度上不存在差异，而精力、慌乱、自尊和情绪状态维度在有无违章情况下存在差异。

(2)情绪状态会明显的影响驾驶员的违章情况，其中，有违章情况的驾驶员在慌乱与情绪状态维度上得分高，说明消极情绪更容易引起驾驶员的违章行为，这种干扰主要来源于驾驶员在操纵机动车时不够熟练，在行车过程中过于慌乱；无违章情况的驾驶员在精力与自尊维度上得分较高，说明无违章情况的驾驶员受心境干扰程度低，他们对自己的驾驶行为或技能有更高的自信，能够保持很好的判断能力和分析能力，在驾驶过程中能保持良好的积极情绪。

(3)驾龄在5年以下的驾驶员更容易受到情绪状态的影响。其中，有愤怒情绪驾驶员在行车过程中更容易表现出违章情况；男性驾驶员在行车过程中表现出高自尊的情绪状态，说明男性驾驶员在行车过程中比女性驾驶员更多地表现出积极的感觉，有更多的积极情绪，认为自己能够有效地控制机动车。由此可见，积极情绪更有利于驾驶员安全驾驶，因此在今后的研究中，可以通过培养驾驶员的积极情绪而减少不安全驾驶行为的发生。

四、驾驶员安全行车的情绪要求

1.适度紧张

这是指驾驶员行车时身心应保持一种中度紧张状态。既不能高度紧张，也不能完全松懈。心理学研究表明：中度紧张最利于提高工作效率，而过高、过低的紧张状态都会降低工作效率。

高度紧张易使人反应迟钝、行为慌乱、遇事不知所措，而丝毫不紧张则容易产生“思想麻痹”、“开小差”的现象，没有做好应付各种紧急情况的心理准备，一旦遇事则可能是“防守不及”。这两种情况都不利于安全行车。开车时，驾驶员应该自觉地意识到自己正处于工作状态，集中精力、保持中度紧张，这样才能及时搜索道路交通中的各种信息，及时判断，及时处理，避免交通事故的发生。

2. 平和稳定

许多调查表明：交通事故往往集中在某些驾驶员身上，而这些人中大多数有情绪不稳定，易喜、易怒、易爆的情绪特征。情绪稳定性是驾驶员的优秀品质。

平和稳定是指对人对事平心静气，情绪稳定，不大喜大悲，做到高兴但不“得意忘形”，伤心而不“悲痛欲绝”，愤怒而不叫爹骂娘。要求驾驶员平时要修身养性，形成稳定良好的性格，使情绪保持一种平静稳定状态，这样身心才能平衡，遇事才能沉着应付。

3. 愉快畅达

在适度紧张、稳定平和的情绪基础上，驾驶员行车时还应保持一种愉快畅达的积极情绪，即让情绪有种轻微的快感，心情舒畅，安心于当前行车任务。决不能带有忧愁、恐惧、紧张等不良情绪。因为愉快畅达的情绪与积极的信息材料相联系，易激活大脑皮质，增强反应的灵敏性。这种情绪是心甘情愿专心于开车的前提。

第二节 驾驶员的情绪状态与交通安全

根据情绪发生的速度、强度和持续时间的长短，可以把情绪分为 3 种状态：心境、激情和应激。驾驶员不同的情绪状态对交通安全的影响也不相同。

一、驾驶员的心境与激情

1. 驾驶员的心境

心境是一种比较持久和微弱的，能影响一个人整个精神活动的情绪状态。心境不是关于某一事物的特定体验，而是具有弥漫性特点。当一个人处于某种心境中，往往以同样的情绪状态看待一切事物，从而影响人的行为表现。它可以使人的言语、行为、思想和所接触的一切事物都染上了相同的情绪色彩。心境对人的工作、学习、生活有很大影响。积极、良好的心境有助于积极性的发挥，提高工作、学习效率，增强克服困难的勇气；消极、不良的心境使人厌烦、消沉。驾驶人心境好，有助于增强工作的劲头，提高工作效率；心境欠佳，则会削弱工作热情，有时还会出现不安全行为，甚至导致交通事故的发生。例如，驾驶人杨某，由于夫妻闹离婚引起心境不佳。晚上他不能很好入睡，早上精神不振，但他仍然照常上班驾驶车辆。当天下午 1 时许，杨某驾驶小客车在路上由东向西行驶时，因精神疲倦而短时进入睡眠状态，导致小客车严重失控，越过分隔线，驶入非机动车道，接连撞倒正在同方向行驶的三辆自行车，造成严重伤亡事故。

心境引起的原因很多，可以由对人具有某种意义的各种情况所引起。工作的顺逆，事业的成败，人们相处的关系，健康状态，家庭生活，甚至自然环境的影响，都可以成为引起某种心境的原因。

另据日本心理学家内山道明对100名交通肇事者的调查表明,有12%的人在家里吵过架,9%的人在家里遇到麻烦事,8%的人被上司训过,4%的人在公司里碰到令人讨厌的事。这就是说,33%的人在发生事故前曾具有消极不良的心境。由此可见,消极不良的心境与交通事故的发生是有着十分密切的因果关系的。因此,作为一名驾驶员,应有良好的心境,而不要在心情沮丧、思想出问题的时候开车。一切问题要在开车前解决,带着愉快的心境工作。身体疲劳、有病也会影响心境,所以,要注意锻炼身体,医治疾病,劳逸结合。

2. 驾驶员的激情

激情是一种迅猛爆发、激动而短暂的情绪状态。如狂喜、愤怒、恐惧、绝望等都属于这种情绪状态。在激情状态下,总是伴有激烈的内部器官活动变化和明显的表情动作。如愤怒时全身发抖,紧握拳头;恐惧时,毛骨悚然,面如土色,四肢瘫软;狂喜时手舞足蹈,欢呼雀跃;绝望时心灰意冷、头脑昏迷等。激情爆发时,人认识范围缩小,意识不到自己在做什么,更不能预见行为的后果。心理学上把这一现象称为"意识狭窄"现象。激情通常是由于人受到具有重大意义的强烈刺激而过度抑制或兴奋所引起的。

激情有积极和消极之分。积极的激情与理智、坚强意志相联系,能激励人们克服艰险,攻克难关,鼓舞驾驶员的斗志,调动驾驶员的内在潜力,成为推动各项工作的动力;但消极的激情,往往束缚驾驶员的认识范围,抑制理智分析能力,削弱自我控制能力,不能正确评价自己行为的意义和后果,以致做出一些不该做的事,甚至出现不顾一切的行为,从而使驾驶工作的安全性得不到保障。如某公共汽车总站,进出站的车辆陆续不断。为了不妨碍进出站的车辆正常通行,车站调度早就安排了营运车辆的停车位置。但是有的驾驶员不按规定行事,不管妨碍不妨碍进出站的车辆通行,放下车就走。这天晚上10点左右,驾驶人刘某开车回总站,正好遇上前边停站的车辆挡住了去路,刘某非常生气,丢下自己的车,气冲冲地上了前车,打火就走,车刚起步,刘某忽然发现车前方有人横穿,急忙踩刹车,但已经晚了,刘某眼看着公共汽车将行人撞倒轧过。分析这起事故可以看出,正是由于刘某激情发作,大动肝火,失去理智,才导致了事故的发生。

激情是可以控制的。控制激情需从三个方面着手:一是在预测到事态发展可能引起激情时,要做好思想准备,以便正确对待,要学会自我暗示。最好的办法是,在感到自己生气要发脾气时,即进行自我暗示,反复默念"要镇静""不要发火""发火是无能的表现""理智是智慧的源泉"等。这样,既增强了大脑中理智思维的强度,也疏散了外界刺激引起的狭窄兴奋。二是在面临激情时,采取必要的措施免受激情的困扰和损坏。例如,增强意志锻炼,学会克制,通过时间缓冲,帮助自己的头脑冷静下来;在情绪激动大发雷霆时,不妨自我按摩头部或太阳穴10秒左右,或用冷水洗脸,降低皮肤温度,这样会使情绪放松,降低怒气;加强自我的思想修养,处处以事业和大局为重,学会宽以待人。

二、驾驶员的应激

应激是在出乎意料的紧迫情况下引起的急速而高度紧张的情绪状态。人在工作和生活中,往往会遇到突然发生的事件或危险,要求迅速的集中自己的智慧和经验,动员整个机体的力量,及时作出决定,以应付紧急情况,这时候产生的特殊体验就是应激。如飞行员在空中发现机件失灵，驾驶员在驾驶中突然出现危险的情境，亲人的猝然病危，意外的火警、水灾、地震等，都会发生应激状态。

人如果相当长时间处于应激状态，对健康是很不利的。加拿大生理学家汉斯·塞利的研究表明：应激状态的延续能击溃一个人的生物化学保护机制，使人降低抵抗力以致被疾病所侵袭。在应激状态下，人的生理和心理都发生一系列的变化。特别是使肌肉的紧张度、腺体分泌、血液循环和呼吸系统发生显著变化；神经系统和运动系统处于高度激活状态，身体的应变能力也处于"紧急反应"状态。一般说来，在这种情况下，知觉和注意的范围缩小，注意的分配和转移比较困难，这时人可能有两种表现：一是目瞪口呆，手忙脚乱，陷入窘境；二是急中生智，行动果断，摆脱困境。这主要取决于一个人的个性心理特征、知识经验和所受过的训练。

应激是驾驶员经常出现的心理状态。如在快速行车时，突然有人横穿马路；在坡道下坡行驶时，机件突然失灵等，这都需要驾驶员迅速判断情况，利用过去的经验，集中意志力和精神，在一瞬间作出决定，否则惊慌失措、反应迟钝都会造成严重的交通事故。因此，驾驶员平时要注意培养思维的敏捷性和意志的果断性，加强应付危急状态的技能训练，提高在意外情况下迅速做出判断和决策的能力，对应付应激状态极为重要。

1. 驾驶员应激状态对行车安全的影响

研究表明，驾驶员在应激状态下的行为可能会出现以下问题：

(1)认识变得狭窄，注意集中于一点，难于转移和分配。

(2)对外界情况的认识变得不充分。

(3)认识外界情况的要求减弱，在极端情况下，失去对外界情况的认识能力。

(4)对外界情况往往只能作出"有"或"无"的两极判断，难于作出程度或数量的判断。

(5)对外界情况综合判断的能力下降。

(6)无暇思考便立即作出判断，极端情况下失去判断的能力。

(7)难于维持平衡的动作，动作用力往往过大。

(8)难于进行两个以上的互相协调的动作。

(9)动作准确性下降，容易出现错误动作。

(10)容易出现无目的的多余动作，极端时可能不知所措，失去操作能力。

由此可见，应激状态对驾驶员的驾车活动有很大影响。有时，应激状态引起的身心紧张有利于主动调动身心各个部分解决当前紧急问题，维持一定的紧张度反而有助于认知功能的发挥，使人作出平时不可能作出的判断和行为，但有时应激状态所造成的高度紧张情况又阻碍了认知功能的正常发挥。高度紧张会造成注意范围狭窄，反应缓慢，思绪迟钝，导致人们正常处理事物能力的全面下降。

2. 驾驶员的应激源

能够引起应激反应的因素叫应激源。应激源的测评包括社会再适应测量(测量重大生活事件)、日常生活中小困扰的测量(测量日常生活小困扰以及日常生活中令人兴奋的事)、知觉压力测量(确定超越个体自己应对能力的事情)。与驾驶员有关的应激源包括噪声、振动、高温和昏暗的照明条件以及心理因素，如焦虑、疲劳、挫折和愤怒。

1)环境应激源

环境应激源包括照明、温度、标志、路况等。

2)生活应激源

生活应激源与驾驶员的驾驶工作和个人生活的紧张程度有关,而且破坏工作绩效。有文献表明,财政困难的单位会有更差的安全记录,或者说,对劳资关系更满意的员工更能从高生产效率中获得乐趣。而令人紧张的生活事件,如亲人去世或婚姻纠纷与交通事故有关,尽管这种相关不是特别强。这说明,也有许多遭遇同样不幸事件的人不受影响,会把工作处理得很好。

生活应激引发事故的原因可能与注意的不同方面有关。首先,工作因素(如差的工作条件,不公平的待遇)所造成的应激导致的差绩效,可能与缺乏注意资源或工作不够努力有关(如低动机水平)。其次,一些处于生活应激中的个体所遇到的安全问题可能与分心或注意转移有关,即注意从工作任务偏离到对应激源的考虑上去。

在运营企业中,尤其应重视生活应激对驾驶员的干扰,库珀和卡特赖特提出,可从以下3个方面改善驾驶员的生活应激:第一,在组织内部明确或消除应激源,如低工资、过长劳动时间和未来的不确定性;第二,交给驾驶员应付应激策略的应激管理程序;第三,给驾驶员提供心理咨询服务。

3)心理应激源

环境应激源具有可观察的特点,可以对其进行物理测量,如噪声由噪声计测量、振动由振动指示仪测量、温度由温度计测量,进而量化评定应激的影响。但是,心理应激源却不那么容易测量。这里的心理应激源指个体由于感受到威胁而产生的应激,这些威胁包括意外伤害、失去尊严(如陷入尴尬境地)、失去一些有价值的事物、由于受伤而造成身体功能丧失和面临死亡等。心理应激源通过影响驾驶员的情绪,进而影响认知功能,增加驾驶风险。

4)工作超负荷

工作负荷是给予操作者的外部影响及责任,包括工作要求、工作强度和难度等,工作紧张是操作者对工作负荷所产生的内部反应,相当于为工作所做出的努力、如何处理分配资源等。工作紧张下降的原因包括人为失误、疲劳、注意下降等。情境意识是指对工作中各因素的认知、理解和对未来的预测。简而言之,意识到现在正在发生什么,我们如何能够达到目的。

工作超负荷有两种影响:完成一个任务时,后续操作成绩会下降;高心理负荷,甚至是中等心理负荷会通过时间累计疲劳,表现出对后续任务的影响。汽车驾驶的特点是自由性高。如果不是职业驾驶员,只要遵守交通法规,目的地、路线、车速、车道、时间等都是可以自由选择的。驾驶员如果觉得风险提高,就会减速,如果觉得足够安全就会提高速度,以尽早到达目的地。最终将风险控制在中等风险水平。正由于这种机制的作用,驾驶技能的训练并不能完全保证安全。因为受过训练的驾驶员在同样的驾驶环境下,当评估风险降低时,会以高于之前的速度行驶。

这种反馈机制,是王尔德在其动态平衡理论中提出的。他认为,改善交通环境和车辆性能,以达到降低行驶风险的做法,会影响驾驶员的风险认知基准,从而提高车速;随时间增加,最终又使得风险水平回到原来的状态。为此他建议只能下调每个人的风险认知水平才能真正降低风险。

类似的机制也可用于解释驾驶员工作负荷的调节机制。驾驶员为了维持自己能接受的工作负荷,会通过速度调节等手段来控制工作负荷。也正是由于汽车驾驶员可以自我调节和控制工作负荷,在对其工作负荷进行测定时,必须把驾驶员的工作时间、轮班、驾驶和休息时间的分配以及疲劳等因素考虑在内。即将次级工作超负荷考虑在内。

次级工作超负荷是指,工作负荷的消极效果与工作时间一起积蓄,最终使驾驶员超越极限的现象。与之相对,一个临时应激,如复杂信息的处理超出个人能力的现象称为“初级”工作超负荷。像汽车和火车的驾驶任务,中低程度的工作强度,如果持续时间过长,次级工作超负荷就变成了很重要的问题。

目前,初级工作超负荷也被研究者广泛关注。因为,驾驶中手机、各种导航系统、冲突报警装置、电子眼装置等车载系统的广泛使用大大增加了驾驶过程的信息处理量。一般而言,操作系统复杂、操作者工作负荷过大或异常时,容易发生事故。目前,研究者利用系统自动化、计算机网络等技术降低驾驶员的心理负荷,避免因为驾驶员无法识别复杂、异常情况而犯错误。

3. 驾驶员的应激行为

1)工作记忆受损

令人紧张的焦虑和危险情形会增加生理唤起,这种唤起可以用许多生理指标客观的测量出来,如心率、瞳孔直径和激素物质分泌水平。但研究发现,唤起水平与工作绩效成倒U形。也就是说,在高度唤醒水平下,工作绩效有所损失。产生损失的原因之一是工作记忆的丧失。

工作记忆的丧失有如下特点:在应激状态下,人们很少用工作记忆储存或复述新的材料、完成计算或者其他需要注意的心理活动。想象一下,发动机失灵,天气又很恶劣,还处于迷路的危险中,这一切使得驾驶员恐慌而又紧张,他就很难准确记住道路交通规则。

2)采取习惯反应

在应激状态下,一方面工作记忆会受损,另一方面,人们对充分了解的事实和技能的长时记忆很少受到破坏,甚至在紧急状态下会得到加强。因此,在应激状态下,我们倾向于采用最易提取的思维和行动,当紧急行动与危险情境中应采取的最佳行为不一致时,事故就发生了。平时,我们很少练习紧急情况的应对反应,因为这种事件是极少发生的。而紧急应对反应与日常情景中的惯常反应有时又是不相容的。当在结冰的路面上行驶时,对侧滑的恰当的紧急反应就是一个很好的例子。在这种紧急状况下,驾驶员首先应该做的是向侧滑的方向转动转向盘才能控制住汽车,这种做法与在干燥路面上的正常反应相反;在干燥路面上,通常的反应是,离开想要避开的方向时,应该将转向盘转向另一方向。正是由于紧急情况下的正确反应与占优势的习惯反应相反,因此对紧急情况下的正确反应模式进行学习是非常重要的。

3)快速实施行动

慎重和延迟的行为往往建立在更多信息加工和小心推理的基础之上。企业管理者希望操作者能够更加谨慎，不要在紧急情形发生的几秒或几分钟内就采取行动，而是先明确什么行为是最恰当的之后再行动。但是，在紧急情形下产生应激时，即使最谨慎的驾驶员，行为策略也会发生转变，倾向于立即采取行动。缺乏经验的驾驶员往往不能权衡速度的准确性，快速反应经常会牺牲精确性，从而作出错误的行为。

4.减少驾驶员应激状态的措施

在目前复杂的交通环境中，驾驶员要想在行车中完全避免遇到紧急情况几乎是不可能的。但如果采取适当训练，掌握科学的驾驶判断方法却可以减少应激状态出现的次数。

1）对驾驶员进行以提高其心理素质为目的心理训练

驾驶员的心理素质概括起来主要包括以下5个方面的内容：①知觉、判断认识水平；②反应速度、熟练技巧水平；③良好的注意品质；④情绪、意志的优良品质；⑤气质性格等人格特征。

在直接影响行车安全的所有心理品质中，最重要的是驾驶员对道路情景变化的反应速度。驾驶员在实际驾驶过程中，不断对发现的情况作出判断和处置，最后由手和脚去执行。平时可以有意识地训练手和脚的反应的敏捷性、快速性、准确性，同时也不应忽视驾驶员注意力的训练。驾驶员只有具备了良好的注意品质，才能在行车过程中迅速、及时、清晰、深刻地获得各种交通信息，并把这些信息经过大脑的分析和综合、判断和推理，然后指导正确的驾驶操作，保障行车安全。

2）对驾驶员进行以提高其技术素质为目的的技能训练

应激状态的发生是以其突发性为特征的，必须训练驾驶员掌握正确驾驶车辆的技能，以便在应激发生时，能够实施正确的操作或由于采取了正确的驾驶、判断方法而最大限度地减少应激状态的发生。

3）对驾驶员进行预见性驾驶能力训练

所谓预见性驾驶，即是指驾驶员在行车过程中针对交通环境中的有关迹象进行分析、判断，从而对前面可能发生的情况作出预先估计，提前采取相应的预防措施以避免可能发生事故的驾驶方法。提高驾驶员的预见性驾驶能力，预见性驾驶是减少应急状态发生的最佳方法。

预见性驾驶的影响因素有：①驾驶经验，驾驶经验越丰富，驾驶员更容易判断在哪些情况下会发生危险；②感官，眼睛和耳朵发挥的作用越好，就能越早和越容易察觉危险；③安全知识的掌握程度，掌握的安全知识越多，驾驶员越容易发现潜在的危险；④注意力，驾驶时精力充沛，注意力集中，更容易察觉危险；⑤察觉危险征兆，潜在危险的征兆发现的越早，就越容易避开和避免危险；⑥观察能力和判断力，对全局观察得越好，发现危险的时间就越早。

4）对驾驶员进行人为创设应激情景的训练，以提高其心理承受力

可以在驾驶训练时，人为创设一些与实际相似的应激情景：比如行人突穿马路，自行车突然猛拐、摔倒，机动车辆突然在车前紧急制动，所驾车辆制动、转向失灵等。利用这些人为设置的应激情景可以使驾驶员亲身体验到应激情绪状态下的心理感受，并为以后的驾车实践积累经验，从而最大限度地克服和避免应激情景的出现时的手忙脚乱现象，有效地保证行车安全。

第三节　驾驶员情绪种类与交通安全

不同的情绪表现会对交通安全产生影响。根据以往研究发现,焦虑往往与分心驾驶有关;愤怒与攻击性驾驶有关;在模拟驾驶中,情绪抑郁的被测试者的转向盘操作更缓慢,事故率也更高。

一、驾驶员情绪种类

依据情绪的性质,情绪有喜、怒、哀、惧,即快乐、愤怒、悲哀、恐惧四种最基本的原始情绪。在四种基本情绪之上,可以派生出众多的复杂情绪,如抑郁、焦虑、厌恶、羞耻、悔恨、嫉妒、喜欢、同情等。

1. 快乐

快乐是盼望的目的达到后,继之而来的紧张解除时的情绪体验。快乐的程度取决于愿望满足的意外程度。快乐的程度从满意、愉快到大喜、狂喜。快乐是一种追求并达到目的时所产生的满足体验。它是具有正性享乐色调的情绪,使人产生超越感、自由感和接纳感。

一般程度的喜悦对驾驶员是非常有利的,如能使反应敏捷,判断准确等;但过度兴奋则出现不利行为,如不能准确感知路上的刺激物。

2. 愤怒

愤怒是由于受到干扰而使人不能达到目标时所产生的体验。目的和愿望不能达到,一再受到阻碍,从而积累了紧张,最终产生愤怒。特别是所遇到的挫折是不公平、不合理的或是被其他人的恶意诽谤所造成的时候,愤怒最容易发生。当人们意识到某些不公平、不合理的或充满恶意的因素存在时,愤怒也会骤然发生。愤怒的程度依次是:不满,生气,愠怒,愤,激愤,大怒,暴怒。

从20世纪90年代中后期至今,驾驶中的愤怒情绪被广泛研究。研究主要集中在驾驶愤怒测量工具的编制,侵略性驾驶行为的鉴别以及非侵略性行为和冒险倾向上。有研究表明,驾驶员愤怒情绪和攻击性行为与精神病理学相关。也有研究发现攻击性强的驾驶员比其他驾驶员更有可能存在各种心理问题,比如躁狂症、酒精依赖或药物依赖,还有反社会和边缘型人格障碍、注意力缺陷、多动症等。另外,路怒症的驾驶员也有罹患心理问题的风险。

尽管有研究表明,愤怒和攻击倾向性强的驾驶员有更多的冒险驾驶行为,但是大多数研究发现,驾驶员愤怒的程度和已发生的交通事故数量之间没有明显的关系。也有研究显示,在其他变量得到控制后,消除驾驶员的愤怒情绪,能够显著降低事故风险。总之,驾驶员的愤怒情绪和攻击性驾驶普遍被认为是一个依赖于驾驶员人格特质和驾驶环境的复杂问题。

3. 悲哀、抑郁

悲哀与失去所盼望、所追求的东西和目的有关,是在失去心爱的对象或愿望破灭、理想得不到实现时所产生的体验。悲哀情绪体验的程度取决于对象、愿望、理想的价值与重要性。悲哀的程度依次是:遗憾,失望,难过,悲伤,哀痛。悲哀所带来紧张的释放会产生哭泣。

抑郁表现为长时间的情绪低落,意志力减弱,行动力不足,有时伴随自我伤害及自杀行为。在实际生活中,研究人员通过发放问卷,以自我报告的形式,考察驾驶员出行前的情绪、驾驶中出现的想法以及驾驶时的交通环境等因素与事故率的关系,发现抑郁情绪对交通安全有消极影响。由于问卷法本身的局限性,无法准确诊断抑郁情绪,事故样本中抑郁的比率没有准确的计算结果。单独研究抑郁这种情绪和驾驶关系的研究尚不多见。

4. 恐惧、焦虑

恐惧是企图摆脱、逃避某种危险情景时所产生的情绪体验。恐惧往往是由于缺乏处理、摆脱危险情景的能力而造成的。恐惧比其他任何情绪更具有感染性。一个人在恐惧时,往往会引起周围人的不安和恐惧,人在看到处于恐怖状态中的人或听到恐惧状态中的人叫喊时,也常常会引起恐惧。从进化的观点看,惧怕可以作为警戒信号,有助于人逃避危险,从逃避中得到解救。惧怕还有利于群体的社会结合以保证安全。但惧怕具有压抑作用,对认知活动也有消极影响。严重的惧怕使感知狭窄,思维刻板,行动呆板。

焦虑通常情况下与精神打击以及即将来临的、可能造成的威胁或危险相联系,主观表现出感到紧张不安,甚至痛苦以至于难以自制,严重时会伴有植物性神经系统功能的变化或失调。在人的正常生活中,危险,无论是真实的还是想象中的都会以各种形式表现出来,如果自我没有获得处理危险的办法,就会陷入长期的无助和惊恐之中,对危险的本能反应就是焦虑。

有研究表明,驾驶员的焦虑与人格类型和人格障碍、压力等因素相关。索哈姆等在1984年使用人格变量组合去预测交通事故发生的可能性。他们指出,有焦虑特征的驾驶员已形成高度内化的驾驶习惯。驾驶过程中的焦虑情绪会消极影响驾驶员对道路信息的识别,例如,使其注意视野变窄,应变能力受限,改变他对其他驾驶员行为的理解,最终增加了驾驶的潜在危险性。索哈姆发现,焦虑引起的操作失误、交通违规,主要是由于焦虑引起的驾驶员的分心和注意缺陷所导致。

焦虑也有积极作用,可以提高驾驶警觉。有研究发现,虽然驾驶员会因为焦虑导致分心,但可能由于焦虑状态下,注意力集中在评估威胁上,所以他们的事故率低于平均水平。研究者认为,焦虑对驾驶的影响是复杂的,如中等焦虑程度可能使驾驶员在短期内掌握驾驶需要的所有基础技能,同时能对潜在危险更有效地注意,但是高水平的焦虑能妨碍驾驶操作,并增加驾驶风险。

二、驾驶员的路怒症

1. 路怒症的概念

汽车驾驶员安全心理学研究最多的情绪是愤怒。带着愤怒情绪开车称为路怒症,“路怒”用来形容在交通阻塞的情况下,由于产生的开车压力与挫折所导致的愤怒情绪。在医学界,人们把“路怒症”归类为阵发型的暴怒障碍,即多重的怒火一起爆发出来,其发生的猛烈程度让人大感意外,非常难以接受。同时,“路怒症”还会引起口角上的纷争、伤害,一些小矛盾往往会引发大冲突,导致受伤甚至死亡的事故。

“路怒症”现已成为汽车时代的通病。美国研究人员曾对 9282 位美国成年人进行了面对面的调查，调查发现，患“路怒症”的美国驾驶员达 5% 至 7%，其中公交车、出租车和长途车驾驶员患这种心理疾病的比例更高，达 30% 以上。每年 10% ~20% 的车祸与“路怒症”有关。由中科院心理研究所张雨青教授指导的《城市拥堵与驾驶员驾驶焦虑调研》显示，从北京、上海、广州三个城市随机选取的 900 名驾驶员中，35% 的驾驶员称自己属于“路怒族”。

2. 路怒症的行为表现

患有路怒症的驾驶员开车心情烦躁，容易发脾气，甚至会情绪失控，一遇到拥堵或碰擦就不停按喇叭，频繁打闪灯，有时甚至握紧拳头猛打转向盘；看到有人打算在车流插队就故意制造麻烦，特别恼火对方插在前面，有一种撞他人车辆的冲动想法，甚至想把对方痛打一番；对乱穿马路的人大声呵斥，一反常态，骂个不停；对任何劝告都不理睬等。

“路怒症”有多种表现形式，有 31% 的人会焦躁地一直狂按喇叭，对违章行为进行相应的报复性驾驶也非常多，更严重的是辱骂、殴打。

驾驶员在愤怒的情绪下操作车辆动作既大又猛，强行超车，并行抢道，试图在别人身上发泄怒火，从而让自己在心理上感觉平衡。愤怒时还有其他的危害交通的行为，例如，赌气超车、逼车、拦车、用车保险杠顶行人或自行车等。有些驾驶员在愤怒情绪下，失去理智，行事鲁莽不顾后果，拿车泄愤或超速行驶，思维变得非常迟钝、判断分析事物的能力迅速下降，动作的敏捷性和灵活性也变得非常差，遇到危险情况或紧急事件不能及时做出准确的反应，操作车辆失误增加。

对驾驶员愤怒情绪的外部表现研究，主要是以驾驶愤怒表现调查表为研究工具，以问卷调查的形式研究汽车驾驶人在开车中产生愤怒情绪时的行为表现。该量表有 62 个项目，反映了驾驶员表达愤怒的 4 种形式：人身攻击、言语攻击、借助车辆发泄愤怒和适应性表达。

研究表明，在同等条件下，新西兰驾驶员的愤怒水平高于英国，低于美国，女性驾驶员更易被冒险驾驶和敌意手势激怒，愤怒程度随着年龄的增长而降低；男驾驶员愤怒时易出现攻击性和冒险性驾驶行为，城市男驾驶员整体上比其他组的驾驶员产生驾驶愤怒少。公共自我意识低的驾驶员在开车中产生愤怒情绪时，更容易发生攻击性驾驶行为。

愤怒驾驶与饮酒频率呈正相关，女驾驶员的这种相关性比男驾驶员更强。在野蛮驾驶、开车速度慢和直接的不友好行为下，女驾驶员更容易产生愤怒情绪，而男驾驶员的攻击行为频率更高，愤怒驾驶和攻击行为具有正相关性。具有高愤怒倾向的驾驶员比一般愤怒倾向的驾驶员产生愤怒和沮丧情绪的比率高，愤怒特质水平高的驾驶员在低引起驾驶人愤怒的情境下也非常容易发怒，而且其驾车速度比较快，通常伴随有攻击性的驾驶行为。

女驾驶员的攻击性行为与其年均驾驶里程负相关，男驾驶员的愤怒和攻击性与其年龄负相关。李凤芝对 1631 名汽车驾驶员的攻击性驾驶行为进行心理因素分析发现，驾驶员的报复与攻击性驾驶行为与其紧张、愤怒情绪显著相关。致使驾驶员产生攻击性驾驶行为的重要心理因素是驾驶员的愤怒情绪、紧张和报复心理。调查显示，焦躁不安、狂按喇叭是最常见的驾驶攻击行为，占 31%，以牙还牙的报复行为占 21.86%，有打人的冲动占 21.68%，开车说脏话占21.25%，跟车里乘客发生争执也不在少数。

青年驾驶人是驾驶员群体的主要组成部分，影响青年驾驶人鲁莽驾驶和冒险驾驶最明显的是情绪，对于年轻的驾驶员的情绪状态均与其谨慎驾驶相关，而人格特质与谨慎驾驶无关。

愤怒情绪下开车的驾驶员，其血压、心率、呼吸、皮肤电导等也会出现明显的变化。美国东北大学采用两个成本相对较低的智能人机系统实验室模拟器，通过收集驾驶人驾驶操作数据、心理生理反应和眼球移动数据，研究了驾驶员愤怒，中性和兴奋情绪下的生理变化，驾驶员在愤怒时心率和呼吸率加快，皮肤电导提高。

3. 路怒症的原因

关于路怒症的原因当前有以下几种观点：

1)驾驶场景论

美国心理学家杰里·地粉巴彻等设计了53个与愤怒驾驶相关的情境，对1500名大学生驾驶员进行调查，用聚类分析的方法得到包含33个情景的驾驶愤怒量表，该量表有6个子量表组成：敌意手势、违规驾驶、警察在场、慢速驾驶、粗鲁行为和交通阻碍，对这些大学生驾驶员的研究表明，女驾驶员则更容易被不按规定驾驶和有交通障碍的情境激怒，男驾驶员遇到现场有警察和开车速度慢的情境更容易被激怒。

2)驾驶疲劳论

研究者采用困倦/清醒量表和简明心境量表进行评测，测评结果表明：驾驶人产生疲劳后，疲乏—惰性、愤怒—敌意、紧张一焦虑等负面情绪的增加会比较显著。对开车族来讲，在连续较长时间的驾驶后，驾驶员往往处于精神紧张、情绪压抑的状态，一旦遇到红灯、堵塞或与其他车辆发生争执，被压抑的情绪便爆发出来，骂人、动粗，粗鲁程度让人意外。

3)“迁怒”论

“路怒”实际上是一种“愤怒迁移”，是将自己淤积在心中的埋怨或其他不好的情绪利用此机会发泄出来，路上的交通拥堵和摩擦只起到引发的作用。人处于亚健康状态时，表现为生活质量低、工作效率低、注意力分散、生活缺乏动力、没有目标，感觉生活没劲。躯体反映为睡眠质量不高，容易疲劳，身体乏力，食欲不振，缺少一定的耐心和容忍度等。在这种身心状态下，一旦受到外界的不良刺激，很容易在道路上爆发愤怒和纠纷。

4)“隔离”论

坐在车里时，人容易有隔离感。坐在驾驶员位置的人，把握转向盘，决定方向和速度，这让他有控制感，但如果此时有其他人试图影响他时，便会激起愤怒的反应。因此，特别是非新手的驾驶员在顺畅的路段开车时，加油、换挡、打灯的过程中大脑是处于潜意识状态，而突发情况例如有车突然插队、红灯突然亮起时，意识再度出现，控制大脑做出相应举动。同时由于都市街道中情况太复杂，驾驶员不得不集中所有注意力去应付路面情况，于是，焦虑和愤怒的情绪便随时站出来等待时机袭击驾驶员。

5)“利益受损”论

因为他人的不文明驾驶，触及了自己的一些利益，所以自己才产生了一种比较浮躁、比较焦急或者是愤怒的一种情绪。

4. 路怒症的预防

治疗有车族日渐严重的"路怒症"，需从心理治疗、提高行车素养和疏导公共交通等方面入手。在目前外界因素无法改变的情况下，防止"路怒症"就要让心情"慢下来"。学会为自己减压，切勿将不良情绪带至车内；保持车内适宜温度，有助于控制情绪；出门前准备周全，避免因匆忙出门忘记物品而导致不安情绪；开车别在路上争吵，退一步海阔天空；播放一些轻松舒缓的车内音乐。

第四节　驾驶员的情绪管理

驾驶员的情绪管理分为组织层面的外部调节和驾驶员个人层面的自我调适两个方面。

一、驾驶员情绪管理的组织层面：以案例方式阐述员工帮助计划

近几年来，济南公交通过实施以人文关怀为基础的员工情绪管理，在服务质量、营运能力、经济效益以及品牌建设等方面都取得很大成绩。以济南市公共交通总公司（简称"济南公交"）实践为例，阐述组织层面驾驶员情绪管理的员工帮助计划。

员工帮助计划，是企业组织为员工提供的系统的、长期的援助与福利项目；通过专业人员对组织以及员工进行诊断和建议，提供专业指导、培训和咨询，帮助员工及其家庭成员解决心理和行为问题，提高绩效及改善组织气氛和管理。

交通运输企业实施员工帮助计划，可以帮助驾驶员减少或降低由压力导致的不良反应和消极影响，提升驾驶员的工作绩效和工作满意度，爱岗敬业，减少离职率，为乘客提供安全、便捷、温馨的乘车服务。

1. 加强组织落实，保障员工情绪管理工作顺利开展

为充分保障员工情绪管理工作的顺利推进和实施，除了要建立强有力的组织领导机构外，还要大力加强工会组织建设，共同建立起强有力的情绪管理组织管理体系。济南公交各级领导高度重视以人文关怀为基础的情绪管理，成立了总公司、分公司、车队三级领导小组，并定期举办情绪管理研讨会。此外，济南公交大力加强工会组织建设，成立总公司、公司两级厂务公开领导小组和监督小组，设立厂务公开栏 50 个，及时公布企业重大决策、"五金"的缴纳、奖金分配等多项内容，增强员工工资分配透明度。建立总公司、公司两级职代会，实行总公司、公司、车队三级民主管理，各营运车队成立职工管理委员会（简称职工管委会），设委员 5 ~ 11 名，由管理人员、一线员工等人员组成，一线职工不低于委员总数的 60%。职工管委会每月至少召开两次例会，及时反映职工关心的热点、难点问题，做好员工诉求代理；协助车队党支部、工会分会做好员工的思想政治工作；参与本单位对员工的星级评定和年度先进的评选、职工救济、救助等。

2. 规范工作流程，提高管理效率

济南公交注重"心理引导法"，制定员工帮助计划，特地邀请心理咨询师或心理咨询专家来公司为员工提供专门的心理咨询、辅导和培训，让员工正确认识情绪及如何舒缓和调节自己的情绪。结合心理学方面的知识，研究员工在不同生物周期、不同工作状态及遇到突发事件时所表现出的不同心理，推出情绪管理"倾听—调查—辅导—沟通—学习—鼓励""六部

曲"的基本工作流程。通过采取倾听、调查、辅导、沟通、学习、鼓励等措施,进一步完善情绪管理模式,努力营造一个开放、平等、宽松的工作氛围,使员工有价值感、成就感、归属感,形成一种积极、向上、和谐的人际关系。

3. 畅通信息渠道,疏导员工情绪

(1)建立员工诉求机制,畅通诉求渠道。一是举办员工座谈会。充分尊重员工的知情权与参与权,员工可以在会上提出他们的问题和建议,管理者可以面对面地了解员工的想法,公开对话。二是进行问卷调查。调查内容涉及员工的思想状况、工作状况、生活状况,员工对现行管理等方面的看法、意见和建议,准确了解和把握全体员工的思想、工作和生活状况,倾听广大员工的愿望和要求。三是开通总经理信箱。建立公司"一把手"和员工快速直通的轨道,受理范围包括员工对于工作及工作人员的批评和意见、对于改进工作的建议、生活中发生的有关问题等,成为建言献计、民主管理、反映问题的平台。四是实行领导接待日制度。完善信访接待工作机制,员工可预约参加,与公司各级领导面对面直接对话。五是充分利用虚拟空间。通过开设职工论坛、在线交流等形式,发挥网络化思想政治工作的文化传播和教育引导功能,把员职工呼声当作第一信号,把员工需求当作第一选择,把员工满意不满意当作第一标准,切实解决员工群众最关心、最直接、最现实的利益问题。六是制作驾驶员心情指数"晴雨表"。为了更准确地了解员工的情绪状态,济南公交制作了驾驶员心情指数"晴雨表",分别印有"晴天""阴天""雨天"3 个区域。还把情绪源细分为车队综合、营运调度、安全、机务、服务卫生、个人思想、生活家庭等小栏。通过"晴雨表",每个员工都可以把来自方方面面的压力释放出来,管理者能够及时地发现、掌握员工的不稳定情绪,帮助员工解决工作生活中出现的问题。

(2)建立心理疏导机制,畅通疏导渠道。一是设立员工心理健康咨询热线。对于受心理问题困扰的员工,提供热线咨询,协调工作关系,调解家庭矛盾,解决员工后顾之忧。二是设立员工情绪调整室。通过沙袋、皮球、健身器械等,帮助员工释放压力、调整心态,员工受到任何委屈或不悦,工作或生活上有烦心事,都可以上情绪调整室打打拳、晃晃健身圈、拍拍皮球等进行自我调节。三是设立心理咨询室。职工遇到问题,可以到心理咨询室与管理者以拉家常的形式谈心,化解心理矛盾。管理者引导员工正确认识自我,加强自我分析,培养他们的自制力,做一个心理健康的人,培养自己做一个心胸开阔、情绪稳定的人,做好安全驾驶和服务工作,为自己、家庭、企业负责。

二、驾驶员情绪管理的个人层面:情绪的自我调适

由于不良情绪会妨碍人的身心健康,不利于安全驾驶,驾驶员要掌握情绪自我调适的方法,做好情绪管理。

1. 理性情绪疗法

理性情绪疗法是基于情绪管理 ABC 理论。情绪管理 ABC 理论是由美国心理学家阿尔伯特·埃利斯创建的。情绪 ABC 理论中:A 表示诱发性事件;B 表示个体针对此诱发性事件产生的一些信念,即对这件事的一些看法、解释;C 表示自己产生的情绪和行为的结果。

情绪 ABC 理论的创始者埃利斯认为:激发事件 A 只是引发情绪和行为后果 C 的间接

原因,而引起C的直接原因则是个体对激发事件A的认知和评价而产生的信念B,即人的消极情绪和行为障碍结果,不是由于某一激发事件直接引发的,而是由于经受这一事件的个体对它不正确的认知和评价所产生的错误信念所直接引起。因此,事情发生的一切根源缘于我们的信念、评价与解释,正是由于我们常有的一些不合理的信念才使我们产生情绪困扰。

理性情绪疗法其核心是去掉非理性的、不合理的信念,建立正确的信念,用理性来赶走坏情绪。常见的不合理的观念有非白即黑,非此即彼;灾难化式的心理过虑;以偏概全;给好事打个折扣;胡乱预测结果;凭感情论事;虚拟陈述;骂人骂己乱贴标签;以己度人和夸大其词。这些绝对化、过分概括化、糟糕至极的观念导致我们的坏情绪,改变观念,改变情绪。

2. 积极的自我暗示

心理暗示,从心理学角度讲,就是个人通过语言、形象、想象等方式,对自身施加影响的心理过程。自我暗示分消极自我暗示与积极自我暗示。积极自我暗示,在不知不觉之中对自己的意志、心理以至生理状态产生影响,积极的自我暗示令我们保持好的心情、乐观的情绪、自信心,从而调动人的内在因素,发挥主观能动性。而消极的自我暗示会强化我们个性中的弱点,唤醒我们潜藏在心灵深处的自卑、怯懦、嫉妒等,从而影响情绪。

我们可以利用语言的指导和暗示作用,来调适和放松心理的紧张状态,使不良情绪得到缓解。言语活动既能唤起人们愉快的体验,也能唤起不愉快的体验,既能引起某种情绪反应,也能抑制某种情绪反应。因此,当我们在生活中遇到情绪问题时,应当充分利用语言的作用,用内部语言或书面语言对自身进行暗示,缓解不良情绪,保持心理平衡。也可以利用非语言的心理暗示,如想象,在一个人情绪低落时再去想生活中不如意的事,越想情绪越低落,反之情绪低落时去想生活中开心、美好的事,情绪能得到改变。实践证明,这种暗示对人的不良情绪和行为有积极的影响和调控作用,既可以松弛过分紧张的情绪,又可用来激励自己。

3. 转移注意力

注意力转移法就是把注意力从引起不良情绪反应的刺激情境转移到其他事物上去或从事其他活动的自我调节。当出现情绪不佳的情况时,要把注意力转移到使自己感兴趣的事上去,如:找朋友聊天,外出散步,看看电影,读读书,打打球,换换环境等,有助于使情绪平静下来,在活动中寻找到新的快乐。这种方法,一方面中止了不良刺激源的作用,防止不良情绪的泛化、蔓延;另一方面,通过参与新的活动特别是自己感兴趣的活动达到增进积极的情绪体验的目的。

4. 适度宣泄

过分压抑只会使情绪困扰加重,而适度宣泄则可以把不良情绪释放出来,从而使紧张情绪得以缓解。因此,遇有不良情绪时,最简单的办法就是宣泄。采取的形式有哭、笑、说、写、运动等,或是尽情地向至亲好友倾诉自己认为的不平和委屈等,一旦发泄完毕,心情也就随之平静下来;或是通过体育运动、劳动等方式来尽情发泄;或是到空旷的山林原野,拟定一个假目标大声叫骂,发泄胸中怨气。在采取宣泄法来调节自己的不良情绪时,必须增强自制力,不要随便发泄不满或者不愉快的情绪,要采取正确的方式,合理宣泄,不伤人不伤己,选择适当的场合和对象，以免引起意想不到的不良后果。

5. 自我安慰法

当一个人遇有不幸或挫折时，为了避免精神上的痛苦或不安，可以找出一种合乎内心需要的理由来说明或辩解。如为失败找一个理由，用以安慰自己，以此冲淡内心的不安与痛苦。典型的有“酸葡萄”心理效应和“甜柠檬”心理效应，“酸葡萄”心理效应即当你经过努力还暂时得不到的时候，就说得不到的是不好的；“甜柠檬”心理效应即当你经过努力还摆脱不了的时候，就说他是好的。自我安慰法，对于帮助人们在大的挫折面前接受现实，保护自己，避免精神崩溃是很有益处的。自我安慰，可以摆脱烦恼，缓解矛盾冲突、消除焦虑、抑郁和失望，达到自我激励之目的，有助于保持情绪的安宁和稳定。

6. 交往调节法

某些不良情绪常常是由人际关系矛盾和人际交往障碍引起的。因此，当我们遇到不顺心、不如意的事，有了烦恼时，能主动地找亲朋好友交往、谈心，比一个人独处冥想、自怨自艾要好得多。因此，在情绪不稳定的时候，找人谈一谈，具有缓和、抚慰、稳定情绪的作用。另一方面，人际交往还有助于交流思想、沟通情感，增强自己战胜不良情绪的信心和勇气，能更理智地去对待不良情绪。

7. 情绪升华法

升华是改变不为社会所接受的动机、欲望而使之符合社会规范和时代要求，是对消极情绪的一种高水平的宣泄，是将消极情感引导到对人、对己、对社会都有意的方向去。如一年轻驾驶员因失恋而痛苦万分，但他没有因此而消沉，而是把注意力转移到积极工作中，立志做生活的强者，证明自己的能力。

第五节　驾驶员的情绪管理能力训练方案

一、心理自测

用于心理自测的情绪状态量表，如表 4-1 所示。

情绪状态量表　　表 4-1

指导语：请根据下列单词表达您在上一周(包括今天)的感受。对每一个形容词只能在五种选择中选出一项最符合您的实际情况感受，并在相应的小方块内打“√”

序号	项　目	几乎没有	有一点	适中	相当多	非常多
1	紧张的	□	□	□	□	□
2	生气的	□	□	□	□	□
3	无精打采的	□	□	□	□	□
4	不快活的	□	□	□	□	□
5	轻松愉快的	□	□	□	□	□
6	慌乱的	□	□	□	□	□
7	为难地	□	□	□	□	□

续上表

序号	项　目	几乎没有	有一点	适中	相当多	非常多
8	心烦意乱的	□	□	□	□	□
9	气坏的	□	□	□	□	□
10	劳累的	□	□	□	□	□
11	悲伤的	□	□	□	□	□
12	精神饱满的	□	□	□	□	□
13	集中不了注意力的	□	□	□	□	□
14	自信的	□	□	□	□	□
15	内心不安的	□	□	□	□	□
16	气恼的	□	□	□	□	□
17	精疲力尽的	□	□	□	□	□
18	沮丧的	□	□	□	□	□
19	主动积极的	□	□	□	□	□
20	慌张的	□	□	□	□	□
21	坐卧不宁的	□	□	□	□	□
22	烦恼的	□	□	□	□	□
23	倦怠的	□	□	□	□	□
24	忧郁的	□	□	□	□	□
25	兴致勃勃的	□	□	□	□	□
26	健忘的	□	□	□	□	□
27	有能力感的	□	□	□	□	□
28	易激动的	□	□	□	□	□
29	愤怒的	□	□	□	□	□
30	疲惫不堪的	□	□	□	□	□
31	毫无价值的	□	□	□	□	□
32	富有活动的	□	□	□	□	□
33	有不确定感的	□	□	□	□	□
34	满意的	□	□	□	□	□
35	担忧的	□	□	□	□	□
36	狂怒的	□	□	□	□	□
37	抱怨的	□	□	□	□	□
38	孤弱无助的	□	□	□	□	□
39	劲头十足的	□	□	□	□	□
40	自豪的	□	□	□	□	□

该量表的计分方法为:“几乎没有”为0分,“有一点”为1分,“适中”为2分,“相当多”为3分,“非常多”为4分。7个分量的题项分别为:

紧张:第1、8、15、21、28、35题;

愤怒:第2、9、16、22、29、36、37题;

疲劳:第3、10、17、23、30题;

抑郁:第4、11、18、24、31、38题;

精力:第5、12、19、25、32、39题;

慌乱:第6、13、20、26、33题;

自尊感(与自我有关的情绪):第7、14、27、34、40题。

情绪状态总分等于5个消极的情绪得分之和减去两个积极情绪(精力,自尊感)得分之和加100。

二、心理训练

1.【心理训练】活动一:一周情绪记录表

目的:自我进行情绪觉察。

操作程序:

(1)给每位驾驶员发几张一周情绪记录表,如表4-2所示。

(2)驾驶员每天花一些时间独处,回想过去24小时自己曾经有过的情绪,并填写在记录表上,连续填写一个月。

(3)仔细阅读最近一个月你填写的情绪记录表,是否有规律可循。

(4)总结:要学会将工作和休闲相互调和,让自己的每一天都充满期待,否则,总是在工作中积累负面能量,对身心健康和工作状态有害无益。

一周情绪记录表　　表4-2

指导语:用这张表记录下你一周的情绪,每周用一张。每天花一些时间独处,回想过去24小时自己曾经有过的情绪,对过去一天经历的所有事情进行整理,关注事件发生时自己的情绪,写在右侧空格里,当自己有以下某种特定情绪时在对应的地方打"√"							
情绪	星期一	星期二	星期三	星期四	星期五	星期六	星期日
高兴							
关爱							
兴趣							
兴奋							
自豪							
渴望							
爱							
被爱							
感激							
压力							
痛心							
悲伤							

续上表

情绪	星期一	星期二	星期三	星期四	星期五	星期六	星期日
愤怒							
生气							
同情							
厌恶							
内疚							
嫉妒							
悔恨							
羞愧							
失望							
恐惧							
……							
……							

2.【心理训练】活动二：情绪的自我觉察

目的：情绪的自我觉察

操作程序：

(1)思考：哪些事件引起您生气、难过、焦虑、害怕、丢脸、无助的感觉呢，请完成下面的句子。

我最生气的一件事：________________________

我最难过的一件事：________________________

我最焦虑的一件事：________________________

我最害怕的一件事：________________________

我最丢脸的一件事：________________________

我最无助的一件事：________________________

(2)交流讨论：小组内交流你在填写中有何感受？你认为自己的情绪的觉知能力如何？负性情绪出现时你是置之不理还是平和接纳？

(3)启发：别人的情绪经历对你有何启示？

(4)总结：去觉察情绪，可以帮助我们将注意力集中在自己内心，有安定情绪的作用。情绪管理的第一步就是要先能察觉我们的情绪，接纳情绪才能管理好情绪。

3.【心理训练】活动三：趣味连线

目的：通过成语或诗词与情绪趣味连线，辨别消极情绪，以合适的方式疏解情绪。

操作程序：

(1)了解以下成语或诗词的典故。

问君能有几多愁，恰似一江春水向东流、怒发冲冠、四面楚歌、风声鹤唳，草木皆兵、杯弓蛇影、哀民生之多艰、垂头丧气、杞人忧天。

(2)结合这些词句的含义与典故，谈谈你对这些消极情绪的理解。

(3)将成语和诗词与描述的情绪状态连线。

哀愁、自卑、惊慌、愤怒、忧郁、恐惧、无助、担忧

(4)总结:辨别消极情绪,管理情绪。

4.【心理训练】活动四:情绪的表达

目的:学会及时准确地体察和面对自己的情绪状态,体察情绪,表达情绪。

操作程序:

(1)给每位驾驶员发1张A4纸。

(2)每位驾驶员写出自己出现以下情绪时习惯性的反应。

当我生气时,我会:______________________________

当我愤怒时,我会:______________________________

当我高兴时,我会:______________________________

当我紧张时,我会:______________________________

当我害怕时,我会:______________________________

当我嫉妒时,我会:______________________________

当我郁闷时,我会:______________________________

(3)小组交流,讨论哪些是积极的应对方式?哪些是消极应对?哪些是合理的宣泄方式,哪些是不合理的宣泄方式?

(4)总结:情绪由三种成分组成:主观体验、生理唤醒和外部表现,不同情绪所产生的生理反应可能是类似的。人有各种各样的情绪是正常的,表达情绪是应该的,要选择不伤人不伤己的方式,合理表达。

5.【心理训练】活动五:别让情绪把鱼吓跑

目的:了解情绪对行为的影响,学习如何管理控制自己的情绪。

操作程序:

(1)听故事:

一位年轻人在岸边钓鱼,坐在他旁边的一个老人也在守望着一根长长的鱼竿。

一段时间过去了,奇怪的是,老人不时地就能钓到一条银光闪闪的鱼,可是年轻人的浮标没有动静。年轻人迷惑不解地问老人:“我们钓鱼的地方相同,您也没有什么特别的诱饵,为什么我就毫无所获呢?”

老人微笑道:“这就是你们年轻人的通病,浮躁,情绪不稳定,动不动就烦乱不安。我钓鱼的时候,常常达到了浑然忘我的地步,我只是静静地守候,不像你会时不时地动动鱼竿叹息一两声。我这边的鱼根本就感觉不到我的存在,所以,它们咬我的鱼饵,而你的举动和心态只会把鱼吓走,当然就钓不到鱼了。”

(2)小组成员交流生活中有没有因情绪失控把事情搞砸的经历吗?

(3)小组成员分享如何克制一触即发的情绪?

(4)总结:钓鱼这一小小的事件却蕴藏着深刻的哲理。有时候,我们输给对方的原因不是因为我们外在条件比他们差,而是因为我们没有调整好心态,没有控制好情绪,一切都流于浮躁。

6.【心理训练】活动六:通过三栏目技术调整认知,管理情绪

目的:利用伯恩斯的三栏目技术调整认知,管理情绪,如表4-3所示。

三栏目认知调整表 表4-3

事件随想	认知失真	合理反应
领导虽然没当众批评,但这不是和批评一样嘛,多没面子	极端化思维	每个人都会有错,再说领导也不是针对我来的,是为了单位的工作,以后一定要注意
同事还不知道会怎么想呢,他们肯定在看我的笑话,心里肯定在幸灾乐祸	瞎猜测、极端化思维	不对,还是好人多,起码我那些好朋友不会这样,这点小事对我也不能形成什么坏影响,大可放心
我真没用,怎么偏偏碰到枪口上了,我这是怎么混的	人格化、以偏概全	今天这件事算不了什么,以后注意就是了
我真倒霉,偶尔一次就让领导碰上了	诅咒	弱者才会怨命,我的命一点也不比别人差,只要我工作积极肯干,类似事情多注意,前途还是很光明的。目前需要做的是,找领导沟通解释一下这件事的原因

操作程序:

(1)给每位驾驶员发一张A4纸,将这张纸一分为三,从左到右分别写上随想、认知失真、合理反应。

(2)组织者设置一情境:驾驶员因为生病,上班迟到,被领导当众批评。

(3)假设自己是这位驾驶员,面对领导批评时,头脑中出现的随想全部写在纸上,不要让它们老是盘旋在你的头脑中,想到什么写什么。

(4)当所有的随想都写下来以后,在小组内对每一种随想进行分析,是不是认知偏差,找出认知失真,准确地揭示对事实的歪曲。

(5)练习对失真的思想进行无情的反击,以更客观的思想取代失真的思想。

(6)总结:情绪是源于个体的想法、态度、价值观,引起个体种种情绪的,往往不是事情本身,而是个体对事件的看法。去掉非理性的认知,用理性赶走坏情绪。

7.【心理训练】活动七:积极心理暗示

目的:形成关键时刻运用积极语言暗示的习惯。

操作程序:

(1)请团体成员在本子上列出几句考试前、重要活动前、比赛前经常运用的自我暗示语句。

(2)接着分析这些自我暗示语是消极的还是积极的,如表4-4所示。

消极暗示语与积极暗示语的比较 表4-4

消极暗示语	转　化	积极暗示语
别紧张	改换	沉着、冷静、放松
千万别失误	改换	全力以赴,一定能做好
别去想输赢、结果	改换	尽力做到自己最好的

(3)肯定地表达自己的感受。如“沉着、放松,我特别有把握”,“状态不错,一定能发挥好”。“我喜欢表演(辩论、演讲、球赛等)”。大声说三遍,注意每遍的感受。

(4)最后,写下积极语言暗示活动的感受及意义及如何应用到日常生活中去。

(5)总结:积极心理暗示是一种自我肯定,内心深处对自己认可,通过积极心理暗示你的生活态度和情绪反应也将变得更乐观积极。

8.【心理训练】活动八:重庆万州公交车坠江事故所想到的

目的:分析情绪对驾驶的影响,进一步明确驾驶员管理情绪的必要性。

操作程序:

(1)看视频:重庆万州公交车坠江事故报道。

(2)小组内交流重庆万州公交车坠江事故带给自己的思考。

(3)分享在自己的驾驶经历,是否遇到过“特殊”乘客,自己是如何处理的?驾驶员集思广益,分享应对办法。

(4)总结:情绪对驾驶员的影响很大,与行车安全有密切的关系。在驾驶活动中,驾驶员及时控制和调节情绪,对于交通安全是十分重要的。

9.【心理训练】活动九:你演我猜

目的:学会适当地表达自己的情绪,以获得别人的理解,缓解内心的压力。

操作程序:

(1)组织者准备一些写有情绪词的卡片。

(2)把参与活动的驾驶员分成2组,一组为表演组,另一组为评价组。

(3)表演组驾驶员抽取卡片并且表演对应的情绪,评价组驾驶员猜并反馈。

(4)小组内交流活动中的感受,你觉得自己的情绪表达与给你的反馈一致吗?

(5)总结:学会及时准确地体察和面对自己的情绪状态,以合适的方式疏解情绪。

10.【心理训练】活动十:情绪调节妙招收集会

目的:驾驶过程中情绪管理方法。

操作程序:

(1)给每位驾驶员准备一张A4纸。

(2)请驾驶员逐一列出自己调节情绪的方法。

(3)将所有驾驶员调节情绪的方法汇总,交流讨论。

(4)集思广益讨论,把驾驶员共同认可的驾驶过程情绪管理方法打印出来分发。

(5)总结:情绪调节妙招。

①分析使你带着急躁、烦恼情绪开车的原因,找出下次同样情况下如何冷静及安全开车的办法;

②预先计划好,选出可避免堵车的线路,以便能集中精神开车;

③安排自己的时间更充裕一些,因为赶时间会引起你烦恼或沮丧;

④急躁时,考虑到自己及别人的安全,这可使你自己很快安静下来;

⑤要耐心及宽容,所有驾驶员都有可能犯错误;

⑥开车前留时间让自己冷静下来,并把烦恼的问题放下,如果你不能集中精神,如果你正在生气,请不要开车;

⑦要对自己诚实,正确认识自己实际的情绪,有助于你使自己冷静下来;

⑧开车过程中,可以打开窗户让新鲜空气进来,并深呼吸;

⑨适当听一些轻松的音乐或广播；

⑩稍微松弛一下握紧转向盘的手，这将有助于你手臂、颈部的肌肉松弛并减少头痛的机会。

11.【心理训练】活动十一：读“心”书，助成长

目的：读经典书籍，用心去体会感悟。

操作程序：

(1)给每位驾驶员推荐1本书：丹尼尔·戈尔曼著《情商3：影响你一生的工作情商》，作者指出：工作职位的升高，技术能力和认知能力的重要性就会递减，而情商的重要性则会递增。优秀员工的工作业绩中，情商要素所占的比重高达三分之二。情商高低并非与生俱来、一成不变的，在我们一生当中，情商都可以通过从经验中学习来持续开发，我们的情商可以一直不断提高。

(2)请驾驶员利用工作之余，认真阅读，用心体会。

(3)驾驶员写出读书心得并交流讨论。

(4)把驾驶员读书心得整理保存，汇集成册。

三、反思感悟

下面“狐狸和葡萄”的故事中，九只狐狸遇到相同的问题，取得了不同的效果，体验的是不同情绪，有喜悦、心安理得，也有闷闷不乐、沮丧和愤怒，请思考平时的生活中，经常有哪些想法在控制着自己的情绪？现在你觉得需要改善吗？您愿做哪一只狐狸呢？

盛夏酷暑，一群口干舌燥的狐狸来到一个葡萄架下。一串串晶莹剔透的葡萄挂满枝头，狐狸们馋得直流口水，但是葡萄架很高。

第一只狐狸跳了几下摘不到，从附近找来一个梯子，爬上去满载而归。

第二只狐狸跳了多次仍吃不到，找遍四周，没有任何工具可以利用，笑了笑说：“这里的葡萄一定特别酸！”于是，心安理得地走了。

第三只狐狸高喊着“下定决心，不怕万难，吃不到葡萄死不瞑目”的口号，一次又一次跳个没完，累死在葡萄架下。

第四只狐狸因为吃不到葡萄整天闷闷不乐，抑郁成疾，不治而亡。

第五只狐狸想：“连个葡萄都吃不到，活着还有什么意义呀！”于是找个树藤上吊了。

第六只狐狸吃不到葡萄便破口大骂，被路人一棒子了却性命。

第七只狐狸抱着“我得不到的东西决不让别人得到”的阴暗心理，一把火把葡萄园烧了，遭到其他狐狸的共同围剿。

第八只狐狸想从第一只狐狸那里偷、骗、抢些葡萄，也受到了严厉惩罚。

第九只狐狸因为吃不到葡萄气极发疯，蓬头垢面，口中念念有词：“吃葡萄不吐葡萄皮……”

第五章　驾驶员的意志力训练

交通安全工作实践表明，驾驶员工作的安全可靠性，除了受驾驶技术水平等一般的主客观因素影响外，关键在于驾驶员有无自觉而坚强的意志。驾驶员在从事驾驶活动时，为达到安全的目的，充分发挥自己的体力和技能，正确处理路面情况，克服重重困难，忍耐坚持，冷静处理复杂的交通矛盾冲突，这些都是意志的表现。培养和锻炼驾驶员具有良好的意志品质，使他们形成自觉坚定的意志行动，克服困难是保证交通安全的重要前提，也是形成良好职业道德的重要组成部分。

第一节　驾驶员意志的概述

一、意志概念

1. 意志与意志行动

在心理学中，意志是指人们自觉地确定目的，根据目的支配、调节自己的行为，并通过克服困难实现预定目的的心理过程。它是人把自己的主观动机贯彻到行动中去的一种信念和推动力。因为意志过程总是要伴随着行动，并指向外部的特定目标。我们把意志过程中所表现出来的行动称之为意志行动。

意志是人类主观能动作用的集中体现，是人类特有的心理现象之一。它在人认识客观事物及其规律并对现实主动变革的过程中表现出来，对行为（包括外部动作和内部心理状态）有发动、坚持和制止、改变等方面的控制、调节作用。意志的实质表现在对行动的调节上。意志对行动的调节表现为两个基本方面，即发动和克制。发动表现为推动人们去达到预定目的所必需的行动；克制表现为抑制与预定目的相矛盾的愿望和行动。

2. 意志行动的特征

1）意志行动有明确的预定目的

意志过程之所以是人和动物有所区别的一个方面，是因为意志是有自觉目的性的。

但并非所有的人类行为都是有预定目的的。譬如人的一些无条件反射控制的本能活动（如吞咽、咳嗽、手遇针刺缩回、眼睛遇强光闭眼等），以及一些下意识的动作（如吹口哨、自言自语、摇头晃脑等），都是不受意识控制，没有明确的目的性，就不属于意志行动。

除此之外，那些有明确的行动目的，并在该目的支配和调节下的行动才是意志行动。科学家为攻克难关而废寝忘食，驾驶员为提高驾驶技能而刻苦训练，都属于意志行动的范畴。

潜能训练师博恩崔西说："成功等于目标，其他都是这句话的注解"。没有目的，就谈不上意志，意志只有在有目的的行动中才能表现出来，而且一般来说，目的越崇高，所能激起的意志水平就越高。正如法国思想家狄德罗指出的，没有目的也就没有意志，目的渺小就做不成任何大事。

2）意志行动以随意运动为基础

意志行动离不开个体的行为，但个体行为表现并不见得都是意志行动。如一个不会作画的人信手涂鸦，一个不会打拳的人胡踢乱打，没有明确的目的性和方向性，更谈不上熟练掌握，都不能算作意志行动。

一般来讲，随意运动越熟练，掌握程度越高，意志行动也就越容易实现。所以，一个经验丰富的驾驶员可以担负起长途驾驶的任务，一个刚学开车的新手就感到困难。拿起小提琴练习两个小时，一个小提琴家要比一个初学琴的小学生更容易做到。

所谓随意运动，是指具有一定目的性和方向性，是一种受意识支配的活动，通常是一些已经熟练掌握的动作。比如在生活中，运动员自如地运球上篮，驾驶员熟练地坡道起步，音乐家操琴谱曲，书法家挥毫泼墨，都是意志行动的展现。

3）意志行动与克服困难相联系

虽然人们在生活中一些意志行动是轻而易举的，无须克服困难，如扭腰摆臂，扳动开关，拿起书本等，但人们评价意志行动的时候，往往是和它是否克服了困难相联系的。运动员伤痛在身，仍坚持在训练中扭腰摆臂，克服了一定的困难，更容易被人们视作意志行动的表现。此外，建筑工人冒着酷暑施工，突发疾病的驾驶员忍痛把车停到安全的地方，清洁工人顶着严寒工作，都是为达到一定的目的而去克服困难的意志行动。

意志行动的水平往往是随着困难的性质和克服困难的难易程度不同而变化。就意志过程中的困难来说，一般可分为内部困难和外部困难。人们往往由于在心理上无法克服内部困难而总是过分夸大和惧怕外部困难，以致半途而废。因此培养坚强的品格，加强意志锻炼，勇于挑战自我，才能克服各种困难，达到预定的目标。

二、意志行动的阶段

意志行动的心理过程主要分为两个阶段：采取决定阶段和执行决定阶段。在这两个阶段中，又有一些具体的步骤和环节。而执行决定的阶段是意志行动的最重要的环节。

1. 采取决定阶段

采取决定阶段是意志行动的初始阶段，也是内部决策阶段。这个阶段虽然在意志行动实现过程中不易被觉察，但却对具体行动的发动和活动目的的实现有极其重要的作用。

在采取决定阶段，包括以下四个环节：动机冲突、确定行动目的、选择行动方法和制定行动计划。

1）动机冲突

动机冲突一般有以下几种表现：

（1）双趋冲突：双趋冲突指当个体以同等程度的两个动机去追求两个有价值的目标时，因不能同时获得而产生的动机冲突。古语云“鱼和熊掌不可兼得”就是这种动机冲突的体现。在某些时候人们面临多种选择，又分身乏术，不能同时得到。比如一个面临毕业的大学生既想参加工作，又想考研究生，为此犹豫不定。双趋冲突若要解决，只能是权衡轻重，趋向认为重要的更有价值的目标。

（2）双避冲突：双避冲突指个体以同等程度的两个动机去躲避两个具有威胁性的事件或情境时，因不能同时避开而产生的动机冲突。所谓“前有断崖，后有追兵”就属于这种情况。

再比如一个学生犯了严重的错误,想认错又怕挨批评,丢面子,不认错又担心被人揭发后受更大的处分。对于这种情况,也需要当事人权衡轻重,作出明智的选择。当这个学生认识到立即承认错误是补救的最好方法,双避冲突也就随之解决了。

(3)趋避冲突:趋避冲突指个体对一个事物同时产生两种相反的态度取向时内部的动机冲突。古代文学作品《三国演义》中说曹操兵败斜谷,进退两难,当夜规定军中口号为“鸡肋”——食之无味,弃之可惜,就是这种内心矛盾的体现。在生活中我们对一个人爱恨交织,对一件东西取舍不定,也是趋避斗争的体验。面对这种情况,只能权衡利弊,作出接受或放弃的决定。

在大多数情况下,一个人存在着复杂多样的动机,但它们在意志行动中所起的作用是不同的。一个人最强烈最稳定的动机,常成为他的主导动机。主导动机决定着行动的方式和行动过程的坚持性,还决定着意志过程的结果。

2)确定行动目的

作为意志行动都要有预先确定的行动目的,这是意志行动产生的重要环节。在某种意义上说,动机斗争的过程也涉及对外界多种行动目的的权衡选择。目的有高尚和卑劣之分,最终应确立既有益于社会也有益于个人的行动目的。目的也有远近、主次的不同。一般来讲,我们总是要先实现近景目标,再实现远景目标。我们既可以选择先实现主要目标,再实现次要目标,也可以选择先实现次要目标,再集中力量实现主要目标。

3)选择行动方法

有时行动方法同行动目的有直接联系,无须选择。例如要想升入大学就只有努力学习,要想自如地同外国朋友交流就只能努力学好外语。但在许多情况下,达到同一个行动目的的方式和方法可能不止一种,就需要进行选择。首先要比较不同方式和方法间的优缺点,能否顺利有效地达到行动目的。其次还要考虑行动方式和方法是否符合公众利益和社会道德。

4)制定行动计划

在选定了行动目的和行动方法之后,在采取决定之前,还有一个步骤是制定行动计划。特别是在复杂的意志行动中,如打一场战争或做一次大手术,都需要精心准备,做好计划。计划的制定要在调查研究的基础上,要综合考虑主客观因素,力争周密而严谨。因为一个切实、合理的计划将为执行决定打下一个良好的基础。

2. 执行决定阶段

1)执行决定阶段是一个不断克服困难的过程

如果说,采取决定阶段主要是克服主观上的内部困难,在执行决定阶段,就既要克服内部困难,也要克服外部困难。

引起执行决定过程中的内部困难的因素很多;引起执行决定过程中外部困难的原因也很复杂。一般来说,内部困难如情绪消极、信心不足、态度犹豫、知识经验不足、性格胆怯等。外部困难如环境条件恶劣、缺乏必要的工作条件、周围人们的冷嘲热讽。对此,首先是应该解决内部困难,只要认定行动目的是有意义的,计划是合理的,就应该发挥主观能动性去排除干扰,克服自身的弱点,坚持意志行动。当内部困难得到解决,外部困难一般总能够加以克服。

2)执行决定阶段还要接受成败的考验

有很多时候,执行决定是一个漫长的过程。科学家为发现一种新物质,长年累月地待在实验室里搞研究;运动员要夺得奥运冠军,需要多年的训练和无数比赛的磨砺。在这个过程中,有短暂的成功,也有暂时的挫折和失败。要使意志行动的目的最终实现,就要有对待成败的正确态度。既不要迷失在成功的喜悦里,造成后面意志行动的轻率和盲目,也不要因一时的失败就丧失信心,半途而废。特别是对待失败,应该冷静地分析原因,总结经验,避免犯同样的错误。只有经历过成败的考验,做到"胜不骄,败不馁",才能取得最后的成功。

三、驾驶员的意志品质

驾驶工作的特殊性决定了对驾驶员的意志品质的要求是多方面的,它是驾驶员克服困难,完成各项驾驶工作的重要条件。

1. 意志的自觉性

意志的自觉性,是指一个人有明确的行为目的,并充分认识行动的意义,使自己的行动服从社会目的的一种意志品质。从交通安全角度来讲,驾驶员的意志自觉性就在于把实现交通安全作为基本需要,自觉地调节自己的行动,对符合交通安全的事以饱满的热情和认真的态度来办好,即使遇到困难和干扰,也能全力以赴克服困难。我们从一些工作成绩突出的驾驶员身上,常常能看到他们在没有人检查督促的情况下,不顾一天工作的劳累,收车回来后第一件事就是维护车辆;在车辆行驶中,总是以保护行人和其他车辆安全为重,小心驾驶,做到"礼让三先"。这其实就是高度自觉的意志品质。自觉性不是一时的冲动和偶然,而是建立在坚定的信念和科学价值观的基础上形成的。与意志自觉性相反的品质是盲目性,这种不良品质在一些驾驶员身上有不同程度的表现。他们不懂交通安全的社会意义,不是盲目从事,就是不顾事物客观规律,随心所欲,想干什么就干什么。例如,驾驶员王某以开快出名,人称"王快车",对这个外号他不仅不恼而且美滋滋的。一次,他在盘旋的山路上,仍以每小时 60 公里的速度急驶,对"下坡减速缓行"的忠告,只当耳旁风。当车行至南坡的转弯处时,突然发现前方有一群牛挡住了去路,赶紧踩制动踏板,但制动却失灵了,结果汽车飞速冲入牛群,撞死一头牛后朝左拐去,致使车头碰在沟坎后翻倒。正是由于驾驶员存在开"英雄"车的错误思想观念,才促使他盲目从事,从而导致了悲剧的发生。不顾事物客观规律的蛮干,实质上就是意志薄弱缺乏自觉性的一种表现。

2. 意志的果断性

意志的果断性是指一个人明辨是非,当机立断并坚决执行决断的一种意志品质。驾驶员在交通活动中,面对险情,善于把握时机,当机立断,面对情况变化,随机应变,果断决策,都是其意志果断性的具体表现。例如,驾车在公路上行驶,在被后车超越时,自己车前突然窜进一头牲畜。此刻,如果把车偏向右侧,则可能会撞上路边的行人,偏向左侧又会与被超越车辆碰撞,紧急停车也来不及了,在这种情况下,具有果断性的驾驶员就能够当机立断,宁可撞倒牲畜,也比撞车伤人强。与意志的果断性相反的品质是动摇性,就是应该作出决断时,优柔寡断,迟疑不决。动摇性的威胁极大,往往影响驾驶人对客观情况的正确判断,影响紧急措施的采取，以致贻误时机，进而导致事故的发生。如果面对险情当断不断，其危害就可想而知了。

3. 意志的自制性

意志的自制性是指一个人善于控制自己的情绪，约束自己的言行的一种意志品质。对于驾驶人来说，善于忍耐、善于控制不良心态和性格，遇事沉着冷静，处事周全，都是意志自制性的表现。与意志自制性相反的品质是冲动性，具有冲动性品质的驾驶员，往往缺乏自我约束，为感情所左右，一旦产生不良的动机和情绪就会把交通安全置于脑后，违法肇事。例如，一名驾驶员闯红灯后，不听交通协管员的劝告，反倒暴打协管员。所以，一名好的驾驶员应善于控制自己的不良情绪，虚心接受批评，服从管理，具备良好的意志自制性，克服冲动。

4. 意志的坚忍性

意志的坚忍性是指一个人执行决定时坚持不懈，以坚定的决心和顽强的毅力，克服困难，实现预定目的的一种意志品质。它的基本特征是能经得起长期艰苦的磨炼，仍坚持执行决定；而且不计个人得失，迫使自己服从违背本人意思的决定和行动方式。具有意志坚忍性的驾驶人，有顽强的毅力，锲而不舍，能坚决执行决定，抵制不符合交通安全目的的主客观因素的干扰，不为所动。如有很多从事长途运输的驾驶员，长年累月地驾驶车辆行驶在公路上，经常遇到恶劣的天气，复杂的道路等情况，然而，他们能够始终保持饱满的情绪，千方百计地克服困难，以保证行车安全，努力完成各种运输任务。他们能够做到这一点，正是由于意志的坚忍性在起作用。与意志的坚忍性相反的是意志的软弱性，表现为驾驶员在工作中虎头蛇尾，半途而废，面对困难畏缩不前。驾驶员要完成大量的货运、客运任务以及其他各种特殊任务，这就要求驾驶员具有较好的意志坚忍性。

四、驾驶员意志品质的培养

交通安全工作实践表明，驾驶员工作的安全可靠性，除了受驾驶操作水平、知识经验、心理状态等一般的主客观因素影响外，还取决于驾驶员有无自觉而坚强的意志。因而，培养和锻炼驾驶员具有良好的意志品质，使他们形成自觉坚定的意志行动，克服困难是保证交通安全的重要前提，也是形成良好职业道德的重要组成部分。

1. 树立高尚理想，提高认识能力，确立行为的目标

驾驶员对意志行动的社会意义的认识是交通安全的关键。驾驶员有了远大的理想、坚定的信念、明确的目标，才能使自己的行动具有高度的自觉性和能动性。驾驶员如果没有明确的工作目的和方向，对社会意义存在模糊观念，就不能正确认识交通安全与完成任务的关系，不能自觉地克服困难，从而造成工作的盲目性，成为不良意志品质形成的动因。因此，要培养驾驶员意志的坚定性，只有加强理想道德教育、遵章守法教育以及人生观教育，不断提高认识能力，使其明确自身行动的目的和意义，明确行动的方式和手段以便自觉克服困难，做到安全行车。

2. 从点滴做起，循序渐进，磨炼意志，培养耐力

良好的意志品质都是日积月累，逐渐养成的，并不是一蹴而就的事情，而是必须从一件件小事做起。

驾驶员生活和工作中经常会遇到的小事，如喜欢睡懒觉，把当天的事情拖到第二天去完成，不喜欢看书等，这些小事都是因为人的惰性引起的，而克服惰性就需要毅力。需要驾驶员从这小事做起，锻炼自己的毅力，循序渐进，久而久之，就会成为一种习惯，这也是锻炼毅力的前提。

驾驶车辆的过程，是意志行动的过程，也是磨炼意志的过程。驾驶员要具备坚强的意志力，必须自觉地在艰苦的环境中自我磨炼，只有这样，才有利于驾驶员意志坚韧性和顽强性的培养，才能抵御不符合“安全行车”目的的主客观因素诱惑的干扰，百折不挠地克服一切困难，把交通安全贯彻到底。

3. 注意做好情绪调控，发挥主观能动性

在执行意志决定的过程中，驾驶员的情绪状态直接影响行为效果。因此，要培养意志坚强的驾驶员，应因势利导、有针对性地做好情绪调控，使其正确认识挫折与失败，发挥主观能动性，有意识的、自觉地调节克制自己的不良情绪，保持乐观稳定的情绪，支配自己的思想和行为。自我心理调整的方法有以下几种：

1）自我鼓励法

自我鼓励，即自我表扬，自己为自己“加油”“打气”，勉励自己。例如在平时工作或劳动中虽已感到疲劳，但为了锻炼自己的意志，就自己勉励自己：“坚持就是胜利！”直到把事情做完。当然，这是在避免驾驶疲劳的前提下所做的坚持，因为疲劳驾驶会严重影响交通安全。

2）自我说服法

自我说服即自己说服教育自己。例如出车回来，因感到疲劳就不想去检查维护车辆。这时候就要进行自我说服教育，想到“今天坚持例行维护是为了确保明天行车安全，再累也应该做完当天的事情”。这样就可以克服疲劳状态下的惰性和抑制性，并且达到心理平衡。长此下去，就可提高意志力。

3）自我命令法

自我命令就是自己强制规定自己应该怎么做或做什么。自我命令，就会振作精神，很快地进行心理调适，从而增强自己的意志。以饮酒为例，明知饮酒对行车安全不利，交通法规中也明确规定“严禁酒后开车”，但仍有一些人不以为然，甚至以身试法。对这种人，我们奉劝他们自我暗示禁止饮酒的命令，以提高自己戒酒和谢绝朋友劝酒的动力。

4. 把握增强独立性的机会，善于自省，加强自制

对于驾驶员来说，他的日常行为既要能融入他所处的群体，又要具有相当的独立性。驾驶员要想使日常行为，特别是驾驶行为具有独立性和果断性，就需要逐步减少对他人的依赖，更多地依靠自己的能力，依靠自己对事情的判断。如，有的驾驶员在出车时都会带上自己的妻子，因为在驾驶过程中他可以依赖妻子解决一些自己不能解决的问题。长此以往，不利于驾驶员的独立性的形成。同时，驾驶员应对家庭、工作及社会独自承担更多的责任，以锻炼自己的意志力。

在日常生活中，驾驶员应对自己的言行、思想及他人的评价进行反思，分析存在的优点，了解缺点和不足。一旦意识到某件事或某种行为是不对的，应坚决克制，不能心存侥幸。如在驾驶过程中，对于乘客提出的意见，应虚心接受，有则改之，无则加勉。

5. 积极主动制订计划,明确目标,强化意志

计划是最能够形成效率的一种工具,在培养意志力的过程中,驾驶员要制定一个计划,并习惯于利用计划管理自己,从而提高工作效率并达到目标。具体做法是驾驶员可以自己制定一个恰当、明确的目标,并努力去实施,记下每天的点滴进步,常常阅读进步的记载,在感到进步很大时,自己慰劳一下自己,增加愉快的体验,激励自己再次坚持,这样意志就会逐渐形成。

6. 下定决心,克服困难

驾驶员在驾驶过程中,难免会遇到一些困难,驾驶员应下定决心,克服困难。而实现转变是一个循序渐进的过程,美国罗得艾兰大学心理学教授詹姆斯普罗斯把实现某种转变分为四步:第一步抵制——不愿意转变;第二步考虑——权衡转变的得失;第三步行动——培养意志力来实现转变;第四步坚持——用意志力来保持转变。因此,驾驶员可以根据此步骤逐步地培养自己克服困难的意志力。

第二节　驾驶员意志力训练方案

没有谁天生就意志坚强,优良的意志品质是由于学习和训练而不断形成、不断发展的。正如歌德所说:“即便是最不起眼的小人物,也可以拥有吃苦耐劳的坚韧品质。坚韧从来不负众望,因为它沉默的力量将随着时间的推移一天天壮大,直到所向披靡无以抗拒。”

一、心理自测

意志力测评量表,如表 5-1 所示。

意志力测评量表　　表 5-1

指导语:本测试分别列出了 26 种情况,请根据自身情况作答:完全符合选 A、部分符合选 B、一时难以确定是否符合选 C、不大符合选 D、完全不符合选 E 本测试时间为 20 分钟						
序号	测评题目	A	B	C	D	E
1	你每天都坚持跑步、打太极拳、做气功或散步等体育活动,因为这些运动能够增强你的体质和毅力					
2	若无特殊情况,你每天都按时起床,从不睡懒觉					
3	你信奉“不干则已,干就要干好”的格言,并身体力行					
4	你做一件事情的积极性,取决于其重要性、是否应该做,而不是取决于自己对这件事的兴趣或想不想做					
5	当工作和娱乐发生冲突的时候,即使这种娱乐很有吸引力,你也会放弃娱乐立即投入到工作之中					
6	你下决心要完成的事,不论遇到什么困难,你都能持之以恒、坚持到底					
7	你能长时间从事一件非常重要但却枯燥无味的工作					

续上表

序号	测 评 题 目	A	B	C	D	E
8	你一旦决定开始做某件事,常常说干就干,决不拖延或让计划落空					
9	对于别人的意见和说法,你从不盲从,总是喜欢分析、鉴别一下					
10	凡事你都喜欢自己拿主意,也不排斥别人的意见和建议					
11	你不怕做从没做过的事情,不怕独立负责,将其视为锻炼自己的机会					
12	你和同事、朋友、家人相处时很有克制力,从不无缘无故发脾气					
13	你一直希望做一个坚强、有毅力的人,坚信"有志者事竟成"					
14	你给自己制订的计划,常因主观原因无法如期完成					
15	你的作息时间没有规律性,常随自己情绪和兴致的变化而变化					
16	你认为做事情不必太较真,能做到则好,做不到就算了					
17	有时临睡前你会发誓第二天要干一件重要事情,但到第二天这种劲头就消失了					
18	你常因读一本妙趣横生的小说或看一集精彩的电视剧而不能按时入睡					
19	若在工作中遇到了困难,你首先想到问问别人有什么办法					
20	你的爱好广泛善变,常常因为心血来潮做事情					
21	你做事情喜欢拣易怕难,爱挑容易的做,困难的能拖就拖、能推则推					
22	凡是你认为比你能干的人,你从不怀疑他们的看法					
23	遇到复杂莫测的情况,你常常拿不定主意,长时间不能做出决定					
24	你生性胆怯,没有百分之百把握的事情,你从来不敢去做					
25	与人发生争执,有时明知自己不对,却忍不住要说一些过激的话语伤害对方					
26	你相信机遇的作用大大超过个人的付出和努力					

意志力测评量表的计分方法及评价标准,如表 5-2 所示。

意志力测评量表的计分方法及评价标准 表 5-2

计分方法	试题中 1 ~ 13 题,选项 A、B、C、D、E 依次为 5、4、3、2、1 分;试题中 14 ~ 26 题,选项 A、B、C、D、E 依次为 1、2、3、4、5 分;得分加起来为总得分			
总得分	70 分以下	71 ~ 90 分	91 ~ 100 分	110 分以上
意志力水平	薄弱	一般	较坚强	十分坚强

二、心理训练

1.【心理训练】活动一:克服惰性训练

目的:告别拖延,克服惰性。

操作程序:

(1)思考:是否有做事今天拖明天,明天拖后天的拖延习惯。

(2)交流:告别拖延,克服惰性每人想出一个方法。

(3)分享:要克服惰性,不妨尝试以下做法。制定计划,严格实施;下决心今日事今日毕;不要老是想明天怎样,而是先行动起来把眼前的事做好。无论做什么事情都要专注,专注会增加做事效率;闲暇的时间,找一个有意义的或者能提高自身实力的事情去做。

(4)总结：找一件有意义的、感兴趣的事情积极行动起来，坚持不懈地做，久而久之，惰性自然就会同你分手。

2.【心理训练】活动二：意志的考验

目的：通过思考、分享、体验，培养驾驶员良好的意志品质。

操作程序：

(1)思考：过去在自己的生活中，经历过意志方面最大的考验是什么？具体说明该事件并总结自己在其中的体会和获得的经验。然后想想现在，最考验自己意志的一件事情是什么？

(2)小组内分享交流。

(3)总结：没有谁天生就意志坚强，优良的意志品质是由于学习和训练而不断形成、不断发展的。通过思考、分享、体验活动，循序渐进，培养驾驶员良好的意志品质。

3.【心理训练】活动三：意志品质的自我分析与完善

目的："知人者智，自知者明；胜人者力，自胜者强。"分析自己的意志品质，进而去完善自己。

操作程序：

(1)了解自己，是心灵成长的开始。

(2)对照意志坚强和意志薄弱人的表现与特点，进行自我分析，如表5-3所示。

(3)了解自己，扬长避短，完善自己。

(4)总结：了解自己，是个艰难、漫长的过程。关键是有这种意识，多反省自己；同时更要去行动，慢慢养成好习惯。

意志坚强和意志薄弱人的表现与特点 表5-3

<table>
<tr><th colspan="2">意志坚强的人</th><th colspan="2">意志薄弱的人</th></tr>
<tr><th>表　现</th><th>特　点</th><th>表　现</th><th>特　点</th></tr>
<tr><td rowspan="3">遇事有主见</td><td>遇事能自己拿主意</td><td rowspan="3">缺乏主见
固执己见</td><td>人云亦云，左右摇摆</td></tr>
<tr><td>独立地完成任务</td><td>主观武断，固执己见</td></tr>
<tr><td>能分辨是非</td><td>一意孤行，坚持错误</td></tr>
<tr><td rowspan="3">处事果断</td><td>迅速判断，当机立断</td><td rowspan="3">优柔寡断
轻举妄动</td><td rowspan="2">优柔寡断，犹豫不决</td></tr>
<tr><td>善于把握最佳时机</td></tr>
<tr><td>目的明确，胆大心细</td><td>轻举妄动，鲁莽决断</td></tr>
<tr><td rowspan="2">勇于克服困难</td><td>长期保持坚忍的毅力</td><td rowspan="2">半途而废
顽固执拗</td><td>虎头蛇尾，半途而废</td></tr>
<tr><td>努力克服各种困难</td><td>顽固执拗，知错不改</td></tr>
<tr><td rowspan="3">善于约束自己</td><td>明辨是非，爱憎分明</td><td rowspan="3">鲁莽冲动
是非不分</td><td rowspan="2">不能克制，意气用事</td></tr>
<tr><td>必要时能做到忍耐克制</td></tr>
<tr><td>自觉控制调节情绪、言行</td><td>不要原则，不辨善恶</td></tr>
</table>

4.【心理训练】活动四：养成良好习惯(一)

目的：日积月累，持之以恒，养成好习惯。

操作程序：

(1)莫泊桑曾说过："一件小事可以成全你也可以败坏你。生活细节、好的习惯会造就成功的未来”。

(2)以下有18个好习惯：

①不说“不可能”三个字；

②凡事第一反应是找方法，而不是找借口；

③遇到挫折对自己大声说：太棒了！

④不说消极的话，不落入消极情绪，一旦出现立即正面处理；

⑤凡事先订立目标，并且尽量制作“梦想版”；

⑥凡事预先做计划，尽量将目标视觉化；

⑦工作时间，每一分、每一秒都做有利于生产的事情；

⑧随时用零碎的时间(如等人、排队等)做零碎的事情；

⑨守时；

⑩写下来，不要太依靠脑袋记忆；

⑪随时记录灵感；

⑫把重要的观念、方法写下来，并贴起来，以随时提示自己；

⑬走路比平时快30%，走路时脚尖稍用力推进，肢体语言健康有力，不懒散，萎靡；

⑭每天出门照镜子，给自己一个自信的微笑；

⑮每天自我反省一次；

⑯每天坚持一次运动；

⑰在做重要事情前、疲劳时、心情烦躁时、紧张时，听心跳一分钟；

⑱开会坐在前排。

(3)请选择以上一个可以立即着手行动的内容，马上去做，贵在持之以恒。一旦养成习惯，再选择下一个去做。正所谓“行为成为习惯，习惯养成性格，性格决定命运”，良好的品行，也可以这样来形成。

(4)总结：在方向正确的前提下，成功者与不成功者的区别，往往在于能否坚持不断，能否坚持到底，所谓“水滴石穿”是也。一个动作，一种行为，多次重复，就能进入人的潜意识，变成习惯性动作。人的知识积累、才能增长、极限突破等，都是习惯性动作是行为不断重复的结果。

5.【心理训练】活动五：养成良好习惯(二)

目的：日积月累，持之以恒，养成好习惯。

操作程序：

(1)莫泊桑曾说过：一件小事可以成全你也可以败坏你。生活细节、好的习惯会造就成功的未来。

(2)以下有18个好习惯：

①经常微笑；

②用心倾听，不打断对方说话；

③说话时声音有力，感觉自己声音似乎能产生有感染力的磁场；

④说话之前，先考虑一下对方的感受；

⑤每天有意识、真诚地赞美别人三次以上；

⑥及时写感谢卡,哪怕是用便笺写;
⑦不用训斥、指责的口吻跟别人说话;
⑧控制住,不要让自己做出为自己辩护的第一反应;
⑨每天做一件“分外事”;
⑩不管任何方面,每天必须至少“进步一点点”;
⑪每天准时上下班;
⑫每天在下班前用5分钟的时间做一天的整理工作;
⑬定期存钱;
⑭节俭;
⑮时常运用“头脑风暴”;
⑯恪守诚信,说到做到;
⑰学会原谅;
⑱最重要的就是每天表扬自己三次。

(3)请选择以上一个可以立即着手行动的内容,马上去做!贵在持之以恒!一旦养成习惯,再选择下一个去做。

(4)总结:培养意志,关键是从小事做起,先行动起来!再循序渐进,持之以恒。所谓“千里之行,始于足下。”

6.【心理训练】活动六:意志品质的自我锻炼

目的:结合实际,自己设计一些行之有效的方法并努力实践进行意志品质的自我锻炼。

操作程序:

(1)结合实际,自己设计一些锻炼意志品质的方法。

(2)付诸实践,持之以恒。

(3)参考以下做法:

①用寓言、格言、座右铭警醒自己,用杰出人物的事迹对照、监督自己的言行;
②同身边的榜样相比较,找出差距,迎头赶上;
③制定作息计划和学习计划,并严格执行;
④每天坚持记日记,反思自己的言行和思想,发现缺点,及时改正;
⑤选择一项有益于身心健康的活动,如跑步、打球、读书等坚持去做。

(4)总结:坚强的意志不是一夜间突然产生的,它在逐渐积累的过程中一步步地形成。

7.【心理训练】活动七:读“心”书,助成长

目的:读经典书籍,用心去体会感悟。

操作程序:

(1)给每位驾驶员推荐1本书:(美)菲尔图著,《意志力是训练出来的》,(湖南文艺出版社,2013版)《意志力是训练出来的》讲的是意志力对于一个人的成功的决定性作用。作者菲尔图曾在北美为500强企业和数以万计的拔尖人士开设“意志力巅峰训练”课程,每年都有很多的学员通过认真的训练在意志力方面得到提升。

书中认为,意志力分为9层阶梯,你在哪一层,决定了你的人生停在哪一层;意志力就像肌肉,科学的锻炼可以让它无比强大;书中举了很多生动真实的案例,你可以看到一个家庭

妇女如何成为100本畅销书的作家,你还会看到一家公司如何经历911的重创后,从废墟中重新走向卓越!

意志力训练的五大核心步骤是:改变自己→掌控意识→习惯养成→情绪激励→突破极限,作者在书中提供了科学的意志力锻炼方法,案例翔实,可操作性强,简单实用,效果非凡。坚持训练,突破意志力屏障,就能取得最后的成功。

(2)请驾驶员利用工作之余,认真阅读,用心体会。

(3)驾驶员写出读书心得并交流讨论。

(4)把驾驶员读书心得整理保存,汇集成册。

8.【心理训练】活动八:观影疗心

目的:好的电影,在给人们带来视听双重享受的同时,还能激发人们对人生的思考和对生命的探索,从而使心灵得以净化,人格得以完善。通过观看影片的形式,让驾驶员在欣赏电影的同时,体验不同的人生,增强对心理健康的认识,提高自身心理健康意识,将影片传达出的能量带到自己的生活中来,获得自身心理的成长。

操作程序:

(1)给驾驶员推荐1部电影:由导演查尔斯·斯特里奇执导的惊悚影片《意志的考验》又名《远征南极》。《意志的考验》讲述了1914—1916年的帝国穿越南极探险队“持久号”(Endurance)于1914年8月1号从伦敦出发,全体船员一共28人。这次探险的目标是徒步横穿南极大陆。事实上,这次穿越没有成功。在行进过程中,浮冰将“持久号”团团围住,使它寸步难行。沙克尔顿和船员不得不弃船搬到浮冰上,在10个月后于1915年11月船沉入海底。此时,沙克尔顿只有一个愿望:把全体船员一个不少地活着带回去。在随后的5个月里,他们28人登上了一块巨大的浮冰,这块浮冰随着时间的推移不断的碎裂,并慢慢地变小了。1916年4月9日,浮冰彻底碎裂了,3艘来自“持久号”的救生船被迅速推到海上。在海上经历了7昼夜的危险之后,他们登上了荒无人烟的大象岛。他们没有坐以待毙,沙克尔顿随后和另外5个人乘上最大的救生艇,横渡大约1280公里,来到了南乔治亚岛,这一史诗般的航行在气候极端恶劣的海上持续了16天。上岸后,沙克尔顿不得不徒步翻越南佐治亚山脉,去寻找捕鲸站以寻求帮助。沙克尔顿和他的两个伙伴挣扎着走到最近的一个捕鲸站。在晚餐时分,挪威捕鲸人向他们表示了敬意。到达捕鲸站的3天后,他们登上了一艘捕鲸船,开始了解救围困在大象岛上的同伴的行动。在8月30号,经过第4次的尝试,他终于找到了一条从浮冰上穿过的路,发现他的所有的22个同伴都安然无恙地留在岛上。每个人都从南极获救了。

(2)请驾驶员利用工作之余,观看影片,用心体会。

(3)驾驶员写出观影心得并交流讨论。

(4)把驾驶员观影心得整理保存,汇集成册。

三、反思感悟

发展心理学研究中有一个经典的实验,称为“延迟满足”实验。

实验者发给4岁被试儿童每人一颗好吃的软糖,同时告诉孩子们,如果马上吃,只能吃一颗;如果等20分钟后再吃,就给吃两颗。有的孩子急不可待,把糖马上吃掉了;而另一些孩子通过克制自己的欲望、迟延满足而获得了更丰厚的回报。研究人员进行了跟踪观察，发现那些以坚韧的精神获得两颗软糖的孩子，长到上中学时表现出较强的适应性、自信心和独立自主精神；而那些经不住软糖诱惑而只吃一颗糖果的孩子则往往屈服于压力而逃避挑战。在后来的继续跟踪观察中，也证明那些有耐心等待吃两块糖果的孩子，事业上更容易获得成功。实验证明，自制力等良好的意志品质是成功者的重要心理素质。

请思考驾驶员意志品质的自制性对于驾驶工作的重要性？如何在驾驶中自觉自律，确保安全行车。

第六章　驾驶员压弹能力培养与训练

现代社会竞争的加剧,生活节奏的加快,加重了人们的心理负荷;利益格局的调整,贫富差距的加大,造成心理失衡;个人生活目标的选择机会增加,难以兼顾的矛盾加剧了内心的冲突,产生了无所适从的焦虑;面对交通拥堵、日益复杂的行车环境,高风险、高要求的驾驶工作都使驾驶员心理更加复杂,造成的心理压力也更加沉重。当然,并非所有的挫折和压力都是坏事。如果能以理性、弹性的态度去面对,所引起的负面情绪将减少。如果能够很好地把压力变动力,积极应对挫折,压弹能力能够助人走向成功。

第一节　驾驶员压弹能力概述

一、驾驶员压力及其化解

常言道"井无压力不出油,人无压力轻飘飘",尽管每个人都希望时时轻松自在,但压力却无时无刻不潜伏在生活的每一个角落。

1. 压力及其影响因素

压力是指个体面对具有威胁性刺激情境时,伴有躯体技能以及心理活动改变的一种身心紧张状态,也称应激状态。生活中的压力是普遍存在、不可避免的,但是每个人感受到的压力是不同的,即使是同样的刺激,不同的人感受到的压力也不同,其主要因素可以归结为5个方面:

1)个体经验

当面对同一刺激情境时,个体的经验会影响人们对压力的感受。有研究者对跳伞者的压力状况进行调查发现,有过100次跳伞经验的人不但恐惧感小,而且会自觉地控制情绪;而没有经验的人在整个跳伞过程中恐惧感强,并且越接近起跳越害怕。可见,增加经验能增强抵抗压力的能力。

2)准备状态

对即将面临的压力事件是否有心理准备也会影响个体压力的感受。心理学家曾对两组接受手术的患者做实验,对其中一组在术前向他讲明手术的过程和后果,使患者对手术有了准备,对手术带来的痛苦视为正常现象并坦然接受;另一组不做特别介绍,患者对手术一无所知,对术后的痛苦过分担忧,对手术是否成功持怀疑态度。结果手术后有准备组比无准备组止痛药用得少,而且平均提前三天出院。因此,有无心理准备也是压力的一个影响因素。

3)认知评估

认知评估在增加压力感和缓解压力中有着重要作用。同样的压力情境使一些人苦不堪言，而另一些人则平静地对待。当一个人面对压力时，在没有任何实际的压力反应之前会先辨认压力和评价压力，如果把压力的威胁性估计过大，对自己应对压力的能力估计过低，那么压力反应也必然大。

4）性格特征

不同性格特征的人对压力的感受不同。A 型性格的人竞争意识强、争强好胜、缺乏耐心、成就动机高、说话办事讲究效率、时间紧迫感强，B 型性格的人较为随和、生活悠闲、对工作要求不高、对成败得失看得淡薄。A 型性格的人在面对压力时，性格中不利的因素就会显现出来，对人的身心产生负面影响。有研究表明，A 型性格者患心脏病的人数是 B 型性格的 2～3 倍。

5）所处环境

一个人的压力来源与他所处的小环境有直接关系，小环境主要指工作单位或学校及家庭。如果学习生活称心如意，家庭美满和睦，来自环境的压力较小，则心情舒畅，身心健康。相反，个体则会产生压力感。

2. 驾驶员常见的压力来源

驾驶员常见的压力来源自生活和工作。生活中的压力源主要有家庭情况，比如，家庭经济状况、亲人的身体状况、孩子的学业情况、家庭氛围等。工作中的压力源主要有工作环境、工作负荷、组织管理、管理行为、职业发展、人际关系等方面。工作环境，比如，噪声、恶劣天气条件、交通拥堵等；运输企业的工作组织，比如，轮班制、长途驾驶、时间紧迫的运输任务等；与人交往的情况，比如，与同事的关系、与乘客沟通、与执法人员交流等。员工时间、精力有限，不能很好平衡工作与家庭的关系时就会出现两者的冲突和矛盾。对于双职工家庭来说，工作与家庭的矛盾尤为突出，加大了工作的压力。

3. 驾驶员缓解压力的方法和途径

缓解压力的方法和途径可以从心理、生理和社会支持系统三个方面来考虑：

1）心理层面达到压力缓解的效果

（1）改变认知。压力的感觉在很大程度上取决于我们的个人认知，同一件事情，对有的人可能是机遇和挑战，但对另外的人可能是压力和负担。人们几乎每一分钟都在用自己的内部思维语言进行自我对话，如果这些语句是准确而客观地反映现实的，那么你的这个身心功能运转良好；如果是非理性的和不切合实际的，那么你就会受压力和情绪上的困扰。因此我们应该改变对事件的看法或思考方式，重新评估整个事件，寻找新的含义和积极的后果。如果能以理性、弹性的态度去面对，则所引起的负面影响就会减少。

（2）思想中断法。当脑中出现挥之不去的负向思考，以致影响学习、工作时，不妨试着喊“停止”，让思绪突然被打断，改换一些有帮助、更有建设性的思想。消极思想和恐惧思想总是永远领先于消极情绪和恐惧情绪。如果这些思想能够被有效地控制，那么所有的压力水平就能够被大大减低。

（3）知觉放松技术包括冥想、谈心、抚触，以及音乐欣赏、唱歌、赏花观景等。

2）生理层面达到压力缓解的效果

（1）呼吸调节法。在焦虑、情绪低落、烦躁、疲倦时，调整呼吸，采用腹部深呼吸的方式，能够减轻由于压力事件或思想负担给你造成的肌肉紧张或忧虑症状。横膈膜呼吸是最简单方便的、能起到放松的效果。

(2)肌肉松弛法。在沙发、座椅或床上，进行自身放松练习，或渐进放松练习，或三线放松练习，可以减少压力所带来的身体征兆，通过肌肉放松达到精神松弛，消除心理的紧张。

(3)运动调节法。适量的运动和休闲活动也是缓解压力引起的肌肉长期紧张的非常好的方法。运动消耗体力，是人自然发泄的途径，运动之后，身体会恢复正常的平衡状态，会觉得精神放松，也会改善心血管的机能，提高新陈代谢率，减少肌肉紧张。

(4)饮食降低压法。如果食物中所含的营养素不平衡，将影响整个身体的代谢功能，营养素过量，将增加身体的负荷，食物中含特殊的刺激物，如烟、酒、咖啡、药物等，将影响整个身体的平衡。一个处于压力中的人，比平时需要更多营养，其中钙和B族维生素需要量最大。压力常常使肌肉处于紧张状态，身体制造出大量乳酸需要钙质与其反应，否则就易感到疲劳、焦虑。一个健康的身体可以更好地缓解生活中不可避免的压力。

3)建立与运用支持系统以缓解压力

人是社会性的，不能离群索居，需要他人的支持，也需要关爱他人。所谓支持系统就有如树木的根脉，彼此息息相关，互通生长资源。与人互动，沟通心灵，倾吐遭遇的心理压力事件，也是行之有效的减压方法。每个人的支持系统包括家庭、学校、同伴和社会机构。家庭支持资源有父母、兄妹、长辈；单位支持资源有领导、同事；同伴支持资源有同学、同辈、朋友；社会支持资源有医生、老师；有这样一个社会人际支持系统，当我们内心欣喜、痛苦、烦恼、无助时，就能得以倾诉、分享，或得到同情、关怀和支持。

二、驾驶员挫折及应对

人生在世，每个人都希望凡事都一帆风顺，但挫折却总是不可避免。成功固然可喜，但失败未必毫无意义。正确认识和对待挫折，是成功人生的必经之路。

1.挫折及产生原因

所谓挫折是指一切能够引起个体精神紧张，造成疲劳和心理变化的刺激性生活事件。挫折心理是指个体在从事有目的的活动过程中，遇到障碍或干扰，使个体的需求或动机不能得到满足而产生的一种消极的情绪反应。一般来说，心理学意义上的挫折包括三个要素：挫折情境、挫折认知和挫折反应。

挫折情境是指个体在从事有目的活动中，使需要不能获得满足的内外障碍或干扰的情境状态，构成刺激情境的可能是人或物，也可能是各种自然、社会环境；挫折认知是指个体对挫折情境的知觉、认识和评价，是挫折产生的核心因素。个体的认知结构、经验等会对这种认知产生影响，所以对同一个挫折情境的认知往往因人而异；挫折反应是指个体在挫折情境下所产生的烦恼、困惑、焦虑、愤怒等负面情绪交织而成的心理感受，即挫折感。这种心理感受的性质及程度，主要取决于挫折认知。

引发挫折的刺激性生活事件大致可以分为两类，一类是由客观环境带来的，另一类是个体自身存在的。挫折的客观原因主要指不以个体的主观意志为转移，包括环境的变化、经济的压力，兼并、重组、裁员等组织变革，社会支持的匮乏，意外事件的发生等。通常来说，由客观条件导致的挫折反应较轻。挫折的主观原因主要指个体身心、能力、知识经验等方面的阻碍和限制。主要包括生理方面的困扰、社会角色的转变、认知的偏差、个性的不完善、动机冲突、个体心理矛盾等。通常来说，由主观条件导致的挫折反应较为严重，但是通过个体的主观努力，完全可以克服这种挫折。

2. 受挫后的心理反应

因为个体的心理承受能力不同，所以经历挫折后个体的心理反应各不相同，大致分为两类，积极的心理反应和消极的心理反应。

1）积极的心理反应

表现为正视挫折，承认挫折，分析挫折产生的主客观原因，调整自己的目标，采取切实可行的措施摆脱挫折情境，从不良的心理反应中走出来，最终战胜挫折。

认同，在遭遇挫折时，自觉地效仿他人的优良品质并获得成功的经验和方法，使自己的思想、信仰、目标和言行更适应环境、社会的要求，从而在主观上增强获得成功的信念与勇气。

升华，无法实现预定目标或动机与行为不为社会所接受时，用一种更为高尚的、具有创造性的和建设性的、有社会价值的目标来代替，借此弥补因受到挫折而失去的自尊与自信，减轻挫折所造成的痛苦。

补偿，个体受到主客观条件的限制和障碍，无法实现目标时，以新的目标代替原有目标，从而以现实取得的成功体验去弥补原有失败的痛苦。

幽默，以幽默来化险为夷，在无伤大雅的情形下，传达意图，处理问题，把原本困难的情况转变过来，大事化小，小时化了，摆脱困难，维持自己的心理平衡，渡过难关。这也是一种人生的智慧，但对待不同的事情需要不同的态度，有些需要我们认真严肃对待的工作一定要认真严肃对待，不可事事以幽默化解。

2）消极的心理反应

表现为失态的、没有目的的、惊慌的态度，做出一些非理性行为，甚至表现出自杀等极端行为倾向。这种行为反应缺乏积极的社会价值，不仅不利于个体身心发展，也会危害他人和社会。

攻击，将受挫后的愤怒情绪指向造成挫折的对象，表现为对他人讥讽、谩骂、殴打或者损害物品等，这种攻击也称直接攻击。另外，一些受挫者愤怒情绪十分强烈，但由于种种原因不能攻击造成挫折的对象，于是将矛头指向自己或者与挫折情境无关的对象身上，这种攻击称为转向攻击行为，也叫“踢猫”效应，就是对无辜者进行攻击，发泄愤怒。

倒退，在遭受挫折后，个体表现出与自己的年龄不相称的反常行为。通常，当个体受到挫折后，如果以成年人的行为方式面对挫折就会产生心理上的焦虑、不安，为了“避免”这类情况发生，往往放弃已经习得的成年人的正常行为方式，而恢复使用早期幼儿幼稚的方式加以“应付”，从而减轻内心的心理压力。如遭受挫折后捶胸顿足、号啕大哭、撕破衣服、咬手指头、无理取闹、毫无理由的担心、轻信谣言等。

轻生，由于反复经受挫折，周围缺少帮助，又找不到摆脱挫折的方法与途径，受挫后愤怒的情绪使之失去理智，从而以自杀的方式消除内心的紧张心理。

固执，在经历挫折后，往往不分析失败的原因，反而盲目地重复着导致其挫折的无效行为。这种行为呆板、无弹性，并具有强制性，缺乏机敏品质和随机应变的能力，错误地以为固执就是坚定，在变化和情景面前，仍以刻板性的反应出现。可以表现个体和群体的固执行为反应。

反向，个体受挫后，把自己的一些不符合社会规范、不被允许的愿望和行为，以一种截然相反的态度或行为表现出来，以掩盖自己的本意，避免或减轻心理压力。

逃避，个体受挫或预感受挫时，不能面对现实，正视挫折，而是以一种消极的态度逃避到自认为比较安全的情境中。

压抑，将学习和生活中不愉快的经历不知不觉地压抑进潜意识里，不去回忆。由于压抑、痛苦的经历似乎被遗忘了，使人在现实意识中感受不到焦虑和恐惧。

冷漠，个体经历挫折后，表现出对挫折情境漠不关心、冷淡，活动上表现出茫然与退让，情绪情感上失去喜怒哀乐，对一切无动于衷。冷漠一般是在个体反复受挫，对引起挫折的对象无法攻击，又无“替罪羊”宣泄，也看不到改变境遇的希望等因素下发生的。

文饰，文过饰非的行为反应，也叫合理化，个体在没有达到目标时，为了避免或减轻随之产生的焦虑和维护自尊，总是要在外部寻找各种理由或托词对自己的行为给予某种“合理”的解释，自圆其说。“偷书不是偷是窃”“酸葡萄心理”就是文饰作用。

投射，个体把自己内心不被允许的愿望、冲动、思想、观念、态度和行为，转嫁于他人或其他事物上，以摆脱内心的紧张心理，从而保护自己，并为自己的行为辩护。

3. 积极应对挫折

一只鸡蛋落在地上，它悲伤地哭道：“我完了，我这只倒霉蛋。我为什么这么倒霉？”接着就“粉身碎骨”。一块石头落在地上，它愤怒地大叫：“谁敢跟我作对？你硬，我比你更硬！”它把地面砸了个窝，但它自己也深陷其中出不来了。它气急败坏，但无能为力。一只皮球落在地上，砸得越猛它弹得越高，然后轻巧地换了一个姿势，在地上打了个滚，就又蹦蹦跳跳地走了。鸡蛋、石头和皮球的遭遇，反映了生活中人们对待挫折的不同态度。有的人遇到挫折暴跳如雷；有的人遇到挫折就一败涂地，再也站不起来了；有的人遇到挫折，轻轻一笑，改变方向，又上路了。

1）正确认识挫折

首先，挫折是普遍存在的，是不可避免的，无处不在，无时不有，是每个人生活中的一部分。其次，挫折具有两面性，它有消极的影响，阻碍个体实现目标的积极性，令人郁郁寡欢，焦躁不安。但与此同时，它也有积极的一面，能增强个体情绪反应的力量，磨炼人的意志，增强个体的容忍力，提高个体对挫折的认识水平，是人生一笔宝贵的财富。再次，挫折是可以克服，以坚强不屈的精神、运用正确的方法就可以战胜挫折。

2）学会在挫折中成长

现实生活中，我们常常觉得应对挫折是一件困难的事，其实困难在我们自己的心里。我们心里有一种拒绝挫折的本能，我们害怕它，拒绝接受它。这些心态比挫折本身更可怕。

挫折是我们的朋友，只不过它是一个丑陋的朋友。在开始的时候，它让我们害怕，让我们痛苦。但只要我们有胸怀接纳这个看起来并不讨人喜欢的朋友，它会给我们带来丰厚的回馈。生活的确是一把锋利的钢刀，它把弱者扼杀，把强者雕琢成伟杰，而弱者和强者的分水岭,就是如何看待困境中的生活。因为在这个世界上,真正的绝境不是生存的绝境,而是精神的绝境,只要你不在精神上垮下来,外界所有的一切都无法将你击倒。精神和信念才是生命的真正脊梁,人要在挫折中成长。

3)进行正确的归因

所谓归因就是归结行为的原因,是个体根据有关信息、线索对行为原因进行推测与判断的过程。美国心理学家韦纳提出的自我归因理论认为,不同的归因倾向会给人的心理行为带来不同的影响。遇到挫折,冷静客观的分析失败的原因,综合外部因素(对手优秀、任务较难、时运不济等)、内部因素(状态不好,努力不够,准备不足等),避免片面归因,对挫折做出客观、准确、符合实际的归因,学会实事求是地承担责任,克服过分承担或完全推诿责任的倾向,避免过多自责带来的挫折感。

4)避免习得性无助

所谓习得性无助是指因为重复的失败或惩罚而造成的听任摆布的行为,在内心形成的一种对现实的无望和无可奈何的行为和心理状态。

生活中有些人总在一件事情上反复失败,最后他就会选择放弃,甚至还会对自己产生怀疑,觉得自己一无是处,无可救药。而事实上,他并不是真的不行,只是陷入了习得性无助的心理状态中,自设藩篱。所以要让自己远离绝望,必须要学会客观理性地为自己的成功或失败找到正确的原因,避免习得性无助。

5)调整目标期望值

挫折往往与行为目标连在一起,行为受阻,目标不能得以实现,从而产生挫折。因此,个体受到挫折以后,要重新审视一下自己设定的目标是否切合实际。如果目标过高,屡试屡败,就会显著降低个体的自信心。因此,在设定行动目标时,一定要客观全面地进行自我评估,制定切实可行的目标。

6)合理宣泄负性情绪

个体受挫后往往伴随着一系列负性情绪体验,如郁闷、内疚、愤怒、自责等,长时间处于这种负性情绪中对个体的学习和生活会产生负面影响。因此,个体可适当转移注意力,缓解情绪。如找人倾诉、听歌、唱歌、写日记、做一些体育运动等,将负性情绪以一种合理的、健康的方式宣泄出去,减轻个体的精神压力。

7)寻求心理支持

个体遭受挫折后,往往变得较为敏感脆弱,特别需要他人情感上的支持和鼓励。主动向亲人、朋友、同学、老师或是网络倾诉并寻求心理支持和帮助,并不是软弱无能的表现,也是一种意志坚强的表现。他人的心理支持是提升抗挫折能力的重要途径,他人客观冷静的分析往往可以帮助受挫折的个体找到摆脱困境的出路。

三、驾驶员压弹能力的培养

驾驶活动的复杂性,会影响驾驶操作过程,驾驶中可能出现各种意料之外的情况,驾驶员能否在最短时间内接受变化并采取灵活积极的措施应对这种变化,决定了是否能顺利完成驾驶任务。加强驾驶员压弹能力训练,对于提高驾驶员的心理健康,保证安全驾驶具有重要意义。

1. 压弹能力及表现

压弹是指个人面对生活逆境、创伤、悲剧、威胁及其他生活重大压力的良好适应，也就是一个人面对生活压力和挫折的“反弹”能力。

压弹，作为心理学的一个新概念，其意义主要有两方面：其一，压弹强调了社会适应对身心健康的重要性；其二，压弹强调了人们面对挫折和逆境时应激与应对之间的良性互动。生活中有的人可能很善于承受压力，却不善于化解压力，结果就会变得越来越逆来顺受，而不善于积极“反弹”应对；也有的人可能很善于抗逆压力，却不善于承受压力，其结果就会变得越来越不耐烦生活的压力，纵使加以化解也不会感到开心。

“压”与“弹”的完美结合，应该是耐挫力与排挫力的和谐一体，互为促进。面对生活的挫折与逆境，人既需要有耐挫折力，也需要有排挫折力。耐挫折力会使人勇于承受各种生活压力，不因一时的困境而垂头丧气，丧失斗志，失去信心，放弃对自我的信念；排挫折力则使人善于化解各种生活压力。一个人能够把挫折转变成契机，他就会走向成功。这个转变是痛苦的，也是快乐的。如果把挫折转变成不断地抱怨和失望，他就会走向低谷。

一个人的压弹力会有以下四种表现：乐观进取型、烦躁勇进型、逆来顺受型、自我挫败型。

1）烦躁勇进型

表现为低承受力、高反弹力，对应激长于化解压力却短于承受压力。如西楚霸王项羽，最初他可谓战无不胜，攻无不克。但是在垓下之战中，他一战击溃，溃而自杀，完全承受不住失败带来的压力和挫败感，只留下一句“无颜面对江东父老”的悲叹。

2）逆来顺受型

表现为高承受力、低反弹力，自欺欺人，鲁迅笔下的阿 Q 就属于此型。他犯事被东家打了之后，就开始自我假想：东家是我的儿子，我是东家的老子，儿子打老子实属不肖，老子原谅儿子是高风亮节，以此安慰自己。

3）自我挫败型

表现为低承受力、低反弹力，对应激不思进取、怨天尤人，在不知不觉中害了自己。在日常生活中，这种人很常见，如《红楼梦》中的林黛玉，《祥林嫂》中的祥林嫂等。

4）乐观进取型

表现为高承受力、高反弹力，对应激表现得积极乐观，反弹迅速。如史蒂芬·霍金，他因患卢伽雷氏症（肌萎缩性侧索硬化症），被禁锢于轮椅 20 多年，全身唯一能动的是左手的三根手指和部分面部肌肉，但他身残志坚，做出了探索宇宙的杰出科学成就。

2. 压弹能力的培养

每个人需要在具体的生活实践中提高个人的压力化解能力。人的压力反弹能力是动态变化的，而非是静止不变的。人需要不断维护自己的心灵旺盛，才能确保压弹力始终处在乐观进取的状态。心理学研究表明，适度的压力会激发人的动机和表现。按照耶基思－多德森法则，各种活动都存在动机的最佳水平。动机不足或动机过分强烈，都会使工作效率下降。换言之，当个人的动机水平处于一个最优值时，其工作效率是最高的；而当个人的动机低于或高于这个最优值时，其工作效率都不能达到最佳表现。所以，适度的压力是身心健康的保障。

名词解释

耶基斯-多德森法则

心理学家耶基斯和多德森的研究证实,动机强度与工作效率之间并不是线性关系,而是倒U形的曲线关系。具体体现在:动机处于适宜强度时,工作效率最佳;动机强度过低时,缺乏参与活动的积极性,工作效率不可能提高;动机强度超过顶峰时,工作效率会随强度增加而不断下降,因为过强的动机使个体处于过度焦虑和紧张的心理状态,干扰记忆、思维等心理过程的正常活动。

总之,压力对于个人来讲,并非都是坏事,人在最初面对生活挫折与困境时,首先体验到的是烦恼与焦虑,但如能积极化解,人所感到的就是力量与信心。危机这个词是由两个字组成的,一个是危,一个是机。由此,在任何危机当中都孕育着生机。压弹能力,就是架通危机转化为生机的桥梁。

压弹能力培养既要积极应对生活挫折与困境,学会化解压力,还要掌握住自己快乐的钥匙,学会幽默、多些宽容、积极乐观。

1)体验快乐,有主观幸福感

人生的快乐来源于哪里?代表了一代人梦想的拿破仑,得到了世界上绝大多数人渴望拥有的荣耀、权力和金钱,但他却说:“我这一生从来没有过一天快乐的日子。”海伦,美国残疾女青年,又聋、又瞎、又哑,可她却表示:生活是这么美好。你的快乐与否正是你的生活态度造成的!

体验愉快的情绪可以促进自我的“螺旋上升”。美国心理学家弗莱德逊曾说:“感觉好远远不等同于没有威胁,但它可使人们变得更好,更具有乐观精神和压弹能力,更与他人合得来”。主观幸福感的训练还可降低对诸如内疚、耻辱、悲伤、气氛、嫉妒等不愉悦情绪体验的感受强度,以减少压力中的应激状况。孔子曾言他“六十耳顺”,“耳顺”指的就是什么话都能听得进去。不管别人是捧你,还是骂你,你都能心平气和地对待,都不以此完全地肯定或是否定自我,这就是主观幸福感的突出表现。

2)培养乐观人格

乐观总是和积极向上连在一起,人们总是喜欢跟乐观积极的人交往。经常一脸愁云、烦恼焦虑,好像世上的倒霉事都让他碰上了,而且就他一个人的痛苦还非得让别人也受累,不仅自己伤神,还会影响周围的气氛。凡事乐观,好运自然来。乐观的人,人缘好;乐观的人,精力充沛;乐观的人,遇事想得开。过去的事情已经无法更改,而且已经过去了,根本没有必要再去懊悔;现在的事能做就赶快去做,不能做就让别人去做,也犯不着患得患失;将来的事还说不定,要靠你今天的努力,何必整天忧心忡忡。培养乐观人格就是要人学会“多角度看问题”,不断给自己挖掘可以乐观的理由。

3)学会幽默,掌握宽容

幽默可以使人在欢声笑语中化忧愁为欢乐,变尴尬为从容,最终使沉痛的心情变得开朗、豁达和轻松。哲学家把幽默视为“浪漫的滑稽”;医学家认为幽默是一种健康机制,是美容心理的良方;社会学家和心理学家把幽默看成有助于人适应社会的工具。幽默还可以很好地培养一个人的创意和智慧,有助于对问题的解决和对压力的释放。美国心理学界一直很看重幽默对应激的协调作用，而在中国却一直遭到忽视。为此，在大家的日常生活中，幽默尤其需要加强。多看幽默故事，练习幽默思维，练就幽默办法。

对人对己多一些宽容，要做到“三不要”。不要拿别人的错误来惩罚自己；不要拿自己的错误来惩罚别人；不要拿自己的错误来惩罚自己。

不要拿自己的错误惩罚自己。如果一有过错，就终日沉陷在无尽的自责、哀怨、痛悔之中，那么，其人生的境况，就会像泰戈尔所说的那样“不仅失去了正午的太阳，而且还将失去夜晚的群星。”压弹的能力，既要表现为对他人的宽厚容忍，不斤斤计较；也要表现为对自己的悦纳包涵，不过分苛求。

不要拿自己的错误惩罚别人。现实生活中，不少人为了让自己心情舒畅，总是去找别人的麻烦，给别人脸色看。压弹的能力是自己心境的调控。心平就气和，气和则柔，柔则顺，叫“柔顺”；顺则畅，叫“顺畅”；畅则快，叫“畅快”；快则乐，叫“快乐”。是你掌握着自己生活的“遥控器”，要学会随时将自己的心境切换到快乐频道。

不要拿别人的错误惩罚自己。表面上看来这么浅显的道理何人不知。然而，你细细观察一下社会上，这样的事情屡见不鲜：别人见死不救，我又何必见义勇为？别人贪污腐败，我又何苦自守清廉？别人男盗女娼，我又何必故作清高。你何尝不会这样拿别人的错误惩罚自己呢？正是这种惩罚，使你感到活得更累。产生痛苦的一个根本原因是欲望太多。欲望越多，心理压力越大。心胸放开些，眼光放远点。“宠辱不惊，闲看庭前花开花落；去留无意，漫望天际云卷云舒。”这便是压弹的境界。

第二节　驾驶员压弹能力训练方案

加强驾驶员压弹能力训练，对于提高驾驶员心理健康，保证驾驶活动安全性具有重要意义。驾驶活动是一项复杂的、高风险的活动，面对人多车多、交通拥堵等复杂的行车环境，驾驶员持续保持精神高度集中，并且只能采取坐姿在封闭狭小的空间内，双眼必须时刻瞭望前方，长期的强迫体位以及单调的驾驶环境极易使驾驶员产生驾驶疲劳，感受到较重的作业负荷压力。驾驶员的驾驶技术、情绪心境都会影响驾驶操作过程；另外，驾驶中可能出现各种意料之外的情况，驾驶员能否在最短时间内接受变化并采取灵活积极的措施应对这种变化，决定了是否能顺利完成驾驶任务。另外，在生活中可能会遇到很多困难，比如责任太重、钱不够用、和别人发生矛盾、难以作出决定、对过去感到后悔、患有疾病、与家人分离等等，这些事情会对驾驶员造成很大压力，甚至痛苦不堪。面对挫折和压力，培养压弹能力。

一、心理自测

适度的压力有助于提高学习和工作效率，但过度的压力会危害人的健康，人们所承受的压力适当与否可以通过测试表来了解。请用 10 分钟左右时间填写压力自测表，如表 6-1 所示，不要在每一题上花太多时间考虑，根据你的第一直觉做出反应即可。0 表示从未如此；1 表示很少如此；2 表示有时如此；3 表示经常如此；4 表示总是如此。填表结束后将所有得分相加得出总分。

压力自测表 表6-1

序号	评估项目	评估等级	序号	评估项目	评估等级
1	我受背疼之苦	0 1 2 3 4	26	我喝酒	0 1 2 3 4
2	我的睡眠不足,且睡不安稳	0 1 2 3 4	27	我很自觉	0 1 2 3 4
3	我有头疼	0 1 2 3 4	28	我觉得自己像四分五裂	0 1 2 3 4
4	我额部疼痛	0 1 2 3 4	29	我的眼睛又酸又累	0 1 2 3 4
5	若需等候,我会不安	0 1 2 3 4	30	我的腿或脚又酸又累	0 1 2 3 4
6	我的后颈感到疼痛	0 1 2 3 4	31	我的心跳过速	0 1 2 3 4
7	我比多数人更神经紧张	0 1 2 3 4	32	我怕结识人	0 1 2 3 4
8	我很难入睡	0 1 2 3 4	33	我手脚冰冷	0 1 2 3 4
9	我的头感到紧或疼	0 1 2 3 4	34	我患便秘	0 1 2 3 4
10	我的胃有病	0 1 2 3 4	35	我未经医师指示使用各种药	0 1 2 3 4
11	我对自己没有信心	0 1 2 3 4	36	我发现自己很容易哭	0 1 2 3 4
12	我对自己说话	0 1 2 3 4	37	我消化不良	0 1 2 3 4
13	我忧虑财务问题	0 1 2 3 4	38	我咬指甲	0 1 2 3 4
14	与人见面时,我会窘怯	0 1 2 3 4	39	我耳中有嗡嗡声	0 1 2 3 4
15	我怕发生可怕的事	0 1 2 3 4	40	我小便频密	0 1 2 3 4
16	白天我觉得累	0 1 2 3 4	41	我有胃溃疡	0 1 2 3 4
17	下午我感到喉咙痛,但并非由于染上感冒	0 1 2 3 4	42	我有皮肤方面的病	0 1 2 3 4
18	我心情不安,无法静坐	0 1 2 3 4	43	我的咽喉很紧	0 1 2 3 4
19	我感到非常口干	0 1 2 3 4	44	我有十二指肠溃疡病	0 1 2 3 4
20	我心脏有病	0 1 2 3 4	45	我担心我的工作	0 1 2 3 4
21	我觉得自己不是很有用	0 1 2 3 4	46	我口腔溃疡	0 1 2 3 4
22	我吸烟	0 1 2 3 4	47	我为琐事忧虑	0 1 2 3 4
23	我肚子不舒服	0 1 2 3 4	48	我呼吸浅促	0 1 2 3 4
24	我觉得不快乐	0 1 2 3 4	49	我觉得胸部紧迫	0 1 2 3 4
25	我流汗	0 1 2 3 4	50	我发现很难做决定	0 1 2 3 4

93分及以上:表明你确实正以极度的压力反应在伤害你自己的健康。你需要专业心理治疗师给予一些忠告,帮你减少你对压力的知觉,并帮助你改良生活的品质。

82~92分:表明你正经历太多的压力,这正在损害你的健康,并令你的人际关系发生问题。你的行为会伤己,也可能会影响其他人。因此,对你来说,学习如何减除自己的压力反应是非常重要的。你可能必须花许多时间做练习,学习控制压力,也可以寻求专业的帮助。

71~81分:表示你的压力程度中等,可能正开始对健康不利。你可以仔细反省自己对压力如何做出反应,并学习在压力出现时,控制自己的肌肉紧张,以消除生理激活反应。好老师对你有帮助,要不然你就选用适合的肌肉松弛录音带。

60~70分:表示你生活中的兴奋与压力量也许是相当适中的。偶尔会有一段时间压力太多,但你也许有能力去享受压力,并且很快回到平静的状态,因此对你的健康并不会造成威胁,做一些松弛的练习仍是有益的

续上表

49～59 分：表示你能控制你自己的压力反应，你是一个相当放松的人。也许你对于所遇到的各种压力，并没有把它们解释成为威胁，所以你很容易与人相处，可以毫无惧怕地胜任工作，也没有失去自信。 38～48 分：表示你对所遭遇的压力很不易为所动，甚至是不当一回事，好像并没有发生过一样。这对你的健康不会有什么负面的影响，但你的生活缺乏适度的兴奋，因此趣味也就有限。 27～37 分：表示你的生活可能是相当沉闷的，即使刺激或有趣的事情发生了，你也很少做反应。可能你必须参与更多的社会活动或娱乐活动，以增加你的压力激活反应。 16～26 分：依序以为你在生活中所经历的压力经验不够，或是你并没有正确地分析自己。你最好更主动些，在工作、社交、娱乐等活动上多寻求些刺激。做松弛练习并没有什么用，但找一些辅导也许会有帮助

二、心理训练

1.【心理训练】活动一：挫折的应对

目的：认识挫折与挫折反应，发挥团体力量探讨理性应对挫折。

操作程序：

(1)成员各自写出近一年来遇到的对自己影响最大的 5 次挫折，并标明当时的反应方式。

(2)按挫折的类型(工作事业、人际关系、健康等)分组，客观分析挫折反应方式在应对挫折时的积极和消极影响。

(3)讨论理性应对挫折方法，各组代表报告讨论结果。

(4)总结：挫折却总是不可避免，个体的心理承受能力不同，所以经历挫折后个体的心理反应各不相同，团体活动使驾驶员正确认识挫折，理性对待挫折。

2.【心理训练】活动二：压力问题脑力激荡

目的：认识压力的本质与种类，发挥团体力量探讨解决问题的有效办法与途径。

操作程序：

(1)成员各自填写生活中的种种压力，并写出最常出现的负面思考。

(2)分组列出压力最大的前三项事件，讨论有效适应和应对的方法。

(3)各组代表报告讨论结果。

总结：通过活动帮助驾驶员选择在生活中最适合的压力应对方法，拓展思路，群策群力，体验朋辈的支持。

3.【心理训练】活动三：我的生命线

目的：对过去、现在和未来的我做回顾、评估和展望，分析和体悟人生转折点。

操作程序：

(1)画一个坐标，横坐标表示年龄(时间)，纵坐标表示对生活的满意程度。

(2)找出自己生活中的一些重要的转折点、连成线。

(3)在小组中以坦诚的心情向他人介绍自己的人生。通过交流了解大家千差万别的人生经历。

(4)总结：以前的事已经发生过了，哪怕是再可怕的事件，已过去。你不可改变它，能够改变的是我们看待它的态度。一个人的成熟度，在于这个人治愈自己创伤的程度。过去是重要的，但它再重要，也没有此刻重要。活在当下，把握现在。

4.【心理训练】活动四:绝处逢生

目的:通过角色扮演、讨论,认识在面临困难、挫折时的观念和调整方法。

操作程序:

(1)热身活动(抓手):将受训驾驶员分成10人一组,围成圆圈,每个人伸出右手,掌心向下;同时伸出左手,食指顶在左边那人的右手掌心上。组织者开始说一段事先准备好的话,要求大家听到这段话中出现某个字或词(如听到“抓”字时),你伸出的右手要快速抓住左边人的食指,而自己伸出的左手食指要同时尽可能逃脱,以免被抓。

(2)讨论:

①你逃了多少次?被抓了多少次?

②你是否因反应错误而出现误逃和误抓的情况?

③为什么会出现反应错误?

④在游戏中你的体验是什么?

(3)小组中一位驾驶员扮演因父母离异,自己生活无着落,悲痛欲绝的角色,意欲自杀。请其他驾驶员列出理由劝说他放弃自杀念头。另一组中一位驾驶员扮演被告知身患绝症,准备自杀的角色,请其他驾驶员列出理由劝说他放弃自杀念头。

(4)总结:压力对于个人来讲,并非都是坏事。巴尔扎克说过:“苦难对于天才来说是一块垫脚石,对于能干的人是一笔财富,对于弱者是一个万丈深渊。”不经历风雨,怎能见彩虹,每个人需要在具体的生活实践中提高个人的压力化解能力。

5.【心理训练】活动五:你能拿得动吗?

目的:压力是可以管理的,学会调节,体会放下的力量。

操作程序:

(1)请几位驾驶员伸出手臂拿一杯水或其他重物,组织者问大家:“各位拿得动吗?”显然大家都没问题。

(2)如果拿一小时可能就觉得酸疼受不了,拿一天呢?这杯水的重量没变,如果拿得越久,就觉得越沉重。

(3)分小组体验分享活动感受。

(4)总结:如果我们一直把压力放在身上,就觉得压力越来越沉重而无法承受。我们必须放下这杯水,休息一下后再拿起来,这样才能拿得更持久。所以,要学会将压力适时放下,休息、调整之后,再重新拿起,这样就可以承担更久。压力是可以管理的,学会调节,与压力共舞,可以使我们更有耐受力。

6.【心理训练】活动六:辩论与赠送“名言”

目的:本练习旨在通过辩论会,使驾驶员了解挫折或者压力的积极意义和负面影响。帮助驾驶员了解、体悟更多的耐受压力和挫折的励志“名言”。

操作程序:

(1)随机分配,组成正方辩论组和反方辩论组。确定正方辩论组的观点是“挫折好”。确定反方辩论组的观点是“挫折不好”。

(2)要求驾驶员提前准备,收集材料,写成发言稿;摘抄一句或自编一句“名言”,主要内容是正确面对压力或者挫折。

(3)召开“挫折”辩论会,可按发言稿发言,也可不按发言稿讲,然后互相赠送“名言”。

(4)总结:驾驶员了解挫折或者压力的积极意义和负面影响。通过“名言”互送、讨论,了解、体悟了更多的耐挫的道理。

7.【心理训练】活动七:软化挫折

目的:引导驾驶员了解软化挫折的方式和方法,初步掌握两种简单易行的软化挫折的方式和方法。

操作程序:

(1)组织者介绍几种软化挫折方法。

①降温评价法。降温评价的基本点是在原先评价的基础上进行降温。例如:在运动会比赛中,摔伤了腿,夺冠的目标流产了。原先的评价是我失去了冠军,影响了公司的成绩,全公司的同事都会责怪我,领导也会责怪我。我对不起他们。降温评价是我已经努力了,我的同事都会理解我,领导也会理解我。

②角色扮演法。扮演心目中的“英雄”角色,以这样的角色面对挫折。

③音乐调节法。运用舒缓的乐曲,调节受挫情绪,平静翻卷的心海。当你心情不能平静时,可以听一听《春江花月夜》《二泉映月》等舒缓的乐曲。

④比较法。通过讲故事的形式,介绍古今中外历史上那些模范英雄人物战胜挫折的事迹,在每位驾驶员的心目中,树立一两位英雄偶像,并进行比较。在比较中,明白自己遇到的挫折真是微不足道的,要学习英雄人物,做生活的强者。

(2)每人至少运用 2 种方法对自己遇到的挫折进行软化处理,在小组内分享。

(3)总结:正确认识和对待挫折,是成功人生的必经之路。面对挫折,乐观对待,在挫折中得到成长。

8.【心理训练】活动八:胡萝卜、鸡蛋与咖啡豆

目的:通过趣味的形式、真实的情景给驾驶员内心以触动,从中获取适应环境、勇敢应对危机的力量。

操作程序:

(1)组织者请志愿者帮忙完成下列任务:把胡萝卜、鸡蛋与咖啡豆分别放进 3 个锅中煮。

(2)15 分钟后,关闭电源。把胡萝卜和鸡蛋放在碗里,把咖啡舀到杯子里。

(3)组织者带领大家讨论。这 3 样东西都面临同样的困境——沸腾的水,但“反应”各不相同。强壮、结实的胡萝卜变软了,屈服了;易碎的鸡蛋变坚强了,变坚韧了;咖啡改变了水(环境),并且散发出香醇的气息。面对压力与困境时,你是怎么应对的?

(4)总结:在驾驶员的生活工作中无时无刻不面临着环境的变化,在压力和困境面前,每个人的反应是不同的,导致的结果也因此迥然相异。

9.【心理训练】活动九:祸福相依,泰然处之

目的:通过听故事和讲述自己的类似经历,使驾驶员深刻领悟到遭遇变故与挫折的两重性,遇事不再抱怨,而是去寻找蕴藏其中的积极意义与机会;培养驾驶员的积极心态,提高挫折应对能力。

操作程序:

(1)组织者给大家讲“上帝和守门人”的故事,并请驾驶员按故事中的人物进行角色

扮演。

(2)讲完故事,组织者引导大家思考,你得到了什么启示?当你面临变故与挫折时,你习惯怎么想怎么做?

(3)你有过因祸得福的经历吗?联系到具体工作,故事的启发意义在哪里?听到身边的人抱怨吗?一般什么时候会抱怨?你的感受是什么?你的抱怨通常是什么?小组内分享。

(4)总结:压力、痛苦和磨难固然让人感到难受,但也正是在这历练之中,蕴藏着成长的机会!我们所拥有的,不论顺境、逆境,都是最好的安排。在顺境中感恩,在逆境中依旧心存喜乐。人生的事,没有十全十美。珍惜拥有,活在当下。

10.【心理训练】活动十:渐进肌肉放松练习

目的:通过紧张和放松的对比,循序渐进地放松全身的肌肉群,感受在压力环境中迅速放松。

操作程序:

(1)舒适地坐在椅子上,胳膊和手放在椅子的扶手或自己的腿上,闭上双眼。

(2)膈膜式呼吸放松。很多人呼吸不够深,学会用膈膜式呼吸能增加吸氧量。这种呼吸方法充分利用了肺的容量,使你可获得比正常的浅呼吸多七倍的氧气量。

现在用膈膜式呼吸三次:

用平稳的方式通过鼻孔呼吸,先深深地吸一口气,慢慢吐气,同时告诉自己随呼气达到完全放松。

吸气,让整个胸腔充满氧气;呼气,把“内在压力”从吐气中排出。

吸气……呼气,放松……借气排出压力。

(3)循环渐进地放松肌肉群。

注意听以下指示语,会有助于你提高放松能力。

①现在握紧拳头……越来越紧……感觉到拳头和前臂的紧张;现在放松,感觉整个暖流和松弛流过手臂,所有的紧张流出手指。

②再一次握紧你的拳头,体会一下你感觉到的紧张状况(P);然后放松,并想象紧张从手指消失……

③现在将肘部弯曲,绷紧二头肌……感觉这种绷紧状态(P)。好,放松,将手臂垂下……感受与紧张状况的差别……(PP)

④将注意力转向头部,请皱眉头……使劲眯眼睛,感觉前额和眼部的紧张(P)。好,放松,注意放松和平展的感觉流过眉目(PP)。

⑤好了,上下颚紧合在一起,并闭紧嘴唇(P)。好,放松……注意紧张和放松之间的对比(PP)。

⑥现在各部位一起做。皱上眉头,紧闭双眼,咬紧上下颚,抬高下巴,拉紧颈部肌肉,闭紧双唇……感觉到面部的紧张……(PP)好,放松,请全部放松……越来越放松。

⑦现在我们就移向颈部肌肉。将头紧靠在椅背上,感觉到颈部和后背的紧张……保持这种紧张(P)。放松,……让头部休息(P);再将下颌向胸前靠,将下巴接触到前胸。感觉颈前部肌肉的紧张(P)。好,现在放松……(PP)注意两者的差异,保持放松。

⑧现在,尽可能地把双肩向上耸……停顿……肩膀落下,一种放松的感觉传遍脖子,喉

咙和肩膀(P)。

⑨再尽可能把双肩往前举,一直感到肩胛骨肉后背肌肉被拉得很紧……保持姿势(PP)。好,放松……纯粹的放松(PP)。

⑩现在把肩胛骨往前推,腹部尽可能往里收,拉紧腹部肌肉,感受整个腹部都被拉紧,保持姿势。……好,放松……让呼吸自由平缓。吸气……停顿……呼气……呼吸自由平缓。每次气体呼出时注意放松的感觉……让紧张消退(PP)。

⑪现在轮到腿部,绷紧臀部和大腿……再绷紧……(PP)好,放松,感觉不同之处(PP)。

⑫双脚后跟紧靠向椅子,努力向下压,尽力使劲翘脚趾,保持姿势,感受腿部和脚部的紧张…(P)好,放松(PP)。

⑬好,深呼吸三次。把所有练习过的肌肉都拉紧,双拳和工头肌、前额、眼睛、嘴部、颈部、肩膀、腹部、腿部,保持姿势……(PP);好,放松……

⑭当你继续慢慢地,深深地呼吸时,感觉这舒适、温暖和深沉的松弛遍及你的全身……你可以调动全身做进一步的放松,释放体内剩余的最后的一点紧张度。放松脚……放松小腿……放松膝盖……放松大腿,放松臀部……到胸部……越来越放松。感觉到松弛,渗透进肩部……渗透进手臂,越来越深入……感受到脖子内部那种松弛和放松……颚部……继续慢慢地做深呼吸,你的全身有一种松弛、宁静、安详的良好感觉……接着,正常呼吸,享受你身体肌肉完全没有紧张状态(PPP)。

⑮放松和沉静现在结束。深吸一口气,慢慢睁开双眼身,是否感到轻松和充满活力。

(注:每个 P 表示停顿 5 秒)

(4)总结:身体对于压力的感知要比心理感受快得多。身体感知是了解压力和减轻压力程序的第一步。经历压力时你不可避免地会绷紧你的身体,进行渐进肌肉放松练习,只要躯体的反应改变了,情绪也会改变,紧张也会随即消失。

11.【心理训练】活动十一:读“心”书,助成长

目的:读经典书籍,用心去体会感悟。

操作程序:

(1)给每位驾驶员推荐 2 本书:《正能量》和《放下的力量》。

《正能量》是世界级心理学大师理查德·怀斯曼的顶级巨作,是一本排除负面情绪、传递正向能量的心灵成长之书,彼得·巴菲特、毕淑敏、威尔·鲍温等人强烈推荐,是深受 500 强企业员工欢迎、提振人心的幸福读本,风靡全球 80 多个国家。

理查德·怀斯曼严谨又趣味十足地阐释了“表现”原理与正能量之间的“亲密”关系,揭秘了什么样的行为模式可以影响人的信念、情绪、意志力。《正能量》一书通过一系列的训练方法,提升我们内在的信任、豁达、愉悦、进取等正能量;规避焦虑、猜疑、沮丧、消沉等负能量,它是一本能彻底改变人们生活、工作、行为模式的心理学著作。

《放下的力量》由美国心理学家道格拉斯·勒尔顿著,作者指出,压力虽无法避免,但我们可以学会“放下”。唯有懂得放下内心那些偏执的臆想与负面情绪,人才能在逆境中获得快乐。

积极地思考和行动,勇于直面今天的困难与挑战,就能得到肯定和理想的结果。这是一个看似很简单的道理,但真正拥有这种人生态度的仍是极少数。因为我们总是受困于忧虑、

空想、抱怨、自卑等诸多负面情绪,为自己制造了太多的包袱,让生活充满了障碍,并养成了消极避世的习惯。《放下的力量》将教人们如何用最简单的方法,直面自己的痛苦与挫折,告别偏执与消极,轻松化解工作压力,重拾积极生活的信心。让生活从此告别沉重和平庸,变得更加充实且富有激情!

(2)请驾驶员利用工作之余,认真阅读,用心体会。

(3)驾驶员写出读书心得并交流讨论。

(4)把驾驶员读书心得整理保存,汇集成册。

12.【心理训练】活动十二:观影疗心

目的:通过观看影片的形式,让驾驶员在欣赏电影的同时,体验不同的人生,增强对挫折与压力的理解和认识,获得自身心理的成长。

操作程序:

(1)给每位驾驶员推荐1部电影:《叫我第一名》。影片主人公布拉德·科恩患有先天性妥瑞氏症,这是一种非常严重的痉挛疾病,导致他无法控制地扭动脖子和发出奇怪的声音。因为这种怪异的行为,他从小被人误解,饱受别人的冷嘲热讽,甚至连自己的父亲都对他失望透顶。学校的校长发现了这点,并在一个公开的场合巧妙地帮他解了围,为布拉德·科恩打开了通往全新世界的一扇门。从那时起布拉德·科恩就希望成为像校长那样爱孩子的老师。

大学毕业后,布拉德·科恩怀揣儿时的梦想四处面试求职做老师,但是,校方人员总以他的症状为由而将他拒之门外。这让他感到很受挫折,但幸好有母亲一直支持他鼓励他,让他勇敢地面对生活,克服困难,在这过程中他也收获了浪漫的爱情。最后,经过了大约25所学校的面试后,终于有一所小学愿意聘请他担任有一年合约的二年级老师。而他与学生相处得非常融洽,最后被评选为年度优秀先进教师。

漫漫人生路上难免会遭遇各种挫折,但就像布拉德·科恩说的那样"永远不要让任何事影响你的人生""别让任何事情挡住你追求梦想的脚步,去投入工作,享受人生和坠入爱河。"

(2)请驾驶员利用工作之余,观看影片,用心体会。

(3)驾驶员写出观影心得并交流讨论。

(4)把驾驶员观影心得整理保存,汇集成册。

三、反思感悟

回顾并写下你曾经遇到的烦恼不快事件,你遇到过哪些挫折?你的压力来自何处?你是如何应对的?效果如何?

谁都会遇到挫折,压力也是无处不在。挫折使我们痛苦,但同时又是人生的一笔财富,直面挫折,认真地反思自己的行为,反思自己过去的错误,找到错误发生的原因与纠正和预防错误的办法,才会少走弯路,在挫折中成长,在压力面前振作精神,鼓起勇气,从压力中汲取力量,变压力为动力,培养压弹能力,战胜困难、增强自信,历经风雨见彩虹!

第七章　驾驶员的个性优化训练

人的个性是指在一定的先天生理基础上、在一定社会历史背景下所表现出来的独特的、稳定的和本质的个性心理倾向和个性心理特征的总和。个性倾向是促使人进行活动的基本动力,也是人的个性中最积极、最活跃的因素。它包括人的需要、动机、兴趣、理想、信念、世界观和价值观等内容,其中需要是个性倾向乃至整个个性积极性的源泉。个性心理特征是指人在各种心理活动过程中经常地、稳定地表现出来的心理特点。它是人的多种心理特点的一种独特的结合,比较集中地反映了人的心理面貌的稳定的类型差异。个性心理特征包括气质、性格和能力。

个性心理特征和个性倾向性是相互联系、相互制约的。人的能力、性格是在动机、理想、信念、世界观等个性倾向性的推动下形成、变化并且日趋稳定的。但是,个性倾向性又只有依赖于个性心理特征才能表现出来。个性心理特征和个性倾向性的有机结合,表现出个体的典型的心理活动,使个体的行为在时间上和情境上具有一贯性。

驾驶员个性是影响道路交通安全的一个重要因素。大量研究表明,驾驶员的某些人格特征在特定环境下极易构成危害,使得驾驶任务的复杂性增加,导致事故的发生。因此,国内外很多学者致力于驾驶员人格与交通安全关系的研究,取得不少成果。

第一节　驾驶员的需要和动机

需要是人的重要心理现象,是动机产生的源泉,也是推动人们从事各种活动、完成各项工作任务的动力。认真研究和掌握驾驶员基本需要及其特点,满足和激励正当合理的需要,控制不合理的需要,对于保证交通安全是非常必要的。

一、驾驶员的需要与交通安全

需要是个性倾向性的重要组成部分,通常以愿望、意向、动机、兴趣等形式表现出来,并通过外部行为使这种需要获得满足。当驾驶员符合社会需要的个体需要得到满足,便会产生积极的动因,增力的情感,坚强的意志,因而会促进交通安全。反之,如果这种需要不合理,则会产生消极的动因,减力的情感,薄弱的意志,因而会妨碍交通安全。

1. 驾驶员驾车过程中的需要

在实际生活中,需要总是多种多样的,形成一个需要结构。不同的驾驶员具有不同的需要结构,同一个驾驶员在不同的时期及环境下,也会产生不同的需要结构。驾驶员在驾车过程中多种多样的需要,大致体现为以下几个方面:

1)安全需要

安全是驾驶员的基本需要,但并不是唯一的需要。一般情况下,安全需要应当是驾驶员的第一需要。人在从事各项社会活动中,都应当考虑活动的安全性,但不同的活动,对安全需要的要求有很大差异。人在静态环境中,如学生坐在椅子上看书、人们坐在沙发上看电视等活动,一般不会有什么危险性。但是,在道路交通活动(动态环境)中,车辆运行状况与客观环境条件的不相协调,道路上各个交通元素之间在通行关系上的不相协调等矛盾的存在,随时会导致交通冲突,诱发交通事故,危及人的生命。这方面早已被血的事实所证明。

驾驶员需要结构中的多种需要之间往往会发生相互冲突和矛盾。例如,安全与自我表现这两种需要有时就是矛盾的。在有些场合采取不安全的做法比采取安全的做法更能引人注目,驾驶员可能为了自我表现而采取不安全的做法。安全与节省时间之间也必然发生冲突,采取安全的做法比采取不安全的做法要花更多的时间,驾驶员可能为了节省时间而采取不安全的做法。基于安全需要,新驾驶员在选择路径时,更倾向于选择环境复杂度不高,通行条件较好,驾驶难度小,道路熟悉等对驾驶技术要求不高的路径。在行为选择上,新驾驶员的安全需要处于较高水平,而对于具备一定经验的驾驶员来说,安全需要与其他需要往往会产生冲突。

交通管理部门始终认为,安全需要是道路交通活动中处于第一位的需要。因此,驾驶员的安全需要应该得到不断的强化,让行车安全成为驾驶员的第一个需要,这样,驾驶员安全行车意识才能牢固,安全行车才有保障。

2)速度需要

汽车作为一种快速交通工具,驾驶员都希望能快速安全行驶。驾驶员在高速公路上驾车,由于具备较好的道路条件,在本来已经以较高的车速(110 公里/小时)行驶的情况下,会产生进一步提高车速的需要(达到 130 公里/小时,甚至达到 150 公里/小时以上),即所谓的“越快越嫌不快”。

机动车在一般公路上行驶,当车速快的车辆在接近或跟随速度很慢的车辆时,车速快的车辆就会对前车的速度产生不满,产生超车需求,以满足其快速行驶的需要。从中也可看出,超车需要是驾驶员对速度的需要引起的。

机动车处于拥挤路段时,驾驶员会对行驶的车速极为不满,产生急躁情绪,易诱发违章、强行穿插等交通违法行为。当驾驶员驶离拥挤路段,进入通畅状态时,驾驶员提速的需要就更为强烈,容易产生超速行为。

3)时间需要

人的出行总是伴随着时间计划,每次出行都事先计划。诸如路上的运行时间,什么时刻到达目的地,是否容许迟到等与时间有关的内容。驾驶员在计划运行时间时往往依据近期交通状况来制订。例如,在限定的出行路径上,哪些路段或路口有可能出现堵塞,出现堵塞后延误时间是多少,能否在规定的时间到达目的地等内容,必须进行预测。如果驾驶员以正常的交通状态来预测行驶时间,而在实现出行的过程中,恰恰出现了异常交通状态,如堵塞状态,就会破坏出行前制订的出行时间计划,驾驶员首先预感到“可能要迟到了”,由此,时间需要将成为第一需要,特别是目的地到达时刻不能拖延时,这种时间需要变得更为强烈。

驾驶员出行前选择路径时,通常选择所需时间最短的路径。这也是时间需要的一种具体体现。

4）低耗需要

省时、省力、省油的需要也是驾驶员在驾驶中普遍具有的，他们总是希望选择最短的或最省时的路线，尽早到达目的地，完成驾驶任务。因此，越是时间紧迫，这种需要就表现得越明显、越突出。若是单位对油耗管理严格，还会产生强烈的省油需要，从而出现超速行驶、为了节油空挡滑行等驾驶行为。

5）运输任务需要

从事交通运输行业的驾驶员，其心理状态与行为往往受到运输任务的左右。例如，出租车驾驶员为了完成一天的营业额，必须完成足够量的交通运输任务。当驾驶员自身不适或极度疲劳时，也会坚持工作，这种心理状态很容易诱发交通事故。

6）自我表现需要

有些驾驶技能熟练的驾驶员，喜欢炫耀自己。他们往往在某种特定情形下，会有意识地展示一下自己高超的驾车技术。

7）通畅需要

驾驶员在驾驶过程中，道路的通畅、能顺利及时到达目的地的需要，是驾驶员普遍的、基本的心理需要。

驾驶员在交通出行过程中，即使时间需要不强烈，也希望在通畅的交通状态下行车。当某一车道或某一路段发生交通堵塞时，驾驶员就会选择未发生交通堵塞的车道，甚至绕远路。驾驶员选择绕远路，首先，基于对路网比较熟悉，绕行时间长度至少可以与堵塞时间长度相当。其次，驾驶员对车道或路径的选择，更多的是基于通畅需要。

8）不合理的需要

所谓不合理的需要，是指那些违背社会道德和法律规范的需要，其表现：

（1）为了个人多赚钱，经常超高、超重、超速行驶。

（2）虚荣心较强，不接受监督和劝告。

（3）有意侵犯他人的优先权，抢道行驶。

（4）对其他行驶的车辆进行报复。

（5）闯红灯，铤而走险等。驾驶员的无理需要导致的错误行为，很容易造成交通事故。

此外，驾驶员行车过程中的需要还有很多，如寻求刺激的需要、方便的需要、舒适的需要、赢得乘客尊重的需要等。这些需要在一定的诱因下，促使驾驶员产生相对应的驾驶动机。

2. 驾驶员的交通安全需要的特点与引导

1）驾驶员交通安全需要的特点

安全需要在人的各种需要中占有十分重要的位置。因为只有避免意外伤害，保障生命安全与身体健康，才能为满足其他需要提供基本条件。如果连生命健康都失去了保障，那么再高级的需要也无从谈起。因此，安全是生产和生活头等重要的大事。由于驾驶员职业的特殊性，交通安全需要更具有特殊的意义。一般来说，驾驶员交通安全需要具有以下几个特点：

（1）自我保护的需要比较强烈。由于现代交通事业突飞猛进的发展，车辆的增多，道路建设滞后，驾驶技术差和管理方面的原因，交通事故已成为世界一大公害。在这种情况下，促使驾驶员认真考虑如何预防或减少交通事故,保证行车安全已显得非常必要。

驾驶员的自我保护,一是指避免自我伤害,二是指避免他人伤害。驾驶员顺顺利利出行,安安全全地回家,加强自我保护,预防事故,成了工作与生活的第一需要。但是,我们也必须看到有的驾驶员交通安全需要的层次还比较低,没有把个人安全需要与社会需要联系起来,即仅把交通安全的需要看成是为了“自己不出事”,没有认识到保障交通安全是应该履行的责任和义务。只有自我保护的需要也是不全面的,作为驾驶员,不仅要有强烈的自我保护意识,更应该有强烈的保护他人的意识,把保证他人安全需要作为自己工作的一部分。只有把个人安全需要与他人安全需要及社会需要联系起来,才能真正树立安全观念,在心理上建立起持久的稳定的需要。

(2)交通安全需要不够稳定。有些驾驶员安全需要常常受客观外界环境和自身心理因素的左右,交通安全需要不够稳定,呈现时强时弱的状态,波动较大。例如,离半年或年终较近,即将评安全奖时,安全需要较为强烈,而平时则较为淡漠;心情好、情绪高昂时,容易把安全需要放在心上,心情欠佳、情绪低落时,则容易忽视;上级抓得紧或有交通警察监督时,能唤起安全需要,而当上级抓得不紧或没有交通警察监督时,往往置安全需要于不顾。这些都说明,驾驶员对安全需要还缺乏足够的认识,缺乏高度的自觉性。

安全不仅是驾驶员本人的需要,也是全家人的需要。所以,家庭的积极影响,能促使驾驶员强化安全需要的心理。上班前爱人叮嘱,孩子的期盼是能唤起驾驶员注意交通安全的意识。

(3)自我调节能力不强,不善于处理安全需要与其他需要的关系。有些驾驶员在安全需要与其他需要发生矛盾的时候,自我调节能力不强,不善于处理安全需要与其他需要的关系,有时为满足其他需要而忽视安全需要。例如,有的驾驶人只考虑多赚钱,把安全需要丢在一边;有的驾驶员不加节制的娱乐,拖着疲倦身体开车,这样容易导致事故的发生。

2)驾驶员交通安全需要的引导

驾驶员交通安全需要的引导,对驾驶员合理的而又有条件实现的需要获得满足,不合理的需要得到抑制。对属于合理但暂时不能实现的需要,要积极创造条件争取解决;引导驾驶员个人需要服从社会需要,提高思想觉悟,增强自我控制能力,把交通安全摆在第一位;增强个人责任感,驾驶车辆其实是个人责任感的一个综合反映。一个对个人、家庭、社会负责的人是不会危险驾驶的。所以,驾驶员要注意培养个人责任感,尊重生命,关注公共安全,自觉遵守法律法规,自觉维护公共秩序,对生命和法律常怀敬畏之心;发现自己情绪不稳定时要主动进行自我调节,保持良好心态;开车前做好车辆安全检查工作,行车中保持专注状态,摒弃消极情绪和外界影响,消除恐慌、侥幸等不良心理状态;多学习交通法规,多关注交通事件,多了解车辆性能,多提高驾驶技能;遇到紧急事件时保持冷静,沉着应对,及时采取有效措施,保证生命财产安全。

二、驾驶员的动机与交通安全

交通安全工作实践表明,驾驶员工作的可靠性,不仅受到驾驶技术水平、驾驶经验的影响,而且在很大程度上还受到驾驶员动机的影响。

动机是指为满足某种需要而进行活动的念头或想法。它是推动人们进行活动的内部原动力，是激励人们去行动以达到一定目的的内在原因，它引发人们从事某种活动，规定行为的方向。驾驶员的动机主要包括冒险和安全两个方面，一般而言，前者有可能导致交通事故的发生，后者则相应地减少交通事故的发生。

1. 驾驶员冒险动机及产生的原因

冒险动机是指明知有危险，但有强烈地闯一下的冲动。驾驶员在驾驶操作活动中，有时会面临冲突，如安全与高速、省时的冲突，安全与效益的冲突，安全与舒适的冲突，安全与自尊的冲突，安全与群体接纳的冲突等。如不能正确处理这些动机冲突，不把安全动机摆在重要的地位，甚至完全忽视，操作决策就会倾向于冒险。

驾驶员一方面不愿造成自己或他人伤亡，不愿因交通违法或出事故受处罚，注意保持行车安全，对人民的生命财产安全有高度责任感；另一方面，又想减少时间和精力的耗费，增加舒适感，能证实自己的能力和勇气，能引人注目和被人尊重。这种冲突的结果，表现为对奖惩价值所作的主观估计。如果把每个需要的满足称为奖励，把不满足称为惩罚，则可以对奖惩值进行主观估计，并称之为主观奖惩价值，即得到奖惩之前对奖惩所作的估计，实际得到的奖惩价值会影响今后对奖惩的估计。

在实际道路交通过程中，驾驶员所选择的任何反应，总是与各种不同的奖励和惩罚发生联系。例如，一个加速动作可能会节省时间（奖励），显得有魄力（奖励），引起车祸（惩罚），被交通警察罚款（惩罚）等。其中有些奖励或者惩罚对他来说意义更大些，另一些则意义较小些。把这些奖惩价值综合起来，就是他的主观奖惩价值。

在一般情况下，单独有主观奖惩价值，驾驶员还不会产生行为决策，他还要估计这些奖惩实现的可能性（主观风险率）。主观风险率是驾驶员通过对客观情况和自身能力两方面的认识和了解，并在此基础上确定自己所要采取的行动，与此同时，驾驶员对这个行动所包含的危险程度会作出主观估计，这种主观估计称为主观风险率。与之相对应的是客观风险率，即客观上发生事故的危险程度。

驾驶员产生冒险动机的主要原因有两个，一是主观风险率低于客观风险率。即由于驾驶员经验不足或错觉等原因，低估了客观情景和自己行为的危险性，导致思想上敢于采取实际上较为冒险的行为；二是与安全相冲突的某种需要过于强烈，使得满足于这种需要的主观奖励价值大大升值，促使驾驶员有意识地采取冒险行动去满足这种需要。

驾驶员的主观奖励价值和主观风险率事实上存在着多种交互作用。一般来说，动机、主观风险率、主观奖励价值三者的关系如下：

（1）动机的产生要以主观风险率为基础。如果主观风险率很高，即使驾驶员有某种与安全相冲突的需要，他可能不敢采取冒险行动。

（2）主观风险率对动机系统的影响并不总是占绝对优势。如果某种行为与极高的奖励价值有关，即使驾驶员估计到风险不小，也可能甘心冒险采取这一行动。

（3）在某种强烈的与安全有冲突的需要的驱使下，驾驶员的认知判断可能被扭曲，从而有意无意地低估了危险性。

在驾驶行为中，驾驶员可能已经估计到风险的大小，可又甘心冒一定程度的风险。这是由于驾驶员对危险的主观估计往往比客观存在的程度要低，其结果使驾驶员所采取的行为带有一定的风险性。当然，不一定是最危险的。所以，从多方面来看，主观奖励价值与主观风险率的力量对比决定了动机系统的变动方向。

此外,虽然冒险动机有可能会导致交通事故的发生,但是还存在有些冒险行为并不被交通管理人员发现,即不会受到惩罚的情况。从交通事故的发生来看,驾驶员做出冒险动作后,出事故受处罚的概率达不到100%。从交通心理学理论分析的角度看,假若驾驶员屡次采取冒险行为,既没有发生交通事故,又没有受到任何惩罚,则下一次驾驶员的主观风险率会更低。相反,一次真正的事故,足以抑制驾驶员今后的冒险行为。

2. 驾驶员的安全动机及培养

当驾驶员的主观风险率高于或接近客观风险率时,驾驶员就会产生安全动机。

驾驶员安全动机指驾驶员为获取某种目的的安全行车心理驱动力。根据弗鲁姆定理,动机 = 效价 × 期望概率,那么,驾驶员安全动机等于安全行车在其心中的价值与其对安全行车成功信心的乘积。

动机性质不同,推动力强度也不同。驾驶员动机一般分为指向活动性(如只想开车过瘾)、评价性(在完成任务后得到评价)、吸引性(对开车有个人爱好和兴趣)、群体激发性(与别人比较)、社会意义性(对人民负责、积极上进)。基于上述原理,要激发和强化驾驶员安全动机就应当扬长避短:

(1)要牢固树立"安全第一"的思想,提高驾驶员安全行车的效价。可结合思想政治教育、交通安全教育、算账教育(算政治账、经济账、家庭幸福账)和现场教育(到事故现场观看、分析,访问肇事者、受害者)等方法,帮助驾驶员从思想深处弄清安全行车的意义和车辆事故的危害,认识到交通事故的发生,不但从经济上给个人、集体和社会造成重大损失,尤其是对受害者各方精神上造成无法估量的打击。在肇事的瞬间,驾驶员即使死里逃生,精神上会形成终生难以弥合的创伤。

(2)要破除"事故难免论",确立"事故出自麻痹、安全来自警惕"的认识,提高驾驶员安全期望概率。要提高驾驶技能,摸索安全行车规律,增强安全行车信心。

(3)加强驾驶员安全培训,创造良好的社会支持氛围。

强调驾驶员安全驾驶技能和策略的培训,增强驾驶员的驾驶经验。随着安全驾驶技能和策略的培训,驾驶员的驾驶经验更加丰富,从而促使其主观风险率的估计更加准确,避免出现认知判断上的偏差。同时,社会压力对机动车驾驶员的驾驶动机有一定的引导作用。这里的社会压力是指驾驶员周围人群对其产生的某种态度或评价。驾驶员往往会为了周围人的肯定而采取某些冒险的行为;或者因为周围人的唆使而冒险,因此,在全社会建立提倡交通安全的意识氛围是十分必要和迫切的。良好的社会压力会促进驾驶员的主观奖惩价值评估发生积极的变化,从而走向有利于交通安全的一面。

第二节　驾驶员的个性心理特征

个性心理特征,就是个体在社会活动中表现出来的比较稳定的成分,包括人的能力、气质和性格等方面。这些因素分别对驾驶安全有着重大影响。

一、驾驶员的能力

能力是人顺利完成某种活动所必需的心理特征。

1. 自我评估能力

自我评估的能力是影响驾驶安全的一个重要方面。如果驾驶员对于自身的驾驶能力进行过高地评估,就可能成为危险的来源。人们从一般水平或者特殊水平上对自己的技能进行评估。对于一般驾驶技能的评估可以影响到驾驶员对行车速度的选择,例如,过高评估自己技能的驾驶员要比不把自己的能力看得很高的驾驶员更多地报告超速行为,或者发生更多的事故。仅有一到两年驾驶经验,认为自己的驾驶水平高于其他人的年轻驾驶员,要比认为自己的技能低于其他人的驾驶员有更高的事故发生率。

2. 驾驶的自我效能感

自我效能感并不是指实际的驾驶技能,而是指人们认为他们能够在未来的某个特定任务中表现如何。因此,自我效能感是对他们能够有效完成某一特定水平任务的能力的主观评估。在某一特定的情境中有着较强的自我效能的人会把他们的注意力和努力投入到任务要求当中,当遇到障碍以及困难的情境时,他们会更加努力,并且坚持更长的时间。

3. 与驾驶相关的其他能力

与驾驶相关的其他能力有:观察能力、反应能力、感知觉速度能力、选择与分配注意能力、注意和反应速度的恢复能力、预见性驾驶能力等,其他章节专门论述。

影响驾驶员能力的因素有很多。其中,驾驶经验是一个重要的方面。有经验的驾驶员要比缺乏经验的驾驶员更加擅长于把自我效能感调整到准确的水平上,有经验的驾驶员对于自我效能感有着更为稳定的总体认识,因此,他们对情境的评估也更加准确。在驾驶中遇到失误时,有经验的驾驶员更有能力对其进行矫正。因此,丰富的驾驶经验可以导致更好的驾驶行为表现。在澳大利亚,年轻的、缺乏经验的驾驶员只占到领取驾照的人群中较少一部分比例,然而,这些驾驶员却占到遭遇车祸和事故的人群当中相当大的比例。

二、驾驶员的气质

现代心理学认为,气质是一个人情感发生的速度、强度、稳定性以及活动灵活性上的特点总和,它是人典型的、稳定的心理特点。心理学按人的气质特点把人分为胆汁质、多血质、黏液质、抑郁质四种气质类型,同时指出大多数人具有混合型气质。

1)胆汁质驾驶员的行为特征

这种类型的驾驶员,在行为上表现出均衡性差,挑衅性强,脾气急躁,态度直率,言语、动作急速而难于抑制的特点。驾驶员驾驶车辆时,操作动作干脆有力,处理情况果断,经验丰富,严格要求自己的愿望很强烈,但这种愿望往往被自己的一时冲动所破坏,行车中易被对方不礼貌的行为激怒,一旦激怒将会做出危险的报复行动。工作特点是当他们情绪高涨时,能以极大的热情投身于工作,并有克服行驶道路上遇到的各种困难的决心。一旦他们对自己的能力失去信心时,情绪顿时低落,垂头丧气,在驾驶活动中,表现为超速行驶、争道抢行、强行超车等不安全行为。而且,他们还常会因为些小事,开斗气车,甚至互相排挤。绝大多数超速行车而不注意交通安全规则的驾驶员是胆汁质的人。在通过路口时,他们往往以较高的车速冲入路口,显得不管不顾,易造成交通事故及纠纷。在恶性交通事故中,这种类型的驾驶员比较多。

对胆汁质驾驶员的缺点错误,不要当面批评,不要用"激将"法。这类驾驶员不适宜长距离驾驶车辆,因为他们很难在长时间中保持良好的工作效率。

2)多血质驾驶员的行为特征

这种类型的驾驶员在复杂的道路交通条件下,表现良好;而在道路景观单调时,情绪不够稳定,而且在长距离的高速公路上行驶时,容易打瞌睡。驾驶车辆操作动作敏捷,反应较快,处理情况准确,行车中能坚持礼让,并乐于帮助其他驾驶员解决困难,遭遇紧急情况采取的措施也较有力,但不稳定,车辆驾驶的平顺性随着情绪变化有较大的波动,车速时快时慢,有时车开得十分平顺,有时马马虎虎,粗心大意,时常忽视对设备的定期检查;当别人讲奉承话或心情高兴时,经常忘乎所以的开快车,经常要小聪明蒙混对方或有关人员,对一些重要的情况观察得不细致导致行车中险情和小事故不断。

在易发生交通事故的调查中,多血质的人排第二。多血质的驾驶员,应注意锻炼和培养自己坚定顽强的意志品质,着重进行踏实、专一、不开快车等方面的教育,克服那种轻浮好胜的特点。

3)黏液质驾驶员的行为特征

这种类型的驾驶员在驾车过程中,能够自觉地遵守交通规则,很少出现交通违章。能够处理好其他交通参与者对自己带来的不便。驾驶车辆操作动作稳定自如,行车中不急躁,不开快车,车速具有较强的节奏性,遇到紧急情况时,能够有效地控制自己的紧张状态。这类驾驶员由于性子慢,在遇到紧急情况时,应变能力较差,决策和反应过程慢,对情况处理不够果断,对危险情况的处理,常因优柔寡断而坐失良机,不利于对情况的快速处理。这类驾驶员适宜在道路情况不复杂的条件下长途驾驶,而不适宜在情况复杂的条件下短途驾驶。

4)抑郁质驾驶员的行为特征

这类驾驶员多表现为行动迟缓,优柔寡断。驾驶车辆操作动作较正规,能严格按操作规程和交通规则驾驶车辆,车速会比较稳定,行车中有主动礼让的精神;但这种人处理情况有时会出现顾此失彼的现象,对一些交通情况观察得不够全面,思想较狭窄,致使处理意外情况时不知所措;行车中,情绪虽稳定,但一种意念产生后,就非要付诸实现,不易改变主意。一旦遇到超车、让车、会车不顺心而产生固执情绪时,便会强行付诸行动。心理承受能力和自我调控能力较弱,容易受各种压力所拖累而造成交通事故。在交通参与者调节彼此间通行关系的过程中,要求任何一方必须在最短的时间内决定自己的行为方案,并以确定的姿态展现给与其相关的交通参与者,很显然,抑郁驾驶员如果优柔寡断,就不利于调节通行关系,并易于导致交通事故。

这类驾驶员积极性低,易疲劳,工作效率不高,在紧张情况下尤其如此。因此,他们不适宜做特种车辆驾驶员,如救护车、消防车等。同时,抑郁质的人应及时作心理疏导和放松训练,多寻找一些释放压力的渠道,而不是将所有问题放在心里。

三、驾驶员的性格

性格是个人对现实的稳定的态度和习惯化了的行为方式。驾驶员的性格从不同方面影响着行车安全。一个合格的驾驶员要掌握熟练的驾驶技能,如果没有坚强的毅力、刻苦勤奋的优良性格是难以达到的;如果没有善于探索、努力钻研的性格特征,也不可能成为一名精通技术的优秀驾驶员;如果没有冷静、沉着、果断的良好性格特征,一旦遇到复杂、危险或意外情况时,就会表现为惊慌失措,不能恰当处理。驾驶员的不同性格特征对其驾驶活动有不同的影响。优秀驾驶员的性格,大多数具有热爱驾驶工作,关心他人,虚心好学,责任心强,法制观念强,情绪稳定等特点,这样的驾驶员在行车中心平气和,能做到安全行车。相反,性格孤僻、群众关系不好、情绪不稳定、易冲动、心胸狭窄、过度紧张的驾驶员,在行车中影响判断能力,容易发生交通事故。因此,驾驶员要心态平和,保持情绪稳定,才能确保交通安全。

1. 驾驶员的性格特征

1)驾驶员性格的态度特征

驾驶员性格的态度特征表现在:驾驶员对待交通法规和交通安全的态度、在调节通行关系时的态度以及对待自身的态度等。

驾驶员对待交通法规和交通安全的态度是一种对社会的态度。这直接影响到行车安全。一般表现为两种情况。其一是消极被动的,倾向于将其理解为对人的种种约束,而不能够从深层次去认识法规的真谛,在行车过程中表现在被动地、不情愿地去执行交通法规,反映出驾驶员以自我为中心,对他人和自身安全极度不重视,这往往是交通事故发生的重要原因。其二是对他人和自身安全高度重视,在任何情况下都能自觉地遵守交通法规,这是每一名驾驶员应该具有的良好性格特征。

驾驶员在调节通行关系时的态度,大致可以分为让行、先行和抢行等。不同的交通参与者要在同一空间(或某一空间点)或同一时间(时间点)获取通行权时,就会产生需要冲突。在解决冲突时,交通参与者具有不同的态度。有时,互相持同样的态度,如互相持“让行态度”,有时态度各不相同,一方持“先行态度”,而一方持“抢行态度”。在这些态度中,抢行危害性最大,抢行行为,通常会破坏客观上已经确定的通行关系,极易导致危险与交通事故。

在交通过程中,驾驶员对自身所持的态度,一般有谨慎与骄傲,自尊与自卑,自律与放任等。优秀驾驶员通常具有谨慎、自尊、自律等态度特征。不合格驾驶员具有骄傲、自卑和放任的态度特征。

2)驾驶员性格的理智特征

性格的理智特征是指在感知、记忆、思维等认识过程中所体现的性格特征。对于驾驶员来讲,它突出表现在感知方面的个性差异。驾驶员在感知方面的差异有:主动观察型和被动观察型;快速型和精确型。

(1)主动观察型和被动观察型。主动观察是指驾驶员有目的地、积极地获取与驾车活动相关信息的感知过程。主动观察型驾驶员比较注重信息的获取,努力避免交通违章、交通危险状态等现象的发生。驾驶员的感知差异与驾驶员的驾龄有关,一般来说,刚刚取得驾驶证的驾驶员对路况的信息感到生疏,而且缺乏规律性认识,往往比较紧张,怕出错,在上路驾车时往往倾向于主动观察;对于“驾龄”不长、经验欠丰富的年轻驾驶员来说,往往缺乏主动性观察,他们对于自己的反应能力往往过于自信。驾龄长的老驾驶员,经验丰富,有很强的交通预测能力,在感知上多呈现主动性观察。

被动型观察是指“某种信息”由于具有强烈的物理刺激直接作用于感觉器官而产生反应的过程。被动型观察不具有目的性,但它也会激发驾驶员的一系列心理过程及行为模式,对感知对象做出相应的反应。例如,驾驶员在高速路上正常行驶,突然看到路侧设置的醒目的限速标志或距离标志。驾驶员对“限速标志”的被动感知会产生新的心理过程,重新审核当前的车速,并有可能做出相应的调整;距离标志映入眼帘后,也会引发驾驶员对车间距离的注意。

(2)快速型和精确型。快速型驾驶员对于交通信息感知迅速,但是往往不细致,精确性差。感知的快速性,有利于在紧急情况突然出现时,做出快速反应。例如,在交通状态处于约束或拥挤时,驾驶员对于前车运行状态的突变,必须能够做出快速反应,才能避免追尾事故。

精确型驾驶员对于交通信息的感知较为准确,但需要较长的感知过程时间。感知的精确性有利于驾驶员培养准确地感知能力,这对于在险峻条件下驾驶车辆,保证运行中车辆与周围景物或其他交通元素保持适当的空间关系,是非常有益的。

3)驾驶员性格的意志特征

驾驶员在驾车过程中,需要具有对交通行为的自觉调节,以适应客观情景的需要。可从主动型与被动型、自制性与冲突性、果断性与优柔寡断性、沉着冷静与惊慌失措等方面进行考察。

(1)主动型与被动型。交通行为能够自觉地控制在与客观需求相一致的程度,这就是主动性调节。主动性调节的前提是驾驶员能够充分地认识活动的要领及交通规则的深刻含义。大多数驾驶员都能够自觉地遵守交通法规,这说明驾驶员对交通行为的控制,主要还是靠主动性调节。

被动性调节是在施加外界压力,如有交通警察值勤、路上装有监控等情形下,驾驶员往往迫于无奈,被动性地将行为控制在某种程度。

(2)自制性与冲动性。驾驶员在驾驶过程中,经常会遇到各种强烈刺激,例如,有人强行变道超车或突然横穿街道,造成危险局面,致使驾驶员不得不采取紧急措施。这时,有些驾驶员对于这种突发的、强烈的刺激会产生较大的情绪变化,并产生报复行为。而有些驾驶员对这种强烈刺激会产生抑制过程,在行为上保持沉默,依旧以自己特有的行为方式继续平稳地驾驶车辆。对于前者,我们认为他具有冲动性的性格,而后者具有自制力的性格。

(3)果断性与优柔寡断性。在驾驶员参与交通的过程中,经常会遇到行为趋向不确定的情况,对这类情况,驾驶员必须当机立断,行为趋向明确,切忌犹豫不决。如果驾驶员的行为趋向出现反复变化的情况,就很容易导致交通冲突。事实上,有些行人过街时被汽车碰撞,就是由于行人行为趋向的反复变化造成的。

(4)沉着冷静与惊慌失措。驾驶员遇到紧急情况时,会产生不同程度的心理反应。一般来说,缺乏实践经验的驾驶员,遇到紧急情况时,由于缺乏相应的体验或训练,往往会丧失行为能力,惊慌失措;实践经验丰富的驾驶员,由于先前具有这方面的体验,并在大脑中保留有特有的行为模型,受到紧急情况激发时,就会调用储存在大脑中的行为模型,从而具备一定程度的行为能力,即显得沉着冷静。

4)驾驶员性格的情绪特征

性格的情绪特征是指人在情绪活动中的强度、稳定性、持久性及心境等特征。例如,有的驾驶员的情绪活动一经引起,就比较强烈而难以用意志加以控制,表现为易受情绪的支配;有的驾驶员情绪体验比较微弱,能够冷静对待现实,善于用意志控制情绪;有的驾驶员情绪易于波动,而有的情绪比较稳定。

2. 驾驶员的性格类型及行为特征

1)理智型、意志型、情绪型

理智型驾驶员的性格结构中的理智特征占优势,主要表现为用理智来衡量一切,依据理智来支配自己的行为。意志型驾驶员的性格结构中意志特征占优势,主要表现为行为目的明确、自我控制力强、积极主动、果断、顽强。情绪型驾驶员的性格结构中的情绪特征占优势,表现为情绪体验深刻,行为易受情绪左右,对情绪控制和支配能力较弱。在实际生活中,典型的理智型、意志型、情绪型驾驶员人数较少,多数属于混合型驾驶员。

2)独立型、顺从型、反抗型

独立型驾驶员具有较强的独立性,不易受他人的意志干扰和左右,在驾驶活动中,他们往往表现为自信、果断,在危急和复杂情况下能应付自如。顺从型驾驶员,一般独立性差,易受暗示,从而服从他人,这种驾驶员在困难、危急情境中往往缺乏主见,表现为惊慌失措。特别是在道路交通情形复杂,又需要快速准确地做出决策时,他们的驾驶适应性较差。反抗型驾驶员易以自我为中心,喜欢把自己的意志、愿望强加于他人,往往表现为过分相信自己的能力。

3)内、外倾向性格

内倾型的人具有不善于交际、孤僻、有问题难以启齿、动作缓慢、应变能力差、内在体验深刻、办事力求稳妥、讲究条理、喜欢单独行动等性格特点。具有这种性格得驾驶员的显著优点是自我控制能力较强,较少出现交通违法。在良好的道路条件和交通状态下,从维护道路交通秩序、确保道路交通安全的角度考虑,内向型性格的人比较适合做驾驶员。但这类驾驶员的缺点是紧急情况的处理速度较慢。外向型的人具有喜欢社交、善于言辞、内在体验肤浅、办事粗枝大叶、寻求刺激、喜欢冒险、标新立异等性格特点。这类驾驶员经常有超速行车、在行车中为寻求刺激、甚至有意识地去破坏交通秩序等恶劣行为。

3. 容易引发交通事故的不良性格

研究证明,具有以下不良性格的人,容易引发交通事故:反应迟缓,遇事优柔寡断者;性格暴躁,感情容易冲动,不能自我控制者;遇事想不开;爱钻牛角尖者;观察事物不仔细,思考问题肤浅、草率、简单者;情绪变化太大,喜怒无常者;个性太强,太冲动任性者;不关心别人,不负责任,工作得过且过者;狂妄自大,强行超车或争道抢行者;安全意识淡薄,藐视法律尊严者。

我们把容易引发交通事故的驾驶员分为五种类型:

(1)霸王型。这类人属于危险一族,平时挺和气,一旦转向盘在手,立马变得兴奋、冲动,开霸王车、高速车。

(2)斗气型。这类驾驶员心胸狭窄,一旦被他人超车,便按喇叭,直接把马路当竞技场。

(3)无知型。这类驾驶员高度以自我为中心,连起码的交通法规都不懂。

(4)马大哈型。这类驾驶员对自己的车辆实行不维护、不检查、不维修的“三不主义”，哪怕喇叭不响、制动失灵，也敢照开。

(5)自责型。这类驾驶员胆子小，遇事不果断，经常造成其他车辆的误会，因而导致车祸。

4.驾驶员性格的完善

机动车驾驶人应具备的良好性格品质与驾驶活动的特点和要求紧密相连。对驾驶活动影响较大的性格品质有以下几种。

1)沉着冷静

所谓沉着冷静，是指镇静，遇事不慌、不乱，不感情用事。驾驶员的沉着冷静表现为行车从容不迫，有条不紊，尤其是情况紧急时能情绪稳定，判断准确，果断抉择。沉着冷静对机动车驾驶员特别重要，主要表现在他使驾驶员能心平气和地行车，在遇到特殊情况时能恰当处理，化险为夷。

2)宽容大度

所谓宽容大度，是指胸怀宽广，有气量，不过分的计较和追究。驾驶员的宽容大度表现为顾全大局、不计较小事，在非原则问题上能忍让，表现为“吃得下、睡得香”“拿得起、放得下”。在对方无理，我方有理时，也不盛气凌人，以无理对无理，而是以有理对无理。宽广的胸怀是驾驶员保持乐观情绪的最佳心理品质。

3)正直诚实

正直是指公正、坦率；诚实是指忠诚老实，实事求是，不弄虚作假。驾驶员的正直诚实表现为做事公正，有原则，对人真诚，不虚伪。正直诚实的性格品质有助于驾驶员正确处理好和领导、同事之间的关系，建立和谐的人际关系。

4)自信果断

自信就是相信自己的力量，深信自己能完成所交给的任务。果断就是不犹豫。驾驶员的自信表现为相信自己能胜任驾驶工作，能顺利完成交给自己的任务。自信有助于他们调动自身积极性，全身心地投入到驾驶工作中，使注意力集中，思维敏捷，各方面能力都得到发挥。驾驶员的果断表现为遇事不瞻前顾后，不优柔寡断，能迅速采取决策。果断有助于驾驶员正确处理行车中出现的各种意外情况。

5)谦虚进取

谦虚就是虚心，不自满。进取就是要求学习，上进。驾驶员的谦虚进取表现为虚心听取别人的意见，虚心向有经验、技术高超的驾驶员学习，服从领导安排和调遣。驾驶员的进取表现为不断学习驾驶理论和驾驶技术，努力提高自己的文化知识水平，积极锻炼和塑造自己良好的性格品质。

一般来说，具有良好性格特征的驾驶员，在驾驶活动前，其心理活动表现为：情绪饱满、精力充沛，对即将完成的驾驶任务有充分的信心，对所要完成的任务有清醒的认识，能控制自己有条不紊地做好出车前的各项准备，出车后表现为：善于总结优点，克服缺点，积累经验。相反，具有不良性格特征的驾驶员则表现为：情绪紧张而不稳定，难以控制，注意力难以集中，有的则表现为态度冷漠，无精打采，对完成任务信心不足或没有信心。

第三节 事故倾向性与驾驶员的人格特质

大量研究表明，驾驶员的某些人格特征在特定环境下极易构成危害，使得驾驶任务的复杂性增加，导致事故的发生。因此，国内外很多学者致力于驾驶员人格与交通安全关系的研究，取得了不少成果。

一、事故倾向性理论

驾驶员的人格特点对于交通事故的影响可以追溯到法默和钱伯等人提出的“事故倾向性”理论。他们研究表明，由于人与人之间的个体差异，使得车祸往往集中发生在某一类人的身上，某些人由于具有某些个性特征，因而比其他人更易发生事故。也就是说，在相同危险程度条件下连续工作的一群人中，事故总是集中地发生在少数人身上的这一现象，即“事故倾向性”。

1919 年，英国统计学家格林和伍兹在分析军需工厂女工事故时，发现在相同时期，同样危险的工作环境下，98 名女工中有 5 名女工发生了 4 次以上的事故，于是发表了“人类中存在一些事故多发者”的研究报告。几年后，英国纽博尔德对 13 类有关工作的工人进行了调查研究，发现同样是少数人发生了半数以上的事故，从而证实了格林和伍兹的报告，指出“人类中存在一些比别人更容易发生事故的具有某种特质的人”，1939 年，英国心理学家法默和钱伯在上述研究的基础上，提出了“事故倾向者具有对事故杂合性的个人特性”的假想，并把它叫作“事故倾向性”，这是事故倾向性概念的正式提出。

此后，各国研究人员对此进行了大量研究，在美国康涅狄格州调查了 330 名驾驶员，发现 6 年内 4% 的驾驶员发生了 36% 的事故。1960 年日本长塚研究发现事故组的反应时间比无事故组短，但错误反应次数增多，金会庆等对合肥、西安、济南等地 3548 名驾驶员的事故调查也发现事故倾向性驾驶员的存在，占驾驶员总人群的 6% ~8%，并对事故倾向性概念进行了修正，认为事故倾向性是指一定时期，特定环境下，具有诱发事故的潜在心理、生理素质的特性，提出了特性—环境—时期三维模型。

早期研究主要从体格、感觉运动、运动协调性等方面的测量来探讨事故致因，1936 年弗兰德斯(Flanders)采用弗洛伊德的创伤性宣泄描绘事故倾向者的特征，从此开始将人格特性引入到事故驾驶员的研究，发现了很多事故倾向性驾驶员的个性特征，揭示了驾驶员的人格特征与交通事故的关系。

驾驶员的一些人格特质对危险驾驶行为和交通事故有一定的预测作用，心理学研究者往往使用大五人格量表、艾森克人格问卷(EPQ)、驾驶行为问卷、卡特尔 16 种人格因素问卷(16PF)量表等，来研究驾驶员人格与危险驾驶行为之间的关系。

维纳布尔斯采用艾森克人格问卷(EPQ)对事故驾驶员和安全驾驶员测试，发现两组人群的神经质分量表得分差异显著，事故驾驶员在内、外向分量表上的得分倾向于两个极端，即极端内向和外向，克拉斯克等的研究同样证实事故率与外向性格显著相关。

金会庆等采用 EPQ 测试也发现，事故驾驶员和安全驾驶员两组人群神经质、内外向、精神质得分差异均显著，认为高神经质和精神质及偏外向特征是诱发事故的重要因素，通过对赵长城等619名被试者的研究,发现外向性格者比内向性格者更容易肇事。随着外向程度的增加,肇事的可能性增大,随后对64名被试者的进一步研究发现,内外向性格与引发事故的不安全行为密切相关,随着外向程度的增加,出现不安全行为的概率显著增大。而内向性格者的不安全行为则很少。

布朗对经常违章的驾驶员和安全驾驶员采用卡特尔16种人格因素问卷(16PF)测试,发现安全驾驶员更多表现为稳定性高、敏感、紧张程度高、爱思考、冷静等特点,而违法者更富有实验性和抽象思维,但是容易冲动、紧张、喜幻想、猜疑。杨群采用卡特尔16种人格因素问卷(16PF)和明尼苏达多相个性调查表,对南昌市94名驾驶员进行了测定,结果表明事故驾驶员稳定性低、独立性低、乐群性高、社会责任感弱、外显性焦虑高、防御性心理弱;张长军等采用卡特尔16种人格因素问卷(16PF)对226名机动车肇事驾驶员和187名非肇事驾驶员进行调查,结果表明肇事组在稳定性、乐群性、恃强性、兴奋性、敢为性5个方面得分低于非肇事组驾驶员,在怀疑性、忧虑性、独立性3个方面得分高于非肇事组驾驶员。

二、与驾驶相关的人格特质

交通心理学往往以特质为研究途径,关注驾驶员的一些人格特质对整个人格表达的决定作用,很多特质在交通环境中生来就比其他特质更危险;拥有这些特质的人,或者特质不平衡的人,对他人和自己来说都具有极大的危险性,研究者已经找到了一些能够区分驾驶员和加深对其人格理解的核心特质:感觉寻求、攻击特质和冲动型人格并且发现它们对危险驾驶行为具有明显的预测作用。

1. 感觉寻求

1)感觉寻求概念

感觉寻求是最能有效预测危险驾驶行为的人格特质,它是一种寻求新奇、复杂多变和高强度的感觉刺激和极端体验的特质,个体甘愿在身体、社会、法律和经济方面冒险,朱克曼(Zuckerman)指出,驾驶为感觉寻求者提供了一个绝佳的机会,能够满足他们对内在唤醒、兴奋、危险、速度和竞争的欲望。

2)感觉寻求测量

感觉寻求的测量一般使用朱克曼感觉寻求量表,该量表包含40个条目和4个分量表;4个分量表为:厌烦易感性量表,刺激和冒险寻求量表,无抑制量表,经验寻求量表。研究发现,感觉寻求量表的测试结果在时间上是相对可靠有效的,这说明,该量表测量的是一个稳定的人格特质,而非一段时间内的状态。特别需要注意的是,在实际研究中,因为文化差异,研究者一般只使用感觉寻求量表的一部分进行测量。

阿尔特编制了另一个使用比较广泛的感觉寻求量表,该量表的条目由各种危险行为组成,根据感觉新奇性和模拟强度,分为两个分量表,该量表同朱克曼感觉寻求量表一样,能够有效预测危险驾驶行为。

3)感觉寻求与危险驾驶行为

感觉寻求与莽撞驾驶等危险驾驶行为呈正相关,感觉寻求同追尾、超速、不使用安全带、危险超车、酒后驾车、吸食大麻后驾车和对交通法规的漠视有关。感觉寻求也促进了驾驶员危险驾驶模式的形成,如:攻击驾驶,而且这种趋势在那些准备学车的高感觉寻求者中也比较明显。此外,感觉寻求也有积极作用,感觉寻求高的驾驶员,车辆碰撞事故少,他们对自己的驾驶技能很有信心,这使得他们在危险情景中的发挥相对比较出色。

2. 攻击特质

1)攻击特质概念

根据攻击动机理论,攻击特质指驾驶员攻击倾向强烈,攻击水平高,而且攻击现象发生比较普遍,驾驶员攻击特质,往往导致驾驶攻击。驾驶攻击指在驾驶环境中,驾驶员倾向于对他人的身体、心理和感情进行伤害的行为。驾驶攻击主要包括:大吼、咒骂、按喇叭、冲突和超速等。

2)攻击特质测量

很多个人的、社会的、认知的和环境的因素可以预测驾驶攻击,很多研究者试图从意图和动机上认识驾驶员的攻击特质,但是,他们很难准确地定义攻击意图和动机,因此,他们无法使用自我报告量表对驾驶员的攻击特质进行直接理论测量,在实际研究中,攻击特质一般是通过对愤怒特质的测量来间接评估的,在跨文化研究驾驶员攻击特质是否具有泛化普遍性时,需要注意:不同的文化背景对一些攻击性行为的解释不同,例如,驾驶员按喇叭在欧洲北部一般被认为是攻击性的,而在欧洲南部却是传达信息的意思。

3)攻击特质与危险驾驶行为

攻击特质同一系列危险驾驶行为相联系,先天性的内在攻击特质能够预测驾驶愤怒和攻击反应,攻击特质也能预测驾驶员的交通违法行为:具有攻击特质的驾驶员更可能违反交通法规,并且低估他们违法的频率。攻击特质与交通事故的关系比较复杂,有研究者认为,攻击特质与交通事故之间的关系可能是间接的,因为它通过影响驾驶风格而起作用。其他研究者则报告了攻击特质对交通事故的预测作用。

4)攻击与愤怒的关系

驾驶员攻击特质和愤怒特质之间的关系密切,并且不同的交通情景会导致不同的愤怒和攻击模式,驾驶愤怒往往也导致驾驶攻击,也可能导致非攻击性的危险行为,如:超速、快速改道等;而且驾驶员愤怒的水平越高,攻击性行为越多。在未来的研究中,研究者需要关注怎样帮助易怒驾驶员改善他们的情绪体验,来减少攻击行为,例如,媒体对文明驾驶的宣传是降低攻击性驾驶的有效方法。

3. 冲动型人格

冲动型人格与感觉寻求型人格在概念上有一些类似,然而,冲动型人格更侧重于一个人对其思想和行为的自我控制。由于驾驶员对其行为缺乏自我控制,他更有可能卷入危险的驾驶行为中,例如,酒后驾驶,不系安全带,驾驶行为削弱,感知交通信号的能力削弱,并因此有更高的事故发生率。冲动型人格还与攻击性驾驶行为有一定相关。研究人员对270名驾驶员调查发现,有冲动、攻击性倾向的人在驾驶过程中容易愤怒,并采用攻击性方式驾驶。

4. 其他人格特质

人格结构的五因素分别包括:外倾性、神经质、责任心、宜人性和开放性。使用大五人格量表进行的研究发现:外倾性与机动车辆事故以及交通违规现象有关;神经质与车辆交通事故,攻击性驾驶以及驾驶厌恶有关;责任心与交通事故和交通违规反向相关。

第四节　驾驶员的驾驶风格

驾驶风格的研究开始于20世纪90年代。近年来,由于恶性交通事故的频繁发生,驾驶风格对驾驶行为的影响越来越受到社会和研究者的重视。它逐渐成为交通心理学新的研究热点之一。驾驶风格是一个新的驾驶行为评定指标,可以对驾驶行为作出整体性解释。

一、驾驶风格及类型

1. 驾驶风格概念

驾驶中导致交通事故的人的因素主要由两部分组成:驾驶技能和驾驶风格。驾驶技能指驾驶员控制汽车和对复杂的驾驶环境作出安全适应性反应的能力,驾驶技能随着驾驶经验的增加而提高;驾驶风格指一个人选择开车的方式或习惯性的驾驶方式。它包括驾驶员注意力、自信的习惯性水平,对驾驶速度、行车间距的选择等;驾驶风格受到同驾驶有关的态度和信念的影响,也受到驾驶员的一般需要水平和价值观的影响。

2. 驾驶风格的类型

研究者从不同的角度和不同的研究工具对驾驶风格的类型进行了研究,如塔博曼·班阿瑞采用多维度驾驶风格量表(MDSI)区分了4种比较广泛的驾驶风格:

(1)冒险型驾驶风格,指故意违反安全驾驶规范,驾驶时寻求刺激,具有速度快、非法超车等特点。

(2)焦虑型驾驶风格,指驾驶时的感觉、情绪受到警觉、紧张影响,并伴随着驾驶过程中无效的放松活动。

(3)愤怒型驾驶风格,指在道路上有激惹、暴怒、敌对的态度和行为,并伴有攻击性行为倾向,如,诅咒、向其他驾驶员频繁闪灯(挑衅)。

(4)谨慎型驾驶风格,指一种适应性风格,包括事前规划、注意路面信息、耐心、谦让、冷静并服从交通管理。

二、驾驶风格测量

驾驶风格与驾驶行为,尤其是与危险驾驶行为关系密切。2000年以前的研究中,驾驶风格的测量往往同驾驶行为、驾驶认知、驾驶态度的测量结合在一块,并且主要以自我报告的量表作为基本研究工具,如,驾驶员行为问卷(DBQ)、驾驶员行为量表(DBI)、驾驶违规态度量表(ADVS)等。最重要的是,研究者对驾驶风格和驾驶行为没有作出严格的区分,而且也没有揭示出驾驶风格和日常驾驶方式之间的关系。

近十年来,国际上对驾驶风格的研究进入飞速发展阶段,并出现了一些专门研究驾驶风格的测量工具。

1. 多维度驾驶风格量表

塔博曼·班阿瑞与同事编制了多维度驾驶风格量表。该量表共44个条目,能解释所研究驾驶行为56%的变异。它包括八个维度:分心(驾驶中分心、认知分离)、焦虑(紧张、缺乏信心)、冒险(危险决定、感觉寻求)、愤怒(对他人有敌意)、速度(速度快、有时间紧迫感)、痛苦减轻(使用放松活动减轻痛苦)、耐心(有礼貌、规划行程)、小心(准备应对意外、解决问题)。

多维度驾驶风格量表是一个6点评定量表,要求驾驶员选出与他们驾驶时的感情、思想和行为最符合的一个评定程度。评定程度有6个等级,从"根本不符合(1)"到"非常符合(6)"。多维度驾驶风格量表的结构和效度都非常好,具有很好的实用价值。

在我国,孙龙等人对多维度驾驶风格量表进行了本土化的修订,修订后的驾驶风格量表有五个因素:感觉寻求,指驾驶过程有危险决定;焦虑,指驾驶过程中紧张、担忧、缺乏信心;愤怒,指对他人有敌意、有攻击行为;分心,指驾驶过程中认知分离,有分心活动;冒险,指驾驶速度快、焦躁、有时间紧迫感。修订版量表保留冒险型(包括感觉寻求和冒险两个因素)、愤怒型(包括愤怒因素)和焦虑型(包括分心和焦虑两个因素)三种驾驶风格。为检验修订版多维度驾驶风格量表在我国驾驶员测量中的信度、效度和适用性,采用"滚雪球"方法在全国20个大中城市先后分两次选取总共655名驾驶员参加本次研究,结果表明:修订后的驾驶风格量表各因素与总分的相关系数在0.60~0.77之间,$P<0.001$。量表总的内部一致性系数为0.86,各个因素的内部一致性系数在0.70~0.82之间。修订版驾驶风格量表具有良好的信度和效度,可以作为今后进一步研究的测量工具。

2.驾驶风格问卷

驾驶风格问卷是另一个经常使用的研究驾驶风格的量表。该问卷有6个维度:速度、沉着、计划、专注、社会支持和违规行为。研究者使用驾驶风格问卷研究了驾驶风格、驾驶决策类型与交通事故的关系,并提出了一个关于三者关系的经典模型。

驾驶风格问卷在早期驾驶风格研究中扮演着重要角色,并为后来很多量表的编制提供了结构蓝图。Ishibashi等人在仔细研究了驾驶风格问卷的基础上,提出了一个新的驾驶风格问卷。新驾驶风格问卷共40个条目,其中有16个条目直接来自驾驶风格问卷。它包括八个维度:自信(对驾驶技能自信、操作熟悉)、犹豫(有回避驾驶倾向、偏爱顺畅的大道)、冒险(想要更快、焦躁)、计划(有条不紊、操作规范)、安全(遵守交通法规)、自我形象(汽车保养、地位象征)、分心(喜怒无常、粗心)、焦虑(担心事故发生)。新驾驶风格问卷是一个4点评定量表,评定程度从"完全没有(1)"到"经常有(4)"。新驾驶风格问卷的应用远不及多维度驾驶风格量表,其有效性和实用性还有待进一步研究证实。

三、驾驶风格的影响因素

每一种驾驶风格都对应着一个由人口学因素、人格因素和动机因素组成的独特的"集合"。这些因素包括:年龄、性别、受教育水平、内外控倾向、感觉寻求、攻击性、焦虑等。

1)年龄因素

年龄同驾驶风格关系紧密。年龄同多维度驾驶风格量表中的小心、耐心维度得分呈正相关;同愤怒、焦虑、冒险和速度维度得分呈负相关。年轻驾驶员一般以冒险型驾驶风格为主。他们的驾驶风格同他们的思维方式有很大关系,而且受到他们的态度、信念和驾驶决策的影响。此外,随着年龄的增长,驾驶风格可能会产生一定程度的变化,适应性驾驶风格(小心、耐心)增多,不适应性驾驶风格(冒险、愤怒、分心)减少;而且驾驶员的年龄越大,他们的驾驶风格向谨慎型转变的倾向越大。

2)性别因素

男性和女性驾驶员在驾驶风格上具有很大的不同。男性驾驶员的驾驶危险性要远大于女性,他们的驾驶风格以冒险型和愤怒型为主;女性驾驶员的驾驶风格以焦虑型和谨慎型为主。塔博曼·班阿瑞使用多维度驾驶风格量表对驾驶风格进行的研究发现:女性驾驶员在分心和焦虑维度上得分高,而男性驾驶员在愤怒和冒险维度上得分高。

3)人格因素

驾驶员人格特质与驾驶风格关系紧密。高自尊同多维度驾驶风格量表中的小心维度得分呈正相关,同莽撞维度得分呈负相关;感觉寻求同莽撞维度得分呈正相关;焦虑特质和神经质同焦虑维度得分呈正相关,同小心维度得分呈负相关。谨慎维度则反映了驾驶员适应良好,驾驶更安全。冒险型和愤怒型驾驶风格同宜人性,责任性呈负相关;谨慎型驾驶风格同宜人性,责任性和开放性呈正相关;焦虑型驾驶风格同神经质呈正相关,同责任性呈负相关。这从侧面解释了为什么男性和年轻驾驶员的驾驶风格主要是冒险型和愤怒型的原因。即:冒险型和愤怒型驾驶风格同大胆、感觉寻求、自信、心胸狭窄、不关心他人有关。内外控倾向通过驾驶经验的中介作用而影响驾驶风格。内外控倾向与多维度驾驶风格量表中的分心、焦虑和痛苦减轻维度得分呈正相关。驾驶员越外向,越可能是焦虑型驾驶风格。此外,驾驶员的 A 型性格测试得分高对危险性驾驶风格也具有一定的预测性。

4)家庭因素

驾驶行为在父母和子女之间具有很高的家族传递性。父母的驾驶风格会对子女的驾驶风格产生最直接的影响。父母和子女的驾驶风格具有很高的相似性和遗传性,即:父亲与儿子的驾驶风格,母亲与女儿的驾驶风格比较相似。塔博曼·班阿瑞使用驾驶陪同态度量表和多维度驾驶风格量表进行的研究发现,父母驾驶陪同态度量表测试得分与儿女驾驶陪同态度量表测试得分呈正相关。父母非适应性驾驶风格,高事故卷入率与儿女在驾驶陪同态度量表中的驾驶紧张、驾驶回避、驾驶反对和驾驶焦虑等维度上的得分均呈正相关。说明,父母在促进儿女安全驾驶态度、安全驾驶行为的形成方面影响巨大。此外,夫妻之间的驾驶风格比较接近或比较相似。这可能是他们共同的生活环境,相似的处事风格等因素造成的。

5)其他因素

除了以上影响因素之外,研究者也发现其他影响驾驶风格的因素,如:驾驶员的受教育水平、驾驶时使用手机、酒后驾驶、不同的休闲活动等。驾驶员受教育水平越高,他们越容易在驾驶中感到焦虑,并采用减轻痛苦的相应驾驶风格。驾驶时使用手机在一定程度上会影响驾驶员的驾驶风格,进而导致更多的交通法规和操作错误。酒后驾驶是年轻男性驾驶员冒险型驾驶风格的一个成分,而中年男性驾驶员酒后驾驶却是他们危险生活方式的一个组成部分。此外,不同类型的休闲活动对 18 岁和 28 岁驾驶员的驾驶风格(惊险、焦虑和愤怒)的影响是不同的。高频率的朋友来往交流(18 岁组)和吸烟、吸食毒品(28 岁组)均同驾驶风格惊险和愤怒两维度得分呈高相关。

第五节　驾驶员的个性优化训练方案

一、心理自测

1.【心理自测】测试一：气质类型测试

气质类型测试表，如表 7-1 所示。

气质类型测试表　　表 7-1

指导语：请仔细阅读下面每一个句子，根据与你的符合情况，从“完全符合”“比较符合”“一般”“比较不符合”“完全不符合”做出选择，答案无对错之分，请如实回答，回答时不要太费时考虑，也不要讨论		
序号	测评题目	选　项
1	做事力求稳妥，一般不做无把握的事	□完全符合　□比较符合 □一般　□比较不符合　□完全不符合
2	遇到可气的事就怒不可遏，想把心里话全说出来才痛快	□完全符合　□比较符合 □一般　□比较不符合　□完全不符合
3	宁可一个人干事，不愿很多人在一起	□完全符合　□比较符合 □一般　□比较不符合　□完全不符合
4	到一个新环境很快就能适应	□完全符合　□比较符合 □一般　□比较不符合　□完全不符合
5	厌恶那些强烈的刺激，如尖叫、噪声、危险镜头等	□完全符合　□比较符合 □一般　□比较不符合　□完全不符合
6	和别人争吵时，总是先发制人，喜欢挑衅别人	□完全符合　□比较符合 □一般　□比较不符合　□完全不符合
7	喜欢安静的环境	□完全符合　□比较符合 □一般　□比较不符合　□完全不符合
8	善于和他人交往	□完全符合　□比较符合 □一般　□比较不符合　□完全不符合
9	羡慕那种善于克制自己感情的人	□完全符合　□比较符合 □一般　□比较不符合　□完全不符合
10	生活有规律，很少违反作息制度	□完全符合　□比较符合 □一般　□比较不符合　□完全不符合
11	在大多数情况下情绪是乐观的	□完全符合　□比较符合 □一般　□比较不符合　□完全不符合
12	碰到陌生人觉得很拘束	□完全符合　□比较符合 □一般　□比较不符合　□完全不符合

续上表

序号	测 评 题 目	选　　项
13	遇到令人气愤的事，能很好地自我克制	□完全符合　□比较符合 □一般　□比较不符合　□完全不符合
14	做事总是有旺盛的精力	□完全符合　□比较符合 □一般　□比较不符合　□完全不符合
15	遇到问题总是举棋不定、优柔寡断	□完全符合　□比较符合 □一般　□比较不符合　□完全不符合
16	在人群中从不觉得过分拘束	□完全符合　□比较符合 □一般　□比较不符合　□完全不符合
17	情绪高昂时，觉得干什么都有趣；情绪低落时，又觉得什么都没有意思	□完全符合　□比较符合 □一般　□比较不符合　□完全不符合
18	当注意力集中于一事物时，别的事很难使我分心	□完全符合　□比较符合 □一般　□比较不符合　□完全不符合
19	理解问题总比别人快	□完全符合　□比较符合 □一般　□比较不符合　□完全不符合
20	碰到危险情景，常有一种极度恐怖感	□完全符合　□比较符合 □一般　□比较不符合　□完全不符合
21	对学习、工作，怀有很高的热情	□完全符合　□比较符合 □一般　□比较不符合　□完全不符合
22	能够长时间做枯燥、单调的工作	□完全符合　□比较符合 □一般　□比较不符合　□完全不符合
23	符合兴趣的事情，干起来劲头十足，否则就不想干	□完全符合　□比较符合 □一般　□比较不符合　□完全不符合
24	一点小事就能引起情绪波动	□完全符合　□比较符合 □一般　□比较不符合　□完全不符合
25	讨厌做那些需要耐心、细致的工作	□完全符合　□比较符合 □一般　□比较不符合　□完全不符合
26	与他人交往不卑不亢	□完全符合　□比较符合 □一般　□比较不符合　□完全不符合
27	喜欢参加热烈的活动	□完全符合　□比较符合 □一般　□比较不符合　□完全不符合
28	爱看感情细腻、描写人物内心活动的文艺作品	□完全符合　□比较符合 □一般　□比较不符合　□完全不符合

续上表

序号	测评题目	选　项
29	工作学习时间长了,常感到厌倦	□完全符合　□比较符合 □一般　□比较不符合　□完全不符合
30	不喜欢长时间谈论一个问题,愿意实际动手干	□完全符合　□比较符合 □一般　□比较不符合　□完全不符合
31	宁愿侃侃而谈,不愿窃窃私语	□完全符合　□比较符合 □一般　□比较不符合　□完全不符合
32	别人总是说我闷闷不乐	□完全符合　□比较符合 □一般　□比较不符合　□完全不符合
33	理解问题常比别人慢些	□完全符合　□比较符合 □一般　□比较不符合　□完全不符合
34	疲倦时只要短暂的休息就能精神抖擞,重新投入工作	□完全符合　□比较符合 □一般　□比较不符合　□完全不符合
35	心里有话宁愿自己想,不愿说出来	□完全符合　□比较符合 □一般　□比较不符合　□完全不符合
36	认准一个目标就希望尽快实现,不达目的,誓不罢休	□完全符合　□比较符合 □一般　□比较不符合　□完全不符合
37	学习、工作同样一段时间后,常比别人更疲倦	□完全符合　□比较符合 □一般　□比较不符合　□完全不符合
38	做事有些莽撞,常常不考虑后果	□完全符合　□比较符合 □一般　□比较不符合　□完全不符合
39	老师或他人讲授新知识、技术时,总希望他讲得慢些,多重复几遍	□完全符合　□比较符合 □一般　□比较不符合　□完全不符合
40	能够很快地忘记那些不愉快的事情	□完全符合　□比较符合 □一般　□比较不符合　□完全不符合
41	做作业或完成一件工作总比别人花时间多	□完全符合　□比较符合 □一般　□比较不符合　□完全不符合
42	喜欢运动量大的剧烈体育运动,或者参加各种文艺活动	□完全符合　□比较符合 □一般　□比较不符合　□完全不符合
43	不能很快地把注意力从一件事情转移到另一件事上去	□完全符合　□比较符合 □一般　□比较不符合　□完全不符合
44	接受一个任务后,就希望把它迅速解决	□完全符合　□比较符合 □一般　□比较不符合　□完全不符合

续上表

序号	测评题目	选项
45	认为墨守成规比冒风险强些	□完全符合 □比较符合 □一般 □比较不符合 □完全不符合
46	能够同时注意几件事情	□完全符合 □比较符合 □一般 □比较不符合 □完全不符合
47	我烦闷的时候,别人很难使我高兴起来	□完全符合 □比较符合 □一般 □比较不符合 □完全不符合
48	爱看情节起伏跌宕、激动人心的小说	□完全符合 □比较符合 □一般 □比较不符合 □完全不符合
49	对工作抱认真严谨、始终一贯的态度	□完全符合 □比较符合 □一般 □比较不符合 □完全不符合
50	和周围人的关系总是相处不好	□完全符合 □比较符合 □一般 □比较不符合 □完全不符合
51	喜欢复习学过的知识,重复做能熟练做的工作	□完全符合 □比较符合 □一般 □比较不符合 □完全不符合
52	希望做变化大、花样多的工作	□完全符合 □比较符合 □一般 □比较不符合 □完全不符合
53	小时候会背的诗歌,我似乎比别人记得清楚	□完全符合 □比较符合 □一般 □比较不符合 □完全不符合
54	别人说我"出语伤人",可我并不觉得这样	□完全符合 □比较符合 □一般 □比较不符合 □完全不符合
55	在体育活动中,常因反应慢而落后	□完全符合 □比较符合 □一般 □比较不符合 □完全不符合
56	反应敏捷,头脑机智	□完全符合 □比较符合 □一般 □比较不符合 □完全不符合
57	喜欢有条理而不甚麻烦的工作	□完全符合 □比较符合 □一般 □比较不符合 □完全不符合
58	兴奋的事常使我失眠	□完全符合 □比较符合 □一般 □比较不符合 □完全不符合
59	老师讲新概念,常常听不懂,但是弄懂了以后很难忘记	□完全符合 □比较符合 □一般 □比较不符合 □完全不符合
60	假如工作枯燥无味,马上就会情绪低落	□完全符合 □比较符合 □一般 □比较不符合 □完全不符合

续上表

气质类型测试评分标准
1. 若与你的情况，“完全符合”记2分，“比较符合”记1分，“一般”记0分，“比较不符合”记 -1 分，“完全不符合”记 -2 分。 2. 分别计算每一类气质类型的得分。 胆汁质：第2、6、9、14、17、21、27、31、36、38、42、48、50、54、58题； 多血质：第4、8、11、16、19、23、25、29、34、40、44、46、52、56、60题； 黏液质：第1、7、10、13、18、22、26、30、33、39、43、45、49、55、57题； 抑郁质：第3、5、12、15、20、24、28、32、35、37、41、47、51、53、59题。 3. 气质类型的确定。 (1)如果某一项或两项的得分超过20，则为典型的该气质。 (2)如果某一项或两项以上得分在20以下，10以上，其他各项得分较低，则为该项一般气质。 (3)若各项得分在10以下，但某项或几项得分较其余项为高(相差5分以上)，则为略倾向于该项气质(或几项的混合)。 (4)一般来说，正分值越高，表明该项气质特征越明显，反之，正分值越低或得负分值，表明越不具备该项气质特征。

经过测试，知道自己的气质类型，我们还要认识到，不论驾驶员属于哪种气质类型，对驾驶活动来讲，都存在有利的一面和不利的一面，在驾驶活动中要注意扬长避短。直到目前，我们还不能做出这样的规定，即属于某一种气质类型的驾驶员不准驾驶车辆。况且，从气质理论上讲，只有极少数的驾驶员属于四种典型的气质类型。而多数驾驶员属于复合型。对于不利于驾驶活动的气质特征，在有些情形下，可以寻找到对应的补偿方法。例如，黏液质的驾驶员不善于处理紧急情况，但可以通过实践不断锻炼，对交通情况有一个很好的预测能力，提高预见性驾驶能力，就可以避免紧急情况的产生。

2.【心理自测】测试二：多维度驾驶风格测试

指导语：下面有24个关于人们在日常多维度驾驶风格测试活中如何驾驶的题目，每个题目都有6个程度分类。A表示题目所说的事实与您的驾驶行为根本不符合，F表示题目所说的事实与您的驾驶行为非常符合。B到E代表的程度介于A和F之间。请您认真对照自己的驾驶行为，选择一个与您的驾驶行为最符合的程度，并在题目下面的字母上打钩。

驾驶员安全意识测评

1. 驾驶时，我总担心会撞到行人。

A. 根本不符合　　B. 比较不符合　　C. 有点
D. 一般　　E. 比较符合　　F. 非常符合

2. 我会故意紧跟着前方车辆行驶。

A. 根本不符合　　B. 比较不符合　　C. 有点
D. 一般　　E. 比较符合　　F. 非常符合

3. 我会向前方车辆按喇叭或变换灯光，以表示我的不满。

A. 根本不符合　　B. 比较不符合　　C. 有点
D. 一般　　E. 比较符合　　F. 非常符合

4. 直到其他驾驶员提醒我，我才意识到自己的车灯一直开着。

A. 根本不符合　　B. 比较不符合　　C. 有点

D. 一般　　E. 比较符合　　F. 非常符合

5. 驾驶时,我有一种受挫感。

A. 根本不符合　　B. 比较不符合　　C. 有点

D. 一般　　E. 比较符合　　F. 非常符合

6. 驾驶时,我喜欢做一些冒险行为。

A. 根本不符合　　B. 比较不符合　　C. 有点

D. 一般　　E. 比较符合　　F. 非常符合

7. 当交通灯变绿,前方车辆却没有开动,我会催促前方驾驶员。

A. 根本不符合　　B. 比较不符合　　C. 有点

D. 一般　　E. 比较符合　　F. 非常符合

8. 我会辱骂其他驾驶员。

A. 根本不符合　　B. 比较不符合　　C. 有点

D. 一般　　E. 比较符合　　F. 非常符合

9. 我行车线路规划很糟糕,会卷入很多本可以避免的交通麻烦之中。

A. 根本不符合　　B. 比较不符合　　C. 有点

D. 一般　　E. 比较符合　　F. 非常符合

10. 驾驶时,我感到紧张。

A. 根本不符合　　B. 比较不符合　　C. 有点

D. 一般　　E. 比较符合　　F. 非常符合

11. 我喜欢同"死神"擦肩而过带来的快感。

A. 根本不符合　　B. 比较不符合　　C. 有点

D. 一般　　E. 比较符合　　F. 非常符合

12. 我会故意地缩短与前方车辆的距离,以防其他驾驶员"插队"。

A. 根本不符合　　B. 比较不符合　　C. 有点

D. 一般　　E. 比较符合　　F. 非常符合

13. 当路上有人做了一些让我恼火的事,我会用灯光进行抗议。

A. 根本不符合　　B. 比较不符合　　C. 有点

D. 一般　　E. 比较符合　　F. 非常符合

14. 我会有错误的操作行为。

A. 根本不符合　　B. 比较不符合　　C. 有点

D. 一般　　E. 比较符合　　F. 非常符合

15. 驾驶时,我感到痛苦。

A. 根本不符合　　B. 比较不符合　　C. 有点

D. 一般　　E. 比较符合　　F. 非常符合

16. 我很享受危险驾驶带来的刺激。

A. 根本不符合　　B. 比较不符合　　C. 有点

D. 一般　　E. 比较符合　　F. 非常符合

17. 堵车时,我会考虑选择其他能快速通过的道路。

A. 根本不符合　　B. 比较不符合　　C. 有点

D. 一般　　E. 比较符合　　F. 非常符合

18. 在上下班高峰,我往往“急不可耐”。

A. 根本不符合　　B. 比较不符合　　C. 有点

D. 一般　　E. 比较符合　　F. 非常符合

19. 我会和车上其他人交谈,聊天。

A. 根本不符合　　B. 比较不符合　　C. 有点

D. 一般　　E. 比较符合　　F. 非常符合

20. 当超车时,我往往误判其他车辆的速度。

A. 根本不符合　　B. 比较不符合　　C. 有点

D. 一般　　E. 比较符合　　F. 非常符合

21. 紧张时,我没有注意到有人正在穿越斑马线。

A. 根本不符合　　B. 比较不符合　　C. 有点

D. 一般　　E. 比较符合　　F. 非常符合

22. 即使在绿灯变为黄灯的刹那间,我也会径直驾驶通过。

A. 根本不符合　　B. 比较不符合　　C. 有点

D. 一般　　E. 比较符合　　F. 非常符合

23. 我对某些类型的驾驶员感到“不爽”。

A. 根本不符合　　B. 比较不符合　　C. 有点

D. 一般　　E. 比较符合　　F. 非常符合

24. 因为误判停车间距,我差点撞到什么东西。

A. 根本不符合　　B. 比较不符合　　C. 有点

D. 一般　　E. 比较符合　　F. 非常符合

多维度驾驶风格测试计分方法

A 代表 1 分,B 代表 2 分,C 代表 3 分,D 代表 4 分,E 代表 5 分,F 代表 6 分。

感觉寻求,3 个题目,分别是第 6,11,16 题;

愤怒,5 个题目,分别是第 3,8,13,18,23 题;

冒险,5 个题目,分别是第 2,7,12,17,22 题;

焦虑,6 个题目,分别是第 1,5,10,15,20,21 题;

分心,5 个题目,分别是第 4,9,14,19,24 题;

各维度得分相加,然后取平均数。

二、心理训练

1.【心理训练】活动一:辩论赛:性格决定命运

目的:本练习旨在通过辩论会,使驾驶员了解体悟性格对行为的影响。

操作程序：

(1)随机分配，组成正方辩论组和反方辩论组。确定正方辩论组的观点是“性格决定命运”。确定反方辩论组的观点是“性格不能决定命运”。

(2)要求驾驶员提前准备，收集材料，写成发言稿。

(3)召开“性格决定命运”辩论会，可按发言稿发言，也可不按发言稿讲。

(4)总结：通过辩论会，使驾驶员了解体悟性格对行为的影响。

2.【心理训练】活动二：需要与动机脑力激荡

目的：驾驶员交通安全需要引导，形成安全动机。

操作程序：

(1)组织者给每位驾驶员发一张 A4 白纸。

(2)每位驾驶员在这张纸上写上自己在驾车过程满足的需要和产生的动机，放到小组内准备交流。

(3)由组长随意抽取一张，念出来，驾驶员自由讨论分析哪些是合理需要？哪些是不合理需要？有哪些是冒险动机，哪些是安全动机？

(4)引导驾驶员形成安全动机。

3.【心理训练】活动三：气质类型与驾驶行为

目的：了解不同气质类型的驾驶员行为特征，引导其在驾驶过程中扬长避短。

操作程序：

(1)针对气质类型测试结果，找出四种不同气质类型的驾驶员。

(2)以小组为单位分析不同气质类型的驾驶员驾驶行为特点。

(3)给不同气质类型的驾驶员提出建议，利于他们在今后驾驶工作中扬长避短。

(4)总结：人的个性千差万别，了解自己的个性特点，在驾驶工作中注意扬长避短。

4.【心理训练】活动四：驾驶风格与行车安全

目的：掌握不同驾驶风格的特点，了解自己的驾驶风格，培养良好驾驶习惯。

操作程序：

(1)针对驾驶风格测试结果，找出四种不同驾驶风格的驾驶员。

(2)以小组为单位分析平静型、冒险型、粗心型和紧张型 4 种不同驾驶风格的驾驶员行为特点。

(3)讨论驾驶风格的影响因素，并针对非适应性驾驶风格提出有效的早期预防和干预措施。

(4)总结：驾驶风格是驾驶员在日常生活中习惯性的驾驶方式，它受到驾驶环境，驾驶员人格、态度、动机等因素的影响，针对非适应性驾驶风格提出有效的早期预防和干预措施。

5.【心理训练】活动五：人生剧本

目的：自我探索，认识自我，完善自我。

操作程序：

(1)思考：有人说，性格决定命运。有人说，人生是一场自编自导自演的戏剧。你的性格是怎样的？你的人生走到现在，你对自己编写的“剧本”满意吗？

(2)想象：某一天的晚上，在你要入睡的时候，一个“精灵”来到你的床前，微笑着对你说:你的明天,将和你的今天一模一样,你未来的日子,都将和你已经走过的日子完全一样。你会感谢他还是会诅咒他?你会感到欣喜还是会觉得恐惧?

(3)展望:已经走过的人生,你为自己编写了怎样的剧本?你是愿意继续这样写下去,还是渴望改写你的剧本呢?

(4)总结:通过自我探索活动,进一步认识自我,进而完善自我。

6.【心理训练】活动六:梦想性格大揭秘

目的:明确自己想要拥有的性格特点。

操作程序:

(1)组织者给每位驾驶员发一张 A4 白纸。

(2)6~8 个人为一组,围坐一圈,请大家放松身心。然后认真地想一想,在所有的性格特点当中,哪些特点是你认为最宝贵的、最想要拥有的(例如,自信、开朗、乐观等)。然后把它写在纸上,每个人写 3~5 个。

(3)每个人都依次向其他人展示自己梦想中的性格,展示的过程中还要说明如何才能拥有这样的性格特点。

(4)每个人说完一种性格特点后,其他人可以补充拥有这种性格特点的其他方法,大家集思广益,帮助完善方法。

(5)总结:大家想要拥有的性格特点有相同或相近的地方,因为虽然我们每个人的性格不同,但对良好性格特点的向往和追求有着相似的地方。同一个性格特点,不同的人对它的塑造方法是不一样的,所以并不是只有唯一的解,而是"条条大路通罗马"。

7.【心理训练】活动七:读"心"书,助成长

目的:读经典书籍,用心去体会感悟。

操作程序:

(1)给每位驾驶员推荐 1 本书:(美)妮蒂雅著《性格解析——了解自己·理解他人》。

在我们成长的过程中,有很多人问过这样的问题:"我是谁"?"我为什么是这个样子"?等等,也对于其他人的行为感到难以理解,《性格解析——了解自己·理解他人》就是解答这些问题的最好的钥匙。书中所述的四种基本性格类型:活泼型(简称为 S 型)、完美型(简称为 M 型)、力量型(简称为 C 型)及和平型(简称为 P 型),有助于我们对于了解我们自己和理解他人。

(2)请驾驶员利用工作之余,认真阅读,用心体会。

(3)驾驶员写出读书心得并交流讨论。

(4)把驾驶员读书心得整理保存,汇集成册。

三、反思感悟

经过心理自测和学习活动,你对自己的了解增加了多少?分析一下自己的气质和性格类型,想一想驾驶中如何扬长避短?如果现在让你来描述你的驾驶风格,那么你会如何描述?回顾一下你的驾驶经历,是哪些因素促使你的驾驶风格的形成?要成为一个更加完善成熟的人,你需要从现在开始做出何种努力?

第八章　驾驶员的自我认知与感悟能力训练

人的认知、情感、行为是相互影响的统一整体，一个对自我意识有充足了解和监督，对自身情感有深刻感悟，对自己言行能时刻反省的驾驶员，更容易保持心理的健康，精神的愉悦，进而去保障驾驶安全。

第一节　驾驶员的自我意识

一、自我意识的含义和内容

自我意识是对自己及自己与周围环境关系的认识，包括对自己存在的认识，以及对个体身体、心理、社会特征等方面的认识。这种认识是个体通过观察、分析外部活动及情境，社会比较等途径获得的，是一个多维度、多层次的心理系统。一般可以从内容和形式上对其加以分析。

1. 知、情、意的自我意识

从结构形式上看，有知、情、意的自我意识。

(1)自我认知。自我认知是主观自我对客观自我的评价，包括自我感觉、自我观察、自我印象、自我分析、自我评价等。

(2)自我体验。自我体验是主观自我对客观自我产生的情绪体验，是在自我认知基础之上产生的。如自尊、自爱、自信、自卑等。

(3)自我控制。自我控制是对自己行为和思想、言语的控制，以达到自我期望的目标　。如自强、自立、自律、自制、自控等。

2. 生理、心理、社会的自我意识

从内容上看，有生理、心理、社会的自我意识。

(1)生理自我是个体对自己身体、生理状态(如身高、体重、容貌)的认识和体验。

(2)心理自我是个体对自己的心理活动、个性特点、心理品质的认识、体验和愿望，包括对自己的感知、记忆、思维、智力、性格、气质、爱好、兴趣等的认识和体验。

(3)社会自我是个体对自身与外界客观事物关系的认识、体验和愿望，包括个人对自己在客观环境及各种社会关系中的角色、地位、权利、义务、责任、力量等的意识。

3. 现实自我、理想自我和投射自我

从自我意识中的自我观念来看，有现实自我、理想自我、投射自我。

(1)现实自我是个体对自己现实的反映，即个体从自己的主观立场出发对自己目前的现实状况的看法，这种看法不一定与想象中他人对自己的看法完全相同，两者之间可能有差距。当这个差距加大时，个体会感到自己不被别人所了解。

(2)理想自我是指个体想要达到的完善的形象,如个体的生活目标和对未来的期待、抱负、成就,以及自己想成为一个什么样的人。理想自我是个人追求的目标,不一定与现实自我相一致,当两者之间的距离加大时,个体就会产生失落感。理想自我虽非现实,但它对个体有很大的影响,是个体行为的动力和参考系。

(3)投射自我也称镜中自我,指的是个体想象中他人对自己的看法。如想象中他人心目中自己的形象,他人对自己的评价,以及由此而产生的自我感。

二、自我认知

自我认知在自我意识的结构中起着奠基作用,只有深入认识自己,才能更好地管理自我、完善自我。"觉察是改变的开始",只有客观认识自己,才能了解自己的兴趣与优势,找到适合自己的事业、家庭、爱情及其他关系,从而体验到幸福并给更多的人带来幸福。

1. 自我认知的窗口理论

美国心理学家约翰和哈瑞提出了关于人自我认知的窗口理论,被称为约翰·哈瑞窗口理论。他们认为人对自己的认识是一个不断探索的过程。每个人的自我都有四部分:公开的自我、盲目的自我、秘密的自我和未知的自我。

公开的自我代表了我们自己知道,别人也知道的领域,是我们不用隐藏或者是我们自己主动袒露公开的部分。例如,我是教师,我是驾驶员;盲目的自我代表了别人知道而自己却一无所知的领域,即我们没有意识到或无意识地在别人面前表现出来的部分。例如,习惯开快车,自己不觉得,别人很清楚;隐秘的自我代表我们自己知道,但又不愿意、也从来没有告诉过别人的领域,即你的个人隐私。例如,内心的酸楚,愧疚的往事;未知的自我代表我们自己不知道,别人也不知道的领域,它可以是某种驱使我们去做某些事情的动机,但我们却不知道它是什么,也可以是我们还没有发现的自己的潜力。

约哈瑞窗口理论认为我们人生的成长目标就是不断减少盲目的自我和秘密的自我的领域,扩大公开的自我的领域。通过与他人分享秘密的自我,通过他人的反馈减少盲目的自我,人对自己的了解就会更多,更客观。自我的公开领域扩大,则其生活变得更真实,不论与人交往还是自处,都会显得轻松愉快而有效率。盲目领域变小,人对自我的认识越清楚,越能在生活中扬长避短发挥自己的潜力。

2. 自我认知的途径

自我认知的途径主要有:

1)自我分析或自省

孔子曰"吾日三省吾身",美国哈佛大学的加德纳教授提出了多元智能理论,在该理论中,他认为自省是一种非常重要的智能。通过经常的自我分析,我们可以了解自己的生理自我、社会自我、心理自我,例如,我们的身体特点(如相貌、体能等)、学业、智能、情绪、个性、社会角色、社会地位等。也可以了解我们的现实自我和理想自我、可能自我。在自我分析时要注意当时自己的心理状态,要在自己相对比较平静的时候进行,尽最大努力做到客观、全面,避免"见树不见林"。

值得一提的是,在自我分析或自省进入到较深的层面时,有的人可能会对进一步的分析产生阻抗。原因是,自我分析不可避免地发现自己优势的、美的一面,也可能发现自己弱势的、丑的一面,这让有些人会感到心里不舒服或恐惧。因此很多人会终止自我分析,不敢再进一步。遇到这种情况,首先要建设性地处理好自己的负面情绪,在没有做好接受自己的一切之前,不要贸然深入。在处理好自己的情绪后,你可以自己再深入分析,也可以寻求专业人士的帮助,在专业人士的陪伴下深入分析自我。

2)通过他人的反馈和评价

仅仅通过自省来认识自我是远远不够的,“当局者迷,旁观者清”,我们对自我的认识和评价是以“我”为中心的,带有很多主观色彩,因此对自我的认识和评价往往是不客观的。我们还可以通过他人对我们的反馈和评价来认识自我。他人的评价就像一面镜子,正如古语所说:“以人为鉴,可以明得失。”这里需要注意的是,就像镜子不一定能反映事物的本来面目一样,别人对你的评价,由于受多种因素的影响,不一定是完全正确的,所以不能把别人的评价和态度作为唯一的衡量标准,同时,最好能从多个不同的人、不同的时间、不同的场合去搜集评价信息,其中重复次数越多的信息可信度越大。除此之外,也可以借助一定的工具来了解自我。如心理测评工具、自我探索问卷或活动等。如本节后面的心理探索活动,就是在帮助你了解自我。

3)社会比较

不管我们是不是有意的,我们经常会拿自己和某个群体中的他人(可能是某个人,也可能是某个群体)进行比较,来了解自我。这是一种迅速判断自己的有效方式。社会比较能够使人清楚地了解自己和他人,找出自己和别人之间存在的差距,发现自己的长处,找出自己的不足。问题是,如果这种比较不全面、不恰当,也容易让我们对自我的认识进入盲目乐观或盲目悲观的境地。在这种方法中,比较对象的选择特别关键。要注意两个方面,“与谁比”与“比什么”。

“与谁比”,与他人比较还是与自己比,与不如自己的人比,还是与比自己强的人比?自我比较又分为向上比较、向下比较与相似比较。费斯廷格提出了著名的社会比较理论认为人们非常想准确地认识自我、评估自我,为此,在缺乏明确标准时,人们常常和自己相似的人做比较。还可以通过与自己比较来认识自我,即把现实自我与过去自我、理想自我进行比较。与过去比自己是进步了、成熟了,还是退步了,重犯以往的错误了,与理想自我比较自己还有哪些差距等。前者可以发现自己的成绩和进步,提高自尊和自信;后者可以明确努力的方向,进一步完善自我。但要注意理想自我不能是不切实际的过高要求。

“比什么”,比不可改变的,还是通过努力可以改变的,应注意比较的参照系和立足点:其一,跟别人比较的应该是行动后的结果,而不应该是行动前的条件。其二,跟别人比要有标准,应该是相对标准而不应该是绝对标准,应该是可变的标准而不是不可变的标准。例如一个人的容貌与出身是不可更改的,若以此为标准同别人比较是没有意义的。在和他人进行比较时,要客观、全面,这样才能既可以发现自己的长处,也可以发现自己的劣势。

4)在实践中探索自我

最客观的自我认识是在实践中探索自我。“实践是检验真理的唯一标准”,“纸上得来终觉浅,绝知此事要躬行。”我们可以通过参与各种各样的社会活动来了解自我的现状以及发展和潜在可能。比如,自己在哪些方面可以做到得心应手,在哪些方面需要付出加倍的努力才能做好，而在哪些方面即使使出了浑身解数却仍难以企及别人轻轻松松就可以做到的高度，在哪些方面虽然现在做得不好或做不到，但有潜能可以挖掘。其中，尤其是重大的成功和失败的经历对自我认识有着深刻的影响。一般情况下，成功的经历会提升自我评价，失败的经历会降低自我评价。比如，如果你曾经成功地做过一次公开发言，你会感到自己的口才并不是那么差，你不再对自己拙于言而焦虑，并且更可能感觉事情在自己的掌控之中。

三、悦纳自我

1. 悦纳自我的重要性

每个人都知道自我是最重要的，可总是有些人不能真正尊重自己、爱惜自己。他们可以喜欢朋友、喜欢知识、喜欢自然，唯独不喜欢自己。结果是他们不快乐。心理学研究表明，人的很多心理问题是由于不接纳自己造成的。金无足赤，人无完人。正确地面对自我，接纳自我，是获得成功必不可少的条件。

有位哲学家曾说过："一个人如果能够战胜自己内心的黑暗，就永远站立在灿烂的阳光中。" 是的，别人把你打倒了，你可以爬起来；自己把自己打倒了，或许永远也无法爬起来，因为你的信念倒了，意志倒了。自卑、忧伤、烦恼，使你自己永远处于黑暗之中。所以，战胜自我需要的不仅是勇气、力量，更重要的是接纳自我。

2. 悦纳自我的方法

(1)无条件地接受自己，接受自己的全部，无论是优点还是无法改变的缺点，无论是成功还是失败。

(2)改变过分追求完美的习惯，不苛求自己。能平静而又理智地看待自己的长处和短处，冷静对待自己的得与失；过分追求完美、过分苛求自己，无异于心理上的作茧自缚，使人心情压抑，行为退缩，失去许多展示自己的机会，最终损害人的自尊，导致自我拒绝。

(3)建立和巩固良好的自我感觉。既不以虚幻的自我补偿内心的空虚，也不以消极回避漠视自己的现实，更不以怨恨、自责甚至厌恶来否定自己。心理学家罗伯特·安东尼有一段话值得一读："将自己的每一条优点都列出来，以赞赏的眼光去看它，经常看，最好背下来。通过集中注意力于自己的优点，你将在心里树立信心：你是一个有价值、有能力的人，你绝不比别人差。无论什么时候，只要你做对一件事，就要提醒自己记住这一点，甚至为此酬谢自己。"把视野拓宽或换一个角度来看自己，你会发现一个全新的自我。这样，就能把注意力集中在自己的优点和成功上，而不是集中在自己的缺点和失败上，有助于建立和巩固良好的自我感觉，觉得自己独一无二，有高度的自尊和自信，有价值感、自豪感、愉快感和满足感。

(4)从错误和失败中吸取教训，但不被它们打垮，永远给自己机会。一个人不可能不犯错误，也不可能事事成功，可怕的不是错误和失败，可怕的是被错误和失败打垮。人应平静而又理智地看待自己的错误和失败，从中吸取教训，不因个别的错误和失败而轻率地全盘否定自己，永远对自己有信心。

四、完善自我

自我的完善需要不断地自我调控、自我反思、增强自信心。

1. 自我调控

自我调控是指个体在自我认识的基础上,自觉控制自我,主动协调个体与他人、个体与环境的关系,并争取在这些关系中更主动积极地、更有效地激发自己的潜能。主要涉及"我怎样控制自己""如何改变自己,成为自我理想中的人。"等问题。有效调节自我的方法如下:

(1)建立合乎自身实际情况的抱负水平,确立适宜的理想自我。也就是面对现实,确立自己具体的奋斗目标,把远大的理想分解成一个个远近高低不同的子目标,从而由近到远、由低到高,循序渐进,逐步加以实现。关键是每个子目标都应适当、合理、切合实际,是经过努力可能达到的,以免失去信心。

(2)把奋斗的中心放在自己最大的长处和优势上。每个人的精力都是有限的,所以精力应放在自己最擅长的地方。坚持不懈地在自己已有所成就的或者自己最有优势的领域努力学习或工作,有利于不断地取得成功,获得自我实现。

(3)增强自尊和自信,使自己有为实现理想的更强大的动力,激励自己不断奋进。

(4)培养顽强的意志和坚强的性格,发展坚持性和自制力,增强挫折耐受力,使自己自觉主动地认清目标,为实现目标而努力排除干扰、克服困难,能正确地面对成功和失败。

2. 构建自我效能感

自信是自我完善的加速器,它可以给自我完善更大的助推力。自我效能感是指个体对自己是否有能力完成某一行为所进行的推测与判断。自我效能感影响人的行为选择、动机性努力、认知过程以及情感过程。自我效能高的驾驶员对自己的优势与劣势有正确的认识,并对自己的实力、优势有正确的估计和积极的肯定;相信自己有能力实现既定目标,特别在问题难度加大时、表现出对自己决定或判断的认可;主动地接受挑战,将自己置于挑故性极强的环境中。那么,如何构建你的自我效能,使你获得自信呢?

1)确立参照对象

我们的自我效能感在一定程度上受到他人的影响。看到那些与我们在某些方面相似或是与自己同处于某一群体的人成功地完成某件事,有助于提升我们在这些领域的自我效能感。我们会受到暗示:别人能做到的事,我们也能做到。但是,如果我们看到与自己相似的人在某件事上失败了,这可能会降低我们对自己能力的判断,即降低我们的自我效能感。因此,如果想提高自我效能感,寻找并确立成功的参照对象非常关键。建议:寻找身边的成功人士。多注意观察身边在某方面成功的人是如何做的,向他们请教,向他们学习成功做事的态度、方法和技巧。想一想,自己有哪些方面和这个人相似?自己可不可以像他们一样成功地完成某件事?尤其是你所熟悉的成功者或在某方面和你有共同点的人的成功,往往这些成功案例更能激发你的自我效能感的复活,对你有很好的激励作用;寻找自己的楷模。多了解成功人士的事迹,读一读名人传记,想一想他们为什么会成功?把他作为自己的榜样,将他的形象印刻在自己的脑中。当你面对一件困难的、棘手的、具有挑战性的事时,想一想,如果你的榜样遇到这件事,他会怎么做?你所面对的困难比他当时所面临的更多吗?

2)说服与暗示

说服、暗示自己能成功地完成这件事。当面临困难的任务时,被说服的人比那些自我怀疑以及固执于自己缺点的人可能付出更多的持久努力。因此,经常暗示自己“我能做好这件事”“我能行”“别人能做到的事我也能做到”会对你产生巨大的影响,久而久之会使你相信自己的能力,提升你的自我效能。

3)发现自己的优势

要善于发现自己的优势,花一个小时好好找一找自己有什么优点和优势。想一想自己在哪方面可以做得得心应手?或者你可以通过心理测评来了解自己的优势,也可以找家人、同事、朋友,问一问在他们眼里你有什么优点和长处。

4)肯定自己的能力,体验成功的快乐

想一想你曾经做了什么事情还算成功,对自己这方面的能力给予肯定。告诉自己“在这方面我还不错”,回忆一下当时成功的感觉。每一次当你做了一件较为成功的事时,要用心体会成功的快乐。

5)总结自己的收获

每天临睡前思考一下:“今天,我有什么收获?”这种收获可以是一种回报,可以是一种感悟,可以是一种成长,可以是一种进步,可以是一种成就,可以是一种突破……比如,今天你因为一位同事所说的话突然对人生的价值有一种深刻的思考;或者你鼓起了勇气走上了讲台去当众讲话,而这样的事你以前想都不敢想;或者因为你帮助了别人而得到了别人的感谢等,要养成跟自己比的习惯,经常思考“和以前相比,我有进步吗?”

6)树立自信的外部形象

自信也表现在一个人的精神面貌上。所以,花一点时间把自己打扮得利落一些、精神一些,仪表简单、大方,行为得体,举止自信,让自己感觉自己精神抖擞。例如,不管坐、立、走都保持一个昂首挺胸的姿势,走路目视前方,跟他人接触时保持微笑、交谈时看着对方的眼睛,告诉别人你有多欣赏他们,开会时坐在会场的前排,不坐在角落里,在欢乐的场合大声欢笑等,刚开始可能不习惯,但过一段时间后就会有发自内心的自信。另外,注意锻炼保持健美的体形,保证充足的睡眠对增强自信也很有帮助。

7)直面胆怯,勇于尝试

身处一个陌生的场所,面对陌生的人,遇到自己没做过的事,或自己不太确定的事,这时候胆怯是难以避免的。承认这一点,并直面胆怯,比竭力去逃避它、掩藏它会让你更踏实。当真的敢直面它时,胆怯也就会失去它的威力。勇于去尝试一些让你胆怯的事情,如当众发言,成为别人注目的焦点,或者去尝试做一些自己以前没有做过的事情,对生活持一种开放的态度。你会发现,其实它们并没有那么可怕,或许,你还会发现自己能力的新领域。这时,自信也会不请自来。

8)学会目标管理和时间管理

要努力学习如何管理自己的目标。把目标定得切合实际,而不要订得过高,目标要让自己跳一跳就能够得着,否则达不到目标就可能会怀疑自己的能力。对于大的目标,要把它进行分解,分解成一个个的小目标,这样每完成一个小目标就会有一种成就感,自信也就随之而来。时间管理的能力对于自信的培养也很重要。有时候不是你没有能力做好一件事,而是因为没有安排好时间,最后在非常紧迫的情况下匆忙完成,这时任务完成的质量可能就比较差,而这种不良的结果会大大地瓦解你的自信。

9）做自己喜欢做的事情

对于自己喜欢做的事情，因为比较投入，我们往往会得心应手，容易取得成功，继而产生成就感，这非常有利于自信心的提高。

五、驾驶员的自我认知与行车安全

不论是从个人利益还是从别人的利益出发，驾驶员都应该将自己定位为精力集中、清醒理智、沉着冷静、信心十足的驾驶员，并将此作为指导实践的从业理念，确保行车安全。

1. 有自信心

客观的自我认知能够帮助驾驶员修正态度、情绪和行为方式，这同样适用于驾驶员对自身驾驶方式、从业能力等的看法和评价。一方面，驾驶员过高的自我评价会导致交通风险增加；另一方面，驾驶员过低的自我评价会形成胆怯、犹豫不决的驾驶方式，造成交通堵塞，甚至会激怒其他交通参与者，使他们采取危险的驾驶行为。

2. 能正确对待错误

驾驶员在开车时常常会出现不安全的驾驶行为，研究表明，能够清醒地认识错误并积极改正错误，有利于安全驾驶。然而，年轻或者资深的驾驶员会习惯性地认为自己是超一流的驾驶员，即便是自己违反了交通规则并引起了事故，他们仍然会将事故的全部或主要责任推给别人，抑或认为这是自己倒霉而已。在这样的自我欺骗下，驾驶员内心不断膨胀，随之逐渐陷入危险的深渊。

3. 端正驾驶动机

动机取决于某件事对自己的重要程度或者吸引力。不当的动机会影响驾驶安全，比如，当一个重要的客户急等着货物送达而驾驶员可能会误点时，驾驶员很可能会超速或冒险驾驶。研究表明，有时间压力的驾驶员更容易冒险，即使是平时很谨慎的人也可能出现危险的驾驶行为。有些驾驶员经常会超速、超载或闯红灯，对于他们来说，道路运输的目的是尽快地将乘客或者货物运送到目的地，并获得更好的经济效益。但是，他们忽略了非常重要的方面，就是必须保证运输安全，这不仅是为了自己，更重要的是为了亲人或其他乘客。

4. 经常性的自我反思

驾驶员要经常性的自我反思，想一想驾驶态度是否端正，驾驶方式是否安全；在驾驶过程中情绪是否稳定，有没有冒险性驾驶？反思自己对道路交通和其他交通参与者的态度，其他交通参与者会如何看待和评价自己。

第二节　驾驶员的自我认知与感悟能力训练方案

对驾驶员的自我认知与感悟能力进行训练，提高驾驶员认识自我、体悟情感、反省言行的能力，对于维持其心理健康，保证驾驶安全具有重大意义。驾驶员自知与感悟能力的提高，也有助于驾驶员人际关系的和谐和团队合作关系的建设。当一个人能够认识自己、体悟情感、反思言行，他才更有能力体察他人的情感和行为，从而获得良好的人际关系。

一、心理自测

自我意识测试表,如表 8-1 所示。

自我意识测试 表 8-1

序号	测评题目	评价		
		是	中	非
1	遇到不公平的事,你能控制自己的感情吗?	A	B	M
2	一个人时,你常陷入对未来的幻想之中吗?	V	A	M
3	朋友们认为你为人热情吗?	V	C	Z
4	你对任何事情都抱有实事求是的态度吗?	M	X	A
5	你有可能成为你所在集体的领导吗?	V	A	C
6	你对任何事情都满怀信心吗?	B	Z	M
7	朋友有困难时,你会慷慨解囊吗?	C	A	X
8	你喜欢与人辩论吗?	A	B	C
9	你做事喜欢尽善尽美吗?	A	C	B
10	你的同学认为你有想象力吗?	A	B	X
11	你愿意将财产奉献给你认为正当的事业吗?	V	A	X
12	你的老师认为你的理解力强吗?	C	Z	B
13	与别人相处时,你能忍让吗?	C	A	X
14	你是否对任何事情都爱发表不同的意见?	V	A	Z
15	朋友认为你是一个主持公道的人吗?	C	M	A
16	遇到急事,你能三思而行吗?	M	X	B
17	你浪漫吗?	A	C	X
18	你有能力参加业余活动吗?	V	Z	X
19	你能舍己救人吗?	C	Z	M
20	对你来说,人格比利益更重要吗?	C	M	X
21	如果成功可能性很小,你会铤而走险吗?	V	A	B
22	你羡慕英雄吗?	V	A	M
23	你善于交际吗?	A	M	B
24	你喜欢论述别人认为不可能的事吗?	C	B	M
25	你的同学认为你是一个多疑的人吗?	B	Z	V
26	你觉得自己是一个明智的人吗?	M	X	B
27	你的想法、爱好、对事物的判断会从一个极端到另一个极端吗?	V	B	C

测试结果解释(参考)

1. 得 8 个 A 以上者的评价:

你雄心勃勃,凡事都想做得尽善尽美,总是想去干一些可望而不可即的事情,由于对这些事情缺乏了解,所以容易见异思迁,缺乏持之以恒的精神,以致经常愿望落空,应注意克服夸夸其谈的缺点,培养求实精神。

2. 得 7 个 B 以上者的评价:

你的急躁和缺乏对事物的了解使你有时好像是一个理想主义者,但实际上你具有更多的是虚荣心、兴趣,同时也说明你并不缺少善良和热情的冲动,这会使你重新认识自己并不断进取。

3. 得 6 个 C 以上者的评价:

你为人热情,富有想象力,很诚恳,你也很浪漫,很有正义感,有人情味和求实精神。你喜欢依法办事,审时度势,爱思考,感到幸福的事莫过于生活在和睦、舒畅而又能够发挥创造力的环境中

续上表

4. 得6个M以上者的评价： 实用和安全是你的生活准则，同时，遇到任何情况都有自己的解决方法，对生活充满信心，渴望得到柔情，但不沉浸于幻想中，总想从生活中吸取有益的东西，这一特点常对周围的人有积极影响。 5. 得6个V以上者的评价： 天资很好，很有理想，总是尽一切努力去实现自己的愿望，在自己完全沉在幸福之中时，会有些得意忘形，在胜利面前不停滞不前，但在逆境中容易泄气，有能力调动周围的人，有才气。 6. 得6个X以上者的评价： 不富于幻想，也不狂热，对自己、对别人都始终如一，生活在自己的小天地里，保护自己的利益，对外界发生的事情漠不关心。若方法得当，会很有成就，但有时恰恰相反。 7. 得4个Z以上者的评价： 对任何事情，甚至对自己的事情都无动于衷，固执己见、多疑，常处于从属地位。有才干，但不太会选择自己的道路，自主能力较差，优点是忠诚，缺点是麻木不仁

二、心理训练

1.【心理训练】活动一：我是谁？

目的：自我探索，认识自我。

操作程序：

(1)站在镜子前，发现自己独特的优点。

(2)在20分钟的时间内，用“我是……”造句子。

(3)自我分析，从以下三个方面进行：

①答案的数量和质量；

②回答内容的表现方式；

③回答的内容是否涉及自己的未来。

(4)总结：人贵有自知之明，只有深入认识自己，才能更好地管理自我、完善自我。

2.【心理训练】活动二：用三个形容词描述自己

目的：自我探索，认识自我，接纳自我。

操作程序：

(1)用三个形容词概括自己，仔细想想这样的概括主要源于何时、何事。

(2)请同事或者朋友用三个形容词对你也进行描述。

(3)比较这两种描述之间的异同。

(4)总结：这些形容词可能是正面的，也可能是负面的，可能是赞扬，也可能是责备。不管是哪一种答案都是正常的表现，都是人生必然经历的阶段，是一个人成长过程中的铺路石。因此，勇敢地写下你的答案，把这些答案当成是人生的经验保存起来，一个人积累的经验多了就会慢慢地成熟起来。

3.【心理训练】活动三：留舍最爱

目的：自我探索，思考自己生命中最重要的五样东西，通过对留与舍的决定，明确自己的价值观。

操作程序：

（1）准备一张白纸，把自己生命中最重要的五样东西写下来。小组内交流。交流后允许修改。

（2）假如要从五样东西中划去一样，首先划去哪一样？划去的理由是什么？

（3）从剩下的四样东西中划去一样，该划去哪一样？划去的理由是什么？依次划去，直到最后还剩一样。

（4）请思考划去的顺序和理由，体会作出留与舍决定时的心理感受。

（5）总结：这个自我探索活动是团体心理训练中比较常用的一个题目，有时间阅读一下毕淑敏的《我的五样》。好好记住这个顺序，如果在生活中面对选择，无所适从的时候，想想这次的取舍，或许奇迹会发生，答案也就出来了。

4.【心理训练】活动四：自我探索——理想的我和现实的我

目的：启发驾驶员思考现实的自己、理想中的自己以及他人眼中的自己。在这些自我的对比中，学习自我反思、自我评估，探索自己努力的方向，清晰未来的道路。

操作程序：

（1）每人在一张白纸上画出一个自我探索的表格，如表8-2所示。

自我探索　　表8-2

序号	情况要素	理想的我	现实的我	他人眼中的我
1	身高			
2	体重			
3	相貌			
4	出身阶层			
5	文化程度			
6	性格			
7	人际关系			
8	家庭			
9	收入			
10	爱好			
11	健康状况			
……（自己随便写）				

（2）填写这个表，具体填法，有两种形式：一种是竖填，先一鼓作气地填出现实的自己的情况；还有一种是横填。

（3）引导驾驶员思考诸如“理想的我”和“真实的我”，不相符合之处多吗？数一数到底有多少条？看看这些条款之中，有哪些是可以改变的？对那些经过努力可以更改的，你将如何努力？改变的代价能否承担？对那些不可改变的，能否真正坦然接受？

（4）讨论“真实的我”和“别人眼中的我”，有多大差距？对“真实的我”满意吗？如果不满意，有哪些地方是通过努力可以改变的？我尽到自己的努力和责任了吗？我是否经常为无法改变的自我而忧心忡忡？我是否太过在意别人的评价，以致活在了别人的期望之中？

（5）总结：我为“理想的我”制定过一个切实可行的行动计划了吗？我是否在持续不断地为理想而行动？我的“真实的我”与“别人眼中的我”与“理想的我”是否基本一致？如果出入较大，原因是什么？

5.【心理训练】活动五:你问我答

目的:以愉快放松的游戏方式去体会感悟。

操作程序:

(1)在节奏舒缓背景音乐的萦绕下,由身高最高或者最低的人开始,他任意选一位成员提问题。

(2)被提问的成员有1分钟的时间思考,如果回答不上来,就被提问的成员用充气玩具打一下,如果回答得令人满意,他也可以用充气玩具打对方一下。

(3)提问的问题应是促使对方感悟生活或工作经历的,有助于对方反思自己日常言行的,或者是促使其反观自我的意识、思维、情感的,比如"你一周/一个月/一年的驾驶经历中印象最深刻的一件事是什么";"你曾经做过什么愧疚的事吗";"最近对你启发最大的一件事是什么";"你在什么时候感觉自己最好看";"你真正的梦想是什么" 等。

(4)个人只能回答一次,当全体成员都分享过自己的经历和感想后,活动结束。

(5)总结:在愉快放松的环境下你问我答,感悟经历,引导驾驶员思考自我。

6.【心理训练】活动六:生命最后的思考

目的:通过一次想象中的意外事件,启发驾驶员们去思考自己的人生。

操作程序:

(1)组织者先给大家描述、模拟一个即将面临生命最后时刻的情景。

(2)引导大家思考:假如你真的有那么一天,你希望别人怀念你什么呢?你希望留给后人什么值得纪念的东西?你希望别人给你写一篇什么样的悼词或评价的文章呢?或者你自己给自己写一篇什么样的墓志铭呢?

(3)请拿出白纸和笔,在左侧写下希望担当的人生角色,诸如:

①一个好丈夫;

②一个好父亲;

③一个好儿子;

④一个好朋友;

⑤一个优秀驾驶员;

⑥一个好同事;

⑦一个对社会和他人有卓越贡献的人。

(4)写好以后,在右侧写出为了做这样一个人,你现在需要做什么努力,请制定出你的行动计划来。

(5)总结:通过想象中的意外事件,启发驾驶员思考自己的人生,珍惜当下的生活。

7.【心理训练】活动七:我的社会支持系统

目的:帮助驾驶员通过人际交往主动构建自己的社会支持系统。

操作程序:

(1)给每位驾驶员发放社会支持系统表格,如表8-3所示。

(2)填写自己的社会支持系统表,可以前面填写一个或多个名字,并在后面写明填写该名字的原因(最好以实例说明)。

我的社会支持系统表　　表 8-3

当我遇到困难时,我可以求助于(或当你处于困境时,你能得到谁的帮助?): 1. 家庭里的＿＿＿＿＿＿,因为＿＿＿＿＿＿。 2. 单位里的＿＿＿＿＿＿,因为＿＿＿＿＿＿。 3. 朋友中的＿＿＿＿＿＿,因为＿＿＿＿＿＿。 4. 社会上的＿＿＿＿＿＿,因为＿＿＿＿＿＿。 5. 其他＿＿＿＿＿＿,因为＿＿＿＿＿＿

(3)思考:你是否按顺序填写,填写理由?为什么认为他们会帮助你?你是如何与他们进行交往的?你与自己社会支持系统中的人有多长时间没联系了?

(4)与小组同学分享自己的答案,并讨论如何构建自己的社会支持体系。

(5)总结:构建自己的社会支持系统,有利于我们自信心的提升,增强我们克服困难的勇气,但也要纠正认识误区,即朋友越多,自我的社会支持系统越强大。应该把重点放在如何在建立社会支持系统时形成信任关系。

8.【心理训练】活动八:独特的我

目的:协助驾驶员认识自己的长处和短处,学会欣赏自己的长处,接纳自己的短处,扬长避短,并找到优化自我的方向。

操作程序:

(1)给每位驾驶员下发“独特的我”表格,见表 8-4 所示。

独 特 的 我　　表 8-4

我的长处:	我的局限:
这些长处和短处是否影响我的驾驶:	
当我发现了这些以后,我的感觉是:	

(2)组织者说明每个人都很独特,有自己的所长所短,了解自己非常重要,可以充分发挥自己所长,走自己独特的发展道路。驾驶员独自填写表格。

(3)写完后在小组内交流。

(4)总结:每个人都是独一无二的,各有优劣,接纳自己,扬长避短,自我完善。

9.【心理训练】活动十:自知与感悟训练的效果

目的:帮助驾驶员对自知与感悟训练效果有一个直观形象的认识,激发训练兴趣。

操作程序:

(1)将一小杯水和一大瓶水放在桌子上展示给大家。

(2)向杯子中滴一滴墨水,搅动,杯子中的水颜色变深。引导句例如“现在杯中的水就是你们参加这次自知与感悟训练后的效果,你们自己可能发觉自己有了一些变化”。

(3)把小杯水倒进大瓶水中,墨水被稀释了,几乎看不出颜色。引导句例如“此刻的水就好像你们结束培训回到日常生活中,你们发现你们没有发生改变,但是你错了,你只是没有感觉到”。

(4)接下来,组织者将大瓶中的水又倒出一小杯,再次滴了一滴墨水,搅动,杯子中的水颜色比刚才更深了。组织者将小杯水再次倒入大瓶子中,大瓶水比之前颜色深了一些。

(5)总结:驾驶员自知与感悟能力对自身的积极影响不是立竿见影而是潜移默化的,在训练结束后的日常生活中都要保持这种乐于自知与感悟的态度。

10.【心理训练】活动十一:读“心”书,助成长

目的:读经典书籍,用心去体会感悟。

操作程序:

(1)给每位驾驶员推荐1本书:张德芬著《遇见未知的自己》。

《遇见未知的自己》这本书中,作者以小说的形式来向人们讲解和诠释一个个耐人寻味又贴近生活的道理。当你细细咀嚼、慢慢体会的时候,会发现在当今纷繁复杂、快节奏的社会里,书中内容会带着我们慢慢地净化心灵,涤荡浮躁、悲观和欲望。这本书,可以让你了解自己、看清小我,进而在生活中操练,让自己更加自在、解脱、快乐而感恩,正是你用谦卑的心去体会一切之后,自然而然发生的感恩会带来更多的谦卑、更多的福分、更多的快乐,这样就形成了一个非常好的良性循环。书中指出:觉察和自省是一切成长的开始,谦卑和感恩是解决一切问题的万灵丹,请细细品味心灵的成长。

(2)请驾驶员利用工作之余,认真阅读,用心体会。

(3)驾驶员写出读书心得并交流讨论。

(4)把驾驶员读书心得整理保存,汇集成册。

三、反思感悟

在生活中你是否也有过这样的感受,自己的优点别人看不见,而自己的缺点自己看不见。但有时候明明觉得还做得不错的方面却被别人误解,其中的委屈苦不堪言。他人的意见不可不听,但要照单全收恐怕也非上策。如果你遇到类似的问题,那么你会怎样面对?你本身最显著的特点是什么?你自己的哪个特点让你最觉得痛恨?“金无足赤,人无完人”,不完美是必然的,没有必要苛求自己,更不应该轻率地否定自己。珍惜独一无二的自己,努力做最好的自己。

第九章　驾驶员交通安全意识训练

驾驶员交通安全意识淡薄是道路交通违法行为频发、道路交通事故多发的根本原因。交通安全意识淡薄的违章行为严重威胁着交通安全,也给社会政治经济带来严重后果。频繁多发的交通事故不仅造成人民群众生命财产的巨大损失,而且严重影响了社会和谐与稳定,妨碍了经济建设和社会发展,并引发了一系列的社会问题。驾驶员交通安全意识的培养应引起我们高度的重视。

第一节　驾驶员交通安全意识概述

一、驾驶员安全意识的内容、境界与类型

1. 驾驶员安全意识的内容

安全意识是指人们对于普遍存在的安全问题和安全现象的感受及其所采取的态度的总称,是一个泛义综合的概念。它反映了人们对安全问题的心理状态,是社会意识的一种特殊形式。

驾驶员的安全意识是通过感觉、知觉、记忆、思维、想象等对现实安全准确而清醒的认识,对外在客观事物的安全状态进行正确的判断,对自己的行为有意识地进行决策和控制,使自己或他人免受伤害。驾驶员的交通安全意识主要体现在驾驶员个人的社会责任感、驾驶道德、操作技能,对道路交通法规的遵守以及交通安全知识的掌握与运用。包括善待生命、珍惜生命的健康意识;事故严重、灾害频繁的风险意识;预防为主,防范在先的超前意识;行为规范、技术优先的科学意识;时刻注意安全的警觉意识。反之,则是交通安全意识淡薄及弱化的表现。

2. 驾驶员安全意识的境界

驾驶员安全意识的境界分为初级、中级和高级三层境界:

(1)初级境界,它是以不发生交通事故为准则。人们主要关注交通事故给社会带来的危害而致力于采取措施,抑制交通事故发生。

(2)中级境界,就是在参与交通活动时,不仅注意自身和他人的交通安全,而且时刻规范自己的交通行为,自觉维护交通秩序。

(3)高级境界,不但具有高级境界的安全意识和行为,而且能从社会角度考虑交通安全的全局性问题。它是自尊自爱意识、大众意识、遵章守法意识的完美结合,是社会主义精神文明高度发达的象征。

3. 驾驶员安全意识的类型

驾驶员的安全意识有主动安全意识、被动安全意识和驾驶安全潜意识。

主动安全意识,是指驾驶员社会责任感强,遵章守法,在驾驶过程中主动观察路况,积极

排查安全隐患,并根据学过的知识和掌握的经验采取相应措施规避险情的思维活动,具备主动安全意识的驾驶人开车时两眼注视前方的同时,还频繁地扫视左、中、右后视镜。他们时时注意自己的位置及周边车辆情况,以防与其他车辆距离过近,并提早规避可能出现的险情。

被动安全意识,是指在外界条件(路况)刺激下,为规避可能出现的险情作出的正确反应。举例说,行驶中发现前方路面有积水时,有安全意识的驾驶员就会减速通过;而安全意识薄弱的人就会贸然原速前进,一旦水下有坑,其后果就不堪设想。

驾驶安全潜意识,是指驾驶员在开车上路时出现的一种危机感。这种思维活动无形中约束着人的驾驶行为,使人处处谨慎,小心翼翼。所以,这种时时担心出事的潜意识对安全行车是极有好处的。统计数据显示,虽然下雨天交通事故总量增加,但是恶性事故所占比例却低于晴天。这是因为,下雨时驾驶安全潜意识告诉驾驶人,下雨路滑,制动距离变长。这种意识无形中约束着驾驶人不敢开快车,不敢放松警惕。

二、驾驶员交通安全意识淡薄的违法行为及其社会危害性

意识决定行为,交通安全意识影响和支配着驾驶行为,交通安全意识淡薄必然引起交通违法行为的发生。在现实生活中,交通安全意识淡薄的违法行为表现繁杂多样:超负荷运转,疲劳驾驶,超速行驶,无牌无证驾驶,遮挡、涂改号牌,闯红灯,转向不打转向灯,违法超车、会车,违法占道,逆向行驶,开车不系安全带、聊天、打手机等;这些交通违法行为严重威胁着交通安全。交通部门对交通肇事死亡的主要原因进行统计分析,驾驶员超速行驶、违法占道行驶、不按规定让行、违法超车、酒后驾车、疲劳驾驶、违法会车、逆向行驶安全距离不够9种交通违法行为是主要原因,其中,超速行驶是最主要的,占23.13%,其次是疏忽大意,比例达21.86%,疲劳驾车的比例为13.11%,还有违法驾车、判断错误和违章停车所造成的事故也占有一定比例。下面,我们来分析驾驶员交通安全意识淡薄的违法行为及其社会危害性。

1.超速行驶

“十次车祸九次快,超速行驶是祸害!”超速行驶对驾驶员的视觉、感受力以及对车辆的安全性能都有影响,进而造成事故的风险增加。

超速行驶使驾驶人视力下降。车速越高,驾驶人动视力下降越多。根据实验,若驾驶人在静止时的视力为1.2,当车速为60公里/小时时,其视力降为0.6。这时驾驶人对周围环境与行人的分辨能力大大下降。车速越高,驾驶人的视点越远,视野越窄对道路上信息的接收量越少。人体处于运动状态下眼睛的视野也会变得越来越窄,近处的东西看不见,看到仅是远处的东西,前方一旦出现险情,难以及时、准确、妥善地进行处置,容易引发交通事故。

超速行驶影响车辆的安全性能。超速使车辆的安全可靠性降低,直接影响驾驶操作的稳定性,同时易造成车辆与部件的损坏。超速行驶,破坏了车辆在特定环境工作中的指数,加大了车辆的工作强度和负荷,加剧了机件的磨损和损毁。特别对车轮更是不利,跳跃性、拖滑性磨损不说,还提高了摩擦温度,轮胎极易老化和变形,引发爆胎事故。

超速行驶易使驾驶员疲劳。由于速度快,超车、会车的机会增多,行驶间距缩短,车外情况应接不暇,驾驶人心理能量和生理能量消耗很大,时间一久还会瞌睡,其反应速度及操纵

车辆的准确度就会明显下降，易发生交通事故。

超速行驶易加大交通事故损害后果。超速行驶时一旦前方突然出现情况，即使采取了紧急制动措施，但仍会延长车辆的制动距离，在制动效果上，车速每增加一倍，制动距离约增加4倍。超速易造成翻车、碰撞的交通事故，交通事故的破坏程度很高。超速行驶使汽车碰撞时，冲击破坏力加大。国外研究机构测试表明，汽车以50公里/小时的速度撞上墙壁的冲击力，相当于从10米高度（约为3层楼屋顶的高度）跌落到水泥地面上，当速度为100公里/小时时，相当于从12层楼的高度跌落。

超速行驶导致驾驶员对相对运动速度的变化估计不足而造成措施过迟，影响整个驾驶员操作的及时和准确性。特别是在弯道上行驶，车辆的稳定性降低，由于横向离心力的大小与车速成正比，车速越快就越容易发生翻车事故。

驾驶员应了解超速危害遵守限速规定，克服侥幸心理保持安全车速，合理安排出行时间，杜绝超速行为。

2. 疲劳驾驶

疲劳对驾驶安全的影响主要有：

（1）感知觉机能弱化，表现听觉和视觉敏锐度降低，产生视觉错觉；注意范围变小，注意转移迟缓；驾驶活动必需的生理过程组合的内部协调受到破坏。

（2）反应潜伏期显著延长，判断能力下降，表现为反应时间显著延长；反应的灵敏性和对信号的处理能力下降。

（3）操作动作的准确性下降，动作的协调性受到破坏，出现动作过于急促或过于迟缓的现象。严重疲劳时发生手足发抖、脚步不稳、动作失调、肌肉痉挛。

驾驶疲劳程度有三种：①轻微疲劳，表现为频繁打哈欠，眼皮沉重，换挡不及时，不准确。②中度疲劳，表现为眼睛疼，口干舌燥，走神，全身发热。③重度疲劳，虽睁着眼却出现瞬间意识模糊，头不由自主地往下耷拉，心跳加快，视像出现重影，浑身发颤，出冷汗。

预防疲劳驾驶的措施：

（1）要掌握发生疲劳的顺序：首先是眼睛，其次是颈部，肩部，腰部。尤其是眼睛和身体的疲劳为甚。

（2）在疲劳的不同阶段采取不同的措施。疲劳的第一阶段，动作不及时，驾驶员应停车休息片刻；疲劳的第二阶段，操作粗糙，不准确，情绪低落，身体不适，这时应坚决停车，作较长时间的休息；疲劳的第三阶段，驾驶员呈疲劳状态，爱打瞌睡，此时驾驶员应立即停车，作长时间休息。严禁在过度疲劳的时候驾驶车辆。

（3）强调劳逸结合，讲究科学驾车。要保证充足，必要的睡眠时间，一般每日睡眠8小时，一天行车时间不超过8小时。

（4）注意休息的方式和环境，驾驶员可以在驾驶室内调整一下局部疲劳部位的姿势，休息的环境要安静，空气新鲜，温度适宜。

（5）行车途中去除困意的最佳办法是停车休息片刻或下车活动一会。

3. 酒后、超载、超员驾驶

驾驶员饮酒后，酒精被胃壁和肠壁迅速吸收，并溶解于血液中，通过血液循环流遍全身，进而影响中枢神经系统。当脑及其他神经组织内的酒精浓度增高时，中枢神经的活动逐渐迟钝,对安全行车造成影响。

饮酒后,视觉和听觉判断能力下降;驾驶操纵动作不协调;不能正确的估计行车车速和安全间距;反应变慢,变得犹豫不决;预见性驾驶能力丧失,难以提前对交通情况做出正确的分析和判断,并采取相应的措施;醉酒时,对交通情况的分析和判断能力完全丧失;酒后自我判断能力也会发生变化,变得胆大、轻率和冒险,所以严禁酒后驾驶车辆。

超载、超员驾驶会增大车辆负荷,车辆的制动距离增加,车辆行驶性能会发生不良改变,爆胎的可能性增加,车辆发生故障的概率增大,易发生交通事故加重损害后果。预防超载、超员驾驶的措施是深刻认识超载、超员危害,克服唯利是图心理;自觉遵守载货、载人规定。

三、驾驶员交通安全意识淡薄的形成原因

造成驾驶员交通安全意识淡薄的原因很多,但归纳起来,不外乎两个方面:一是外在的社会环境因素影响,二是内在的个人因素影响。

1. 社会环境因素影响

(1)交通违法现象在社会上普遍存在,很多人产生“从众心理”。各种违法现象普遍存在,成为一种社会“常态”,这也使一些驾驶员错误地认为“法不责众”,不考虑个人对交通安全应承担的责任和义务,对社会的交通安全产生了很大的负面影响,也是违法行为“久治不愈”的症结所在。

(2)社会尚未形成文明交通的良好氛围,交通法规还未成为人们自觉遵守的行为准则和道德习惯。就目前的现实而言,交通安全问题还没有引起人们高度重视,交通法规的贯彻落实还没有完全到位。在某些驾驶员的心目中,交通安全只是一句口号,并没有在具体行动中体现任何价值和意义。社会上不少人对各种违法行为也是熟视无睹,不纠正,不制止,有的甚至明知交通违法行为会危及人身安全也无动于衷,诸如此类的麻木思想,助长了驾驶员交通违法的歪风习气。

2. 驾驶员个人因素影响

(1)漠视心理。有些驾驶员交通违法并非不知法,不懂法,而是法制意识淡薄,明知故犯。对遵守交通法规“说起来重要,做起来次要,忙起来不要”,甚至错误地认为“法规是死的,人是活的,只要不出事,就是好样的”,无视法规的严肃性。

有些驾驶员道德观念模糊,道德观念缺失比一次交通违章更可怕。驾驶员职业道德出现偏差,就会改变行为方式和为人处世的态度。如:开“英雄车”“斗气车”“霸王车”,不觉愧疚,反感到某种英雄式的自我满足;在随便停车而引起交通堵塞时,不觉难堪,反而若无其事地享受其“言行自由”;在弄虚作假逃避了交警检查时,不改过,反因认为手段高明而自鸣得意。

(2)从众心理。在社会生活中,从众心理对人的影响很大,不从众会感到一种社会精神压力。由于人们具有从众心理,因此不安全的行为很容易被仿效。在一个团体内,如果有几个人经常违章而从未发生事故,那么其他人也会跟着违章,遵章守纪的人反而在这样的团体中显得很孤立,这种从众的心理严重地威胁着交通安全。

(3)侥幸心理。侥幸是企图偶然的获取成功或意外的免去不幸。存在侥幸心理的人往往对交通事故偶然性和必然性的关系认识模糊,认为出事故的人都是运气不好,运气好的人即便违法也会平安无事。因此,有些驾驶员明知汽车存在不安全因素,但不及时排除故障,

结果导致事故的发生。也有些驾驶员认为违法操作并不是每次都发生事故，因此，驾驶员为图方便，抱着侥幸心理而违法操作，而事故就在“不怕一万，就怕万一”时发生了。

(4)逞强心理。有些驾驶员特别是年轻的驾驶员，争强好胜，好出风头，感到开快车显得威风，有“英雄”气派，追求高速行车时的痛快感、刺激感；也有些驾驶员看到别人的车辆超越自己时，就认为是对自己人格和驾驶技术的挑战，于是故意不让或加速追赶，甚至强行超车后，故意甩方向或紧急制动，这种情况最易发生交通事故。

(5)盲目自信。盲目自信是驾驶员发生事故的普遍心理特征，这在青年驾驶员身上表现为一知半解，盲目骄傲，在老驾驶员身上表现为以经验为骄傲资本，不能正确评估自己，注意力不集中，心不在焉，把行车违法视为儿戏，缺乏科学态度，因此导致事故的发生。

(6)趋利心理。交通安全关系到人的生命和财产安全，安全意识淡漠就是对生命的淡漠，但在现实生活中，他们不懂“皮之不存，毛何附焉”的道理，摆不正安全与利益之间的关系，为获取更高的经济效益，甘冒事故风险超载、超速；为蝇头小利不惜以个人或他人的生命财产作赌注，以违法作为实现价值的“捷径”。

四、提高驾驶员安全意识的方法及措施

1.加强驾驶员的法制和文明教育，增强驾驶员的社会责任感

加强驾驶员的法制教育，组织驾驶员定期学习交通法规，强化驾驶员的安全意识、事故防范意识和法制观念，提高遵守交通法规的自觉性；加强驾驶员的道德文明教育，使驾驶员树立正确的人生观、价值观和高尚的道德情操，养成文明驾驶的良好习惯。驾驶员要自觉遵守交通法规，礼让三先，理解和尊重别人，保护他人的生命和财产安全；加强驾驶员的责任意识教育，增强驾驶员的社会责任感，让驾驶员明白自己承担着的维护自己和他人生命安全的重任和保障交通安全的社会责任。驾驶员应本着对生命的充分关爱和尊重的原则，始终把安全放在第一位，谨慎驾驶，文明行车，共同构建一个安全、和谐的交通环境。

2.掌握安全驾驶知识

交通安全意识的形成与驾驶员对道路交通安全知识的认知度有关。驾驶员要学习安全驾驶的知识，主要包括道路交通法规知识，培养遵纪守法意识；要掌握车辆构造、维护、维修与检测知识；掌握交通安全心理知识，在情绪不稳定、压力大，自信心不足时能主动自我心理调节；对道路交通有正确认识，了解道路交通风险知识，对交通风险提前预测，积极防范风险；掌握安全礼让、文明行车知识；掌握车辆操作技能，提高驾驶能力，减少失误。

3.增强安全意愿

人的安全素质分为三个层次：安全知识是基本层次，安全意识是深层次，安全意愿是核心层次。掌握安全的三个法则：安全知识胜于安全设施；安全意识强于安全知识；安全意愿优于安全意识。安全要从意愿入手，用意愿强化意识，用意识保证安全。有了安全意识，人们就会主动学习安全知识，安全就会有保障。

在阿根廷旅游景点卡特德拉尔有段蜿蜒的山间公路，3 公里路段上弯道多达 12 处，经常发生交通事故，被称为“死亡弯道”，1994—2004 年共发生了 320 次事故造成 106 人丧生。交管部门在入口竖起了大牌子“前方多弯道，请减速行驶”，但是没起作用，于是改成了触目惊心的文字“这是世界第一事故路段，这里离医院很远”，事故依然高发。正在一筹莫展之际，

老司机葛麦斯的独家秘籍给了当局一个启发。他驾车 43 年,从未发生一次事故,从未有过一次违法,交通部在他退休前颁发了一枚“优秀模范驾驶奖章”,颁奖时记者问他如何才能做到这一点,他说,开车时,我都有家人陪着啊,不过乘客是看不到的,他们都装在心里。当局随即将牌子改成了“家人在等你吃饭,请你不要让他们失望;安全驾驶,不要让白发苍苍的老人为你担心;您的平安,是对家人最好的爱”等标语。结果事故发生率大幅降低,甚至 2006 年和 2007 年两年一起事故也没发生,这就是著名的葛麦斯安全法则。

“安全为了谁”,是解决安全问题的一把金钥匙。安全意愿是安全意识的前提和基础。中外莫不如此。知道“安全为了谁”,才能从“要我安全”变成“我要安全”;知道“安全为了谁”,才能警钟长鸣,紧绷安全弦;知道“安全为了谁”,才能让安全成为一种习惯;明白“安全为了谁”,才能找到安全意识之母、安全工作之魂。安全为了谁?为自己,为家人,为企业,为社会,为了所有交通参与者。

4. 培养安全预防意识

东汉时期政论家、史学家荀悦的《申鉴·杂言》中写道:“先其未然谓之防,发而止之谓其救,行而责之谓之戒。防为上,救次之,戒为下。”事故的预防重在“生前就医”,而不是“死后验尸”。就如曲突徙薪的故事一样,对可能发生的事故应防患于未然,消除产生事故的因素。

安全预防意识的培养,一是危险辨识,二是针对性训练。进行危险辨识,培养驾驶员预见性驾驶能力。预见性驾驶的影响因素主要有驾驶经验、感官、安全知识的掌握程度、注意力、察觉危险征兆能力、观察能力和判断力。驾驶经验越丰富,驾驶员更容易判断在哪些情况下会发生危险;眼睛和耳朵发挥的作用越好,就能越早和越容易察觉危险;掌握的安全知识越多,驾驶员越容易发现潜在的危险;驾驶时精力充沛,注意力集中,有注意力分配和转移的能力,更容易察觉危险;潜在危险的征兆发现的越早,就越容易避开和避免危险;对全局观察得越好,发现危险的时间就越早。

5. 训练安全驾驶习惯

“习惯决定性格,性格决定命运”,人生成败在于习惯,安全与否也在于习惯。习惯性违法,会让人抱憾终生。安全也可以成为习惯,安全的习惯,会让人终身受益,良好的驾驶习惯的培养是将安全意识落到实处的重要手段。

一个人的思想意识、思维方式很难改变,但一个人的行为是可以靠外力来扭转的,我们可以通过改造行为的方式来达到改造思维的目的。

训练安全驾驶习惯。如:安全带不离身;停车及时拉手刹;行驶前检查车辆仪表;离车前确认车辆状态;点火前确认空挡状态;驾驶过程中,不能通过车窗抛物,而是将果皮、废纸和其他废弃物扔到随车携带的垃圾袋或等车辆停止后扔到路边的垃圾箱内;清洗自己驾驶的车辆时,不仅考虑保持车辆外观整洁,还要保持周围的环境整洁;通过积水路面,要减速慢行,防止水溅行人。

摒弃交通陋习:驾驶车辆时频繁变换车道,不开启转向灯变换车道;赤背、光脚、穿拖鞋或高跟鞋驾驶车辆;一边驾驶,一边吸烟,驾驶车辆时,长时间将左臂搭在车门窗上,或长时间右手抓住变速器操纵杆球头;随意变更车道,占用应急车道,开车打手机,不系安全带。

倡导文明交通行为:礼让斑马线,按序排队通行,车辆有序停放,文明使用车灯。

抵制危险驾驶行为:酒后驾驶、超速行驶、疲劳驾驶、闯红灯、强行超车、超员、超载。

提高驾驶员的安全意识是一个长期的潜移默化的过程，不可能一蹴而就，只有不断努力，常抓不懈，才能达到预期目标。实现交通安全，不单是驾驶员一方面的问题，需要其他交通参与者广泛参与和配合，需要从自我做起和全社会的共同努力。人们需要安全交通，社会呼唤安全的驾驶员，和谐社会需要一个安全、文明的交通环境。

第二节　驾驶员交通安全意识训练方案

意识决定行为，交通安全意识影响和支配着驾驶行为，交通安全意识淡薄必然引起交通违法行为的发生。安全意愿是安全意识的前提和基础，培养驾驶员安全预防意识，训练安全驾驶习惯，摒弃交通陋习，倡导文明交通行为。

一、心理自测

驾驶员安全意识测评

1. 您对现行的各项交通法规：

A. 非常清楚　　B. 基本清楚　　C. 不太清楚

2. 当前方突然出现行人或车辆时，您能迅速做出正确反应吗？

A. 完全可以　　B. 基本可以　　C. 难度很大

3. 您是否想过自己或同事开车的交通安全？

A. 经常考虑，我们的工作环境比较危险

B. 偶尔考虑，不过问题应该不大

C. 从不考虑，我们的工作很安全

4. 您是否关注媒体对交通安全事故的报道并从中吸取教训？

A. 总是如此　　B. 偶尔如此　　C. 基本不会

5. 您对开车过程中可能发生的各种危险是否清楚？

A. 非常清楚　　B. 基本清楚　　C. 不清楚

6. 您认为安全规章制度的建立，对预防安全事故的作用：

A. 很重要，是预防事故的重要手段

B. 比较重要，可以减少事故

C. 影响不大

7. 在时间紧迫的情况下，您开车会：

A. 保证安全　　B. 根据具体情况决定　　C. 开快车以保证时间

8. 遇到前方路口交通堵塞时，您是否能按交通规则开车？

A. 总是如此　　B. 基本如此　　C. 很难做到

9. 公司的安全管理工作对减少交通事故的影响？

A. 非常大　　B. 一般　　C. 很小

10. 当您的朋友或同事违法驾驶时，您的做法是：

A. 及时制止　　B. 事后提醒　　C. 放任不管

11. 对于安全行车事故的发生,您认为:

A. 绝对不是偶然的　B. 有时是偶然的　C. 纯粹是偶然

12. 您是否注意交通信号、安全出口等相关安全设施?

A. 总是如此　B. 偶尔如此　C. 基本不会

13. 一旦突然发生安全事故,您能否进行应急处理?

A. 完全可以　B. 基本可以　C. 难度很大

14. 您对公司的各项安全行车管理规定是否清楚?

A. 非常清楚　B. 基本清楚　C. 不太清楚

15. 您在开车前,是否对车辆及车内常用的设备进行常规检查?

A. 总是如此　B. 偶尔如此　C. 基本不会

16. 您认为违法驾驶的危害性:

A. 危害很大,极易发生事故

B. 有危害,有发生事故的可能性

C. 没有关系,违法也不一定会发生事故

17. 公司安全措施经费的投入对增加公司效益影响程度如何?

A. 非常大　B. 一般　C. 很小

18. 一般情况下,当空间比较狭小时,您能顺利地停车或倒车吗?

A. 完全可以　B. 基本可以　C. 难度很大

19. 您认为安全事故可以避免吗?

A. 可以避免　B. 有些可以避免　C. 无法避免

20. 对于公司组织的安全教育培训,您会?

A. 非常愿意参加　B. 应付差事　C. 基本不参加

21. 当车接近路口,交通灯黄灯闪烁,你会耐心等待下一次绿灯吗?

A. 总是如此　B. 基本如此　C. 很难做到

22. 在开车期间手机来电,您会边开车边接电话吗?

A. 总是如此　B. 视情况而定　C. 基本不会

23. 您如何看待对违规行为的惩罚?

A. 应该严惩　B. 视情况而定　C. 不应该惩罚

24. 参加聚会并喝酒之后,您会坚持自己开车吗?

A. 坚决不会　B. 视情况而定　C. 一般都会

25. 您是否会在开车前进行充分的休息?

A. 总是如此　B. 基本如此　C. 很难做到

26. 在您行驶过程中,有车辆想插队到您的前方时,您会让行吗?

A. 总是如此　B. 偶尔如此　C. 基本不会

多维度驾驶风格测试计分方法

驾驶员安全意识测评量表从业务素质、安全态度、安全行为倾向三个维度对驾驶员的安全意识进行测评。业务素质包括6个条目(1~6),主要测量驾驶员对交通规章和安全管理制度的掌握情况、驾驶技能以及对突发事件的处理能力;安全态度共12个条目(7~18),主要测量驾驶员对安全及有关问题的心理反应,包括驾驶员对安全重要性的认识、对事故、对安全管理、对违法行为的态度。安全行为倾向含有9个条目(19~26),主要测量驾驶员在遇到安全问题时会采取怎样的行为。包括驾驶员对交通法规的执行情况、具备良好的职业习惯以及与他人的协调配合情况。

记分方法采用0~2三级评分,按选项顺序分别记为2,1,0分。

二、心理训练

1.【心理训练】活动一:安全为了谁

目的:讨论"安全为了谁",警钟长鸣,紧绷安全弦,让安全成为一种习惯,唤起驾驶员的安全意识和责任意识。

操作程序:

(1)思考:请驾驶员思考"安全为了谁"。

(2)交流:每位驾驶员找一个交通事故案例交流并说明"安全为了谁"。

(3)体验:听了事故案例后的感受。

(4)总结:"安全为了谁",是解决安全问题的一把金钥匙,安全意愿是安全意识的前提和基础。

2.【心理训练】活动二:脑力激荡

目的:掌握安全驾驶知识,摒弃交通陋习,养成安全驾驶习惯,倡导文明交通行为。

操作程序:

(1)给每位驾驶员发一张纸,要求写出自己安全驾驶的经验。

(2)小组之内进行经验分享。

(3)听别人的经验分享,想一下哪些自己能做到,哪些还需继续完善。

(4)总结:要做到安全驾驶,不仅要有过硬的驾驶技能,还要紧绷安全弦,摈弃驾驶陋习,养成好习惯。

3.【心理训练】活动三:交通安全宣传标语征集

目的:掌握安全驾驶知识,摒弃交通陋习,养成安全驾驶习惯。

操作程序:

(1)在驾驶员中开展交通安全宣传标语征集,可以是原创,也可以是出行中有心收集到的。要求内容新颖、健康向上、意义深刻、语言精练、简单易懂、朗朗上口、贴近生活、节奏感强,便于记忆传播。

(2)在小组内讨论交流,并评选出"最佳交通安全宣传标语"20条。

(3)打印驾驶员推选出的"最佳交通安全宣传标语"20条,人手一张,经常翻看。

(4)总结:人的安全意识水平不是一成不变的,通过持续对安全知识的学习、安全警示教育和驾驶实践活动,驾驶员的安全认识水平会逐渐提高,从而促进安全意识的提高。

4.【心理训练】活动四:听故事,谈体会

目的:讲述安全培训故事,驾驶员谈心得与体会,寓教于乐,渗透安全知识,预防意识、责任意识、安全意识。

操作程序：

(1)组织者准备10个安全培训小故事：

①《驴子过河》：一次不出事，不代表永远安全；

②《捉猴子》：不能为了效益而忽视安全；

③《蜘蛛姐妹》：不消灭隐患，隐患会消灭你；

④《温水煮蛙》：思想麻痹是最大的隐患；

⑤《斑鸠筑巢》：预防为主，永远不能忘；

⑥《蚊子和狮子》：安全工作，要始终谨慎从事；

⑦《梯子与安全的故事》：排除潜在的危险；

⑧《喜鹊与乌鸦》：尽职尽责绝不是一句口号；

⑨《巴顿将军与降落伞》：把工作做到零缺陷；

⑩《司机应聘》：不能心存侥幸。

(2)组织者依次讲给驾驶员，每讲一个故事展开一次讨论。

(3)根据安全培训故事，驾驶员联系自己的驾驶经历感悟体会故事带来的启示。

(4)总结：安全意识的培训仅仅依靠单纯空洞的说教，往往收效甚微，讲故事的形式生动活泼，寓教于乐，在开心交流中，联系驾驶经历去反思体会，能得到启发，受到教育。

5.【心理训练】活动五：亲情感化

目的：亲情在每个人的情感世界中的位置，是最重要、最宝贵而又无可代替的。亲情感化，增长驾驶员的责任感，养成好习惯，使遵纪守法、远离事故成为自觉行为。

操作程序：

(1)看视频公益宣传片：《人人都会被牵挂》。

(2)分享安全警句和温馨提示，如："请勿疲劳驾驶，您的亲人在等您平安回家""开文明车、行平安路、回温馨家""酒饮妻儿累、疲添父母愁""开车粘上酒、事故跟着走""装上安全上路、载满幸福回家"。

(3)请驾驶员家属给驾驶员写一封信，内容有父母的叮咛、妻子的嘱托、儿女期盼，传递注意安全，平安出行的关切，写好后提前交给活动组织者。

(4)看视频公益宣传片《人人都会被牵挂》之后，组织者把家书交给驾驶员。

(5)驾驶员读家书，谈体会，小组内交流体验感受。

(6)总结：真诚简朴、亲情浓浓的肺腑之言，使驾驶员去感受家人的挂念和期盼，感觉到自己对家庭的责任，触动很深。亲情感化，强化平安驾驶意识，切实做到了用真心、怀真情抓好安全宣教工作。

6.【团体训练】活动六：交通安全宣传

目的：通过交通安全系列宣传活动，学习安全驾驶，清醒地认识到自己的责任重大，规范驾驶行为。

操作程序：

(1)组织"交通安全知识竞赛""交通安全知识讲座""交通安全图片展""交通事故案例展"和"道路交通安全法"等系列宣传活动，每个驾驶员至少参与2项。

(2)每位驾驶员参与活动后,写出心得体会。

(3)小组内交流体验感受。

(4)总结:安全意识的形成不是一蹴而就,必须坚持持续不断地以丰富多样的活动不断渗透交通安全理念,养成平安出行心态。

三、反思感悟

看澳大利亚交通公益宣传片:"人人都会被牵挂",思考"安全为了谁"?经过驾驶员交通安全意识的学习,根据心理自测,对自己的交通安全意识进行评估,思考自己驾驶中常见的不安全驾驶行为有哪些?学习安全知识,增强安全意愿,训练安全驾驶习惯,培养安全预防意识。安全要从意愿入手,用意愿强化意识,用意识保证安全;没有安全知识,员工就会稀里糊涂受伤害;没有安全知识,事故就会不请自来。安全知识重要,安全意识更重要。有了安全意识,人们就会主动学习安全知识,安全就会有保障。

第十章　驾驶员心理健康的自我维护训练

驾驶员是一种长期从事高强度、高压力、高风险、高要求且单一姿势作业的特殊职业群体，他们的身心健康，直接关系广大人民群众的生命财产安全和员工的切身幸福感，他们的心理与身体一样，也会“感冒发烧”，有时甚至还会“急性发作”。了解驾驶员心理健康状况，加强驾驶员心理健康管理，指导驾驶员进行心理健康的自我维护显得尤为重要。

第一节　驾驶员心理健康概述

一、心理健康及标准

1. 心理健康概念

心理健康在广义上讲就是指一种高效而满意的、持续的心理状态；狭义上讲是指人的基本心理活动的过程内容完整、协调一致，即认知、情感、意志、行为、人格协调和完整，能适应社会，能与社会保持一致。

2. 心理健康标准

心理健康标准是心理健康概念的具体化，国内外学者提出的心理健康标准也不尽相同。对驾驶员来说，由于职业角色的特殊性和职责的重要性，其心理健康标准还应体现出与其工作性质相适应的特殊内涵。

《简明不列颠百科全书》指出心理健康的具体标准是：

①认知过程正常，智力正常；②情绪稳定乐观，心情舒畅；③意志坚强，做事有目的；④人格健全，性格、能力、价值观等均正常；⑤养成健康习惯和行为，无不良行为；⑥精力充沛地适应社会，人际关系良好。

美国心理学家马斯洛和密特尔曼提出心理健康的10条标准：具有适度的安全感；具有适度的自我评价；具有适度的自发性与感应性；能与现实环境保持良好的接触；适度的接受个人的需要；有自知之明，能保持人格的完整与和谐；有切合实际的生活目的；具有从经验中学习的能力；在团体中能与他人建立和谐的关系；在不违背团体的原则下能保持自己的个性。

一些学者对心理健康标准的研究作了较全面的归纳，即七种依据，两种思路与两种倾向：七种依据包括统计学上的常态分布、是否合乎社会规范、是否存在医学上的症状、是否适应社会生活、是否符合个人主观经验、是否具应有的心理成熟与发展水平、心理机能的充分发挥为依据；两种思路是指众数原则（生存标准）的思路和精英原则（发展标准）的思路；两种倾向一是倾向于从社会性层面来确定心理健康标准，二是倾向于从个体性层面来确定心理健康标准。

最新的研究表明：心理健康的成年人应该是“无持久、强烈的行为、情绪困扰；在家庭、社会等各方面适应良好；面对生活、工作中的压力和挫折有一定的心理复原力的个体。

一般来说，心理健康的个体应该符合四个基本条件：

①大部分时心情愉快；②对自己有恰当的评价；③能够做与年龄相符且符合社会规范的事情；④正确对待外界影响，使心理保持平衡协调。

由于情况复杂，我们不能仅凭一两项就断定某人心理是否正常，离开具体时间、地点和条件，孤立地分析人的心理活动，甚至乱加分析，是不对的，甚至是有害的。绝不能把日常生活中由于某种原因面引起的暂时的情绪反应及暂时出现的人际关系紊乱认为是精神异常。

二、驾驶员典型的安全驾驶心理

驾驶员的心理健康是影响安全驾驶的重要因素之一。易发生事故的驾驶员往往具有潜在的、特定的心理特征，使其比一般驾驶员更易发生事故。行车中，驾驶员应保持良好的驾驶心理状态，对不良心理及时进行调节，确保行车安全。

1. 沉着冷静

遇到外界环境的刺激时，驾驶员能够保持冷静，从而做出正确判断并采取相应的措施，对于保证行车安全非常重要。有些驾驶员在遇到行驶缓慢、交通拥堵、一路遇红灯等交通状况时，性情开始变得急躁，容易出现在路口抢行、强行变更车道、强行超车、频繁变更车道及超速行驶等危险驾驶行为。

驾驶员应切记“十次肇事九次快，心情急躁事故来”。驾驶员要充分做好行车计划，包括规划行车路线、驾驶时间和休息时间。在行车过程中，驾驶员要告诫自己不要冲动，听听喜欢的音乐，保持稳定的情绪，遵守交通通行规则。

2. 谦虚谨慎

驾驶员始终保持谦虚谨慎的态度，才能正确认识自己的不足，发现潜在的风险，不断获得进步。有些驾驶员在连续安全行驶一定里程之后，就开始自我感觉良好，开车时满不在乎、我行我素，忽视行车中的安全隐患，对自身的不良驾驶习惯视而不见，听不进他人的提醒和忠告。

驾驶员应切记“骄傲自大存隐患，自满心理害自己”。驾驶员应常怀自省之心、谦虚之心，不断总结行车经验，强化安全驾驶意识，扩展安全知识，提高安全驾驶技能。

3. 宽容谦让

宽容，是对他人的理解、容纳与尊重，以宽容的心态对人，是一种利人利己、有益社会的良性循环。有些驾驶员对他人的不良驾驶行为一点也不能容忍，比如，遇到前方车辆长时间骑压车道线行驶，其他车辆强行加塞儿，对向来车占道行驶等，立即产生不满或愤怒情绪。在这种心理的支配下，驾驶员会把注意力集中在报复他人上，采取强行超车、丝毫不让对方、挤加塞儿车辆、开远光灯对射等危险驾驶行为，而忽视了对周边交通情况的判断与处理。

谦让是指在不伤害别人或危及社会的情况下，作出的合理让步，是一种深厚的涵养，可以改善自己与他人、与社会的关系。行车中做到谦让，可以提升行车的安全、和谐。有些驾驶员很要强、不服输，总觉得自己的驾驶技能高超，驾驶车辆时，盲目地争强好胜，出现超速抢行、强行超车、开“英雄车”等危险驾驶行为。

4. 敏锐警惕

行车中，交通环境不断发生变化，驾驶员只有时刻警惕，才能对可能发生的危险情况保持敏锐的感觉。有些驾驶员在熟悉的道路、简单的交通环境下行车，容易放松警惕、粗心大意、心不在焉，自以为很有把握。在处理道路交通情况时，自以为是，对道路上的安全风险失去警惕性，安全敏感性降低，疏忽关键的安全细节，容易引发交通事故。

驾驶员应切记“全神贯注驾驶，沉着冷静避险”。在日常驾驶中，要克服麻痹大意心理，严格遵守谨慎驾驶的黄金三原则，保持谨慎心态小心驾驶。

5. 自主果断

道路交通安全法规是对大量血淋淋的事例进行总结得出来的，驾驶员应当时刻认识到违法驾驶必然会引发交通事故。有些驾驶员自恃经验丰富、技术过硬，心存侥幸地采取酒后驾驶、闯红灯、驾驶“带病”车辆上路、通过危险路段等危险驾驶行为，为行车安全埋下极大的安全隐患。

驾驶员应认识到交通事故与侥幸心理的必然联系，在任何时候、任何地方、任何情况下都应该严格遵守交通法规，严格遵守操作规程，规范驾驶行为，发现危险的情形时主动采取行动来确保安全。

6. 积极乐观

有些驾驶员在工作、家庭、生活、婚姻等方面出现问题或者不如意时，会出现思想负担过重、精神压力大、情绪低沉。在这种心理状态下，驾驶员的注意力不能集中到驾驶车辆上来，反应变得迟钝，遇到紧急情况时惊慌失措、手忙脚乱，极易发生交通事故。积极乐观的驾驶员相信坏事情总会过去，能够心平气和地对待当前的各种境遇，以积极的心态和行为来应对。

驾驶员应切记“负担过重心情烦，精力分散易失措”。遇到烦心事时，多想想生活美好的一面，暂时忘记不愉快的事情，解除思想压力，卸下包袱，集中精力，安全驾驶。

三、驾驶员心理健康的自我调适

一般来说，个人的心理问题不是被传染的，也不是外伤得来的，在某种意义上可以说是由个人自己“制造”出来的。它只能通过个人的调适，包括在专业与非专业助人者的协助下的自我调适，经由一个类似再学习与再教育的过程，才能走向康复。为了减少心理方面问题的出现，维护心理健康，我们从拥有积极心态和学习维护心理健康的方法两方面来阐述。

1. 拥有积极心态

心态就是一个人对自己、对他人、对社会、对事物、对问题的看法和态度，就是一个人对工作、对事业、对家庭、对朋友、对同事等所持的观点和态度。不同的人具有不同的心态。心态有两种类型：积极心态和消极心态。积极的心态由“正面”的特征组成：比如信心、诚实、希望、乐观、勇气、进取、慷慨、容忍、机智、诚恳与丰富的常识等，消极心态会摧毁信心，会使希望破灭，它就像一剂慢性毒药，吃了这副药的人会慢慢变得意志消沉，失去任何动力，对未来总是感到失望，在他们眼中许多事物、好多工作都是没有意义的。他们想要的是空中楼阁，他们是思想上的巨人，行动上的矮子。

积极的心态使人产生向上的力量，使人喜悦、生气勃勃，使人沉着、冷静，缔造和谐。消极的心态，使人不思进取，甚至颓废，使人忧愁、悲观、失望、萎靡不振，如果心情不好，就会跟别人发脾气，不愿意配合别人的工作，人际关系就会紧张。

积极心态的人有目标、敢于承担责任、独立自主；消极心态的人无目标、逃避责任、依赖性强。面对难题，积极心态的人认真思考，作出选择，消极心态的人不动脑筋，安于现状；面对挑战，积极心态的人从实际出发，求变创新，消极心态的人逃避、退缩。

积极的心态像太阳，照到哪里哪里亮；消极的心态像月亮，初一十五不一样。如果你的内心是一团火，你才能释放出光和热；假如你的内心是一块冰，就是融化了，最多也只有零度。拥有积极心态，自我维护心理和谐，才能更好地感知生活的幸福与美好。

1）改变不了事情，就改变态度

在现实生活中，常听人抱怨：我怎么就这么不走运呢，每天总有一些倒霉的事缠着我，怎样就不让我消停一下有个好心情呢，谁能帮帮我？其实能帮助自己的不是他人，而是自己。

美国社会心理学家费斯汀格有一个很出名的判断，被人们称为"费斯汀格法则"：生活中的10%是由发生在你身上的事情组成的，而另外的90%则是由你对所发生的事情做出怎样的反应决定的。换言之，生活中有10%的事情是我们无法掌控的，而另外的90%却是我们能掌控的。我们控制不了前面的10%，但完全可以通过你的心态与行为决定剩余的90%。

每个人其实都是很脆弱的，很多事情是无法改变的，但是人们可以改变对待事情的态度。在人生中，不如意者十有八九。一个人怎样能够从不利的方面看到有利的方面，在消极的环境中看到积极的因素，这需要具有一种生存的智慧和一种处事的哲学。英国作家萨克雷有一句话说得很好，他说："生活就是一面镜子，你笑它也笑，你哭它也哭。"

2）发现美好，积极思维，乐观豁达

人的眼睛和照相机的功能是一样的，假如你用照相机对准一朵鲜花，得出来的照片是一朵鲜花；如果对准垃圾桶，照出来的肯定是垃圾桶。人的耳朵也一样，如果把你的耳朵的频道调到二泉映月，你的心情肯定会变得很悲伤，如果把耳朵调到百鸟朝凤等一些欢乐、明快的歌曲上，你的心情就会好起来。

美好是世界存在的基本形式，关键在于每个人要有一双善于发现的眼睛。所以，每一个人都要学会控制自己的注意力，把眼睛和耳朵聚焦到美好的事物方面，这样你的心情就会快乐起来。

3）活在当下，快乐每天

"当下"是指你现在正在做的事、你现在所在的地方、现在与你一起工作和生活的人。"活在当下"就是要把关注的焦点集中在当下这些人、事、物上面，全心全意地去接纳、品味、投入和体验这一切。"活在当下"就是专注此时此刻，在那里就做好那里的事。

强者从不抱怨生活。无论当下的境遇如何，努力向上生长，才是最好的人生破局之道。当一个人既能够勇敢地追求梦想，又能够接受当下不够完美的处境，勇敢乐观地前行时，他一定会被聚光灯照得熠熠发光。

4)消除烦恼,永不抱怨

不切实际的欲望燃烧会使人们失去自我。有的人总想成名成家就是没有想到成为自己;还有的人东施效颦,总认为别人都是优点,自己都是缺点。在生活的所有烦恼中,有40%是杞人忧天;有30%的烦恼是既定的事实,再烦恼也无法改变;有12%是子虚乌有;还有10%是鸡毛蒜皮的事;只有8%的烦恼才勉强有一些正面的意义。因此,人的92%的烦恼是自寻烦恼。

为不会发生的事饱受煎熬,正是人生的一大悲哀!一切烦恼都会随着时间的推移和通过我们自身的努力而被忽略。而忽略掉一个烦恼,就会迎来"山重水复疑无路,柳暗花明又一村"的一个佳境。

张德芬在《遇见未知的自己》写到:抱怨是最消耗能量的无益举动。有时候,我们不仅会针对人、也会针对不同的生活情境表示不满;如果找不到人倾听我们的抱怨,我们还会在脑海里抱怨给自己听。

威尔·鲍温在其著作《不抱怨的世界》提出的"不抱怨"运动,随书附赠一只手环,向人们传递了"抱怨不如改变"的生活理念,据不完全统计,该书上市不到一个月,就有600万人参与了"不抱怨"活动,并迅速蔓延到全球80多个国家。抱怨自己的人,应该试着学习接纳自己;抱怨他人的人,应该试着把抱怨转成请求。这样一来,你的生活会有想象不到的大转变,你的人生也会更加的美好、圆满。

只要有突破困境的愿望、改变抱怨的态度,积极地去做当下应该做的事情,那么就一定能突破困难,继续向追求的目标前进。

5)学会感恩,笑对挫折

感恩才会懂得珍惜,感恩实际上就是在丰富自己的人生,感恩让我们变得更快乐!

感恩父母,给了我们生命;感恩祖国给了我们归宿;感恩配偶给了我们幸福;感恩子女给了我们快乐;感恩公司给了我们报酬;感恩上司给了我们舞台;感恩同事给了我们帮助;感恩下属给了我们支持;感恩朋友给了我们友谊;感恩关照我们的人,感恩我们关照的人;感恩伟大的自然,给了我们美丽的家园感恩生活,生活才会祥和美满!

一个人在工作、学习过程中,不可避免地会遇到这样或那样的挫折和困难,是积极面对,还是消极面对,完全取决于自己的心态。印度诗人泰戈尔说:当你为失去太阳而哭泣的时候,你肯定会失去星星。遇到困难时微笑相待,这种微笑充满着自信和力量,就像有一种超凡的魔力,它像阳光一样,可以驱散阴云,把许多人的沮丧、阴郁、恐惧、苦恼的情绪一扫而光,有利于困难的解决。

2. 学习维护心理健康的方法

1)学习心理学知识,正确评价自我、悦纳自我

俗话说"理论指导实践",要想在心理健康的实践中一切顺利,还需要心理学理论知识的指导,学习一些基本的心理学知识极为必要。当然,在选择书籍时,最好选择一些广为流传的、经典的、质量高的著作。另外,还可以选择一些心理学科普期刊,如《大众心理学》《心理月刊》等,观看心理学影像视频,如《心理访谈》,积极参加心理健康讲座等宣传教育活动,在有趣阅读和欣赏的同时,逐步积累心理学知识,将心理问题堵在门外、远离自己。这些都是学习心理健康和心理问题方面知识的好方式。

观察周围的人,我们可以发现心理健康的人自我评价客观,能悦纳自我。而心理不健康的人总是在自我评价方面出问题,要么是自我评价过高,妄自尊大;要么就是自我评价过低,妄自菲薄,出现自卑等情绪,不能悦纳自我。“金无足赤,人无完人”,我们每个人都有优点也有缺点,心理健康的关键在于我们要能看到自己的优点,也要能看到自己的缺点,对自我能正确评价,从而悦纳自我。

2)确立恰当的目标,积极投入工作生活

心理学的研究发现,目标具有指引的功能,它能引导个体的注意和努力,使它们趋近与目标有关的行动,远离与目标无关的行动;目标具有动力的功能;目标影响坚持性;目标还通过对任务相关的知识和策略的唤起、发现和使用而间接影响行动。所以,设置好恰当的目标,对我们的心理健康不无益处。目标的设置特别要注意不要太高,也不要太低。太高的目标容易使人产生较大的心理压力,往往会造成欲速则不达;太低的目标又起不到应有的激励作用;中等难度的目标,人们在努力后可以达到,不至于总是失败,是比较适合的目标。在生活中,更重要的参照对象是自己,是自己的过去。如果善于与自己的过去对比,将注意力集中于当前的努力,则比较有助于保护个体的自信心。

积极地投入工作、学习、生活之中,在其中获得成功感,从而促进心理健康。成功感是与自我评价有关的情感,是否能经常体验到成功感与每个人的人格发展、心理健康、生活质量密切相关。当前社会强调“以人为本”,能否经常体验到成功感,成功感体验的强弱,是个体生活质量、心理健康水平的一项重要的心理指标。正如吃饭、喝水是我们的生理需要一样,工作、学习是我们的社会需要。如果终日无所事事,人自然会感觉空虚、无聊。所以我们每个人都需要积极地投入工作、学习之中,在其中体会充实、满足、成功等情感。有条件的,还可以去参加一些心理健康方面的实践活动。

3)合理宣泄,注意转移,增强情绪的自我调控能力

在生活中几乎每个人都会遭遇消极的情绪如愤怒、悲哀、恐惧等,也有挫折和压力。的确,在生活中事事称心如意是不可能的,要想维护心理健康关键是要学会调控自己的情绪,使自己经常保持积极的情绪。有效的方法如自我暗示,当情绪激动时,轻声警告自己“冷静些”“不要发怒”;陷入忧愁时,提醒自己“忧愁无济于事”,进行自我鼓励。

当遇到不愉快的事情时,可以当面向家人、朋友倾诉,也可以通过写信、打电话、记日记等方式诉说心中的烦恼。如果不方便诉说,自己一人痛哭一场也不失为一个好方法。因为人在痛哭时,泪液会产生高浓度的蛋白质,可以减轻乃至消除人的压抑情绪。大家都知道大禹治水时,用的是“疏”而不是“堵”的方法,我们在遇到一些小问题时,让这种不良情绪合理地宣泄出来,也就起到了治疗的功效。

当我们受到挫折,心理压力增大的时候,当我们处于抑郁、焦虑、愤怒等情绪的时候,如果我们一味沉浸在该事上,死钻牛角尖,往往会做出不理智的选择或引发更糟糕的情绪。这时候,我们应选择去做可以帮助我们转移注意力的事情,如跑步、打球、散步、唱歌、看电视、听音乐、找朋友聊天、打牌、逛街等。这可以根据个人的兴趣、爱好及实际情况决定,只要是能帮助自己转移注意力而又不妨碍他人的事情都可以。

4)改变认知,积极归因,加强意志锻炼

许多的心理问题其缘由往往是错误的认知或偏颇的想法引起的。如嫉妒,我们之所以

会因嫉妒某人而寝食难安,很可能是因为我们太看重所嫉妒的那些事件,并看轻了所嫉妒的人,而认为自己才是该获取成功的人。在这种情况下,特别需要客观地分析所嫉妒的事情,同时也需要分析自己所嫉妒的人,如果这两个问题分析清楚了,改变了对事情的狭隘认知,嫉妒心理就自然得到了化解。

积极地归因,将成功的结果归因于内部的、稳定的原因,如能力、努力;将失败归因于不稳定的原因,如临时努力不足、学习方法不好等,有助于维持和激发学习动机。

加强意志锻炼。在工作、生活中随时随处都是挫折、困难,所以我们的心理健康需要意志的支持呵护。良好的意志品质是心理健康的标准之一。意志薄弱的人,在困难、挫折面前容易悲观消极、怨天尤人,甚至轻生;相反,意志坚强的人可以知难而上,在磨炼中成长,往往容易获得成功,从而有益于心理健康发展。我们要在克服困难的过程中锻炼意志,维护心理健康。

另外,常常温习一些名言警句,让其成为自己的座右铭,可以给我们莫大的心理支持。如"君子坦荡荡,小人长戚戚"告诉我们对人生要有积极的看法,郑板桥的"难得糊涂"告诉我们不要在小事情上纠缠不休;"站得高,望得远"告诉我们远大的目标对生活的指引作用。另外,在工作、学习中,我们还可以扩大人际交往,建立良好的人际关系,并注意悦纳他人,使自己在群体中感受到归属感、安全感,这也正是我们维护心理健康的好方法。

第二节　驾驶员心理健康的自我维护训练方案

一、心理自测

1.【心理自测】测试一:特质应对方式问卷(TCSQ)

特质应对方式问卷,如表10-1所示。

特质应对方式问卷　　表10-1

指导语:当您遇到平日里的各种困难或不愉快时(也就是遇到各种生活事件时),您往往是如何对待的?根据实际情况选择相应的选项。 "肯定是"选择5,"肯定不是"选择"1","4""3""2"是介于两者之间的不同程度						
序号	项　　目	肯定是	介于两者之间			肯定不是
1	能尽快地将不愉快忘掉	5	4	3	2	1
2	易陷入对事件的回忆和幻想之中而不能摆脱	5	4	3	2	1
3	当作事情根本未发生过	5	4	3	2	1
4	易迁怒于别人而经常发脾气	5	4	3	2	1
5	通常向好的方面想,想开些	5	4	3	2	1
6	情绪易受到不愉快事情的影响	5	4	3	2	1
7	喜欢将情绪压在心底里不让其表现出来,但又忘不掉	5	4	3	2	1
8	通常与类似的人比较,就觉得算不了什么	5	4	3	2	1
9	能较快将消极因素化为积极因素,例如参加活动	5	4	3	2	1
10	遇烦恼的事很想悄悄地哭一场	5	4	3	2	1

续上表

序号	项　　目	肯定是	介于两者之间			肯定不是
11	旁人很容易使你重新高兴起来	5	4	3	2	1
12	如果与人发生冲突,宁可长期不理对方	5	4	3	2	1
13	对重大困难往往举棋不定,想不出办法	5	4	3	2	1
14	对困难和痛苦能很快适应	5	4	3	2	1
15	相信困难和挫折可以锻炼人	5	4	3	2	1
16	在很长的时间里回忆所遇到的不愉快事	5	4	3	2	1
17	遇到难题往往责怪自己无能而怨恨自己	5	4	3	2	1
18	认为天底下没有什么大不了的事	5	4	3	2	1
19	遇苦恼事喜欢一人独处	5	4	3	2	1
20	通常以幽默的方式化解尴尬局面	5	4	3	2	1

2.【心理自测】测试二:总体幸福感测评

指导语:以下问卷涉及您近期对生活的感受与看法,无好坏之分,请根据自己的现实情况和切身体验回答,选择相应的答案即可。

驾驶员安全意识测评

1. 你的总体感觉怎样(在过去的一个月里)?

A. 好极了　B. 精神很好　C. 精神不错

D. 精神时好时坏　E. 精神不好　F. 精神很不好

2. 你是否为自己的神经质或“神经病”感到烦恼(在过去的一个月里)?

A. 极端烦恼　B. 相当烦恼　C. 有些烦恼

D. 很少烦恼　E. 一点也不烦恼

3. 你是否一直牢牢地控制着自己的行为、思维、情感或感觉(在过去的一个月里)?

A. 绝对的　B. 大部分是的　C. 一般来说是的

D. 控制得不太好　E. 有些混乱　F. 非常混乱

4. 你是否由于悲哀、失去信心、失望或有许多麻烦而怀疑还有事情值得去做(在过去的一月里)?

A. 极端怀疑　B. 非常怀疑　C. 相当怀疑

D. 有些怀疑　E. 略微怀疑　F. 一点也不怀疑

5. 你是否正在受到或曾经受到任何约束、刺激或压力(在过去的一个月里)?

A. 相当多　B. 不少　C. 有些

D. 不多　E. 没有

6. 你的生活是否幸福、满足或愉快(在过去的一个月里)?

A. 非常幸福　B. 相当幸福　C. 满足

D. 略有些不满足　E. 非常不满足

7. 你是否有理由怀疑自己曾经失去理智,或对行为、谈话、思维或记忆失去控制(在过去的一个月里)?

A. 一点也没有　B. 只有一点点　C. 有些,不严重

D. 有些,相当严重　E. 是的,非常严重

8. 你是否感到焦虑、担心或不安(在过去的一个月里)?
A. 极端严重　B. 非常严重　C. 相当严重
D. 有些　E. 很少　F. 无
9. 你睡醒之后是否感到头脑清晰和精力充沛(在过去的一个月里)?
A. 天天如此　B. 几乎天天　C. 相当频繁
D. 不多　E. 很少　F. 无
10. 你是否因为疾病、身体的不适、疼痛或对患病的恐惧而烦恼(在过去一个月里)?
A. 所有的时间　B. 大部分时间　C. 很多时间
D. 有时　E. 偶尔　F. 无
11. 你每天的生活中是否充满了让你感兴趣的事情(在过去的一个月里)?
A. 所有的时间　B. 大部分时间　C. 很多时间
D. 有时　E. 偶尔　F. 无
12. 你是否感到沮丧和忧郁(在过去的一个月里)?
A. 所有的时间　B. 大部分时间　C. 很多时间
D. 有时　E. 偶尔　F. 无
13. 你是否情绪稳定并能把握住自己(在过去的一个月里)?
A. 所有的时间　B. 大部分时间　C. 很多时间
D. 有时　E. 偶尔　F. 无
14. 你是否感到疲劳、过累、无力或精疲力竭(在过去的一个月里)?
A. 所有的时间　B. 大部分时间　C. 很多时间
D. 有时　E. 偶尔　F. 无
15. 你对自己健康关心或担忧的程度如何(在过去的一个月里)?
不关心　0　1　2　3　4　5　6　7　8　9　10　非常关心
16. 你感到放松或紧张的程度如何(在过去的一个月里)?
松弛　0　1　2　3　4　5　6　7　8　9　10　紧张
17. 你感觉自己的精力、精神和活力如何(在过去的一个月里)?
无精打采　0　1　2　3　4　5　6　7　8　9　10　精力充沛
18. 你忧郁或快乐的程度如何(在过去的一个月里)?
非常忧郁　0　1　2　3　4　5　6　7　8　9　10　非常快乐

3.【心理自测】测试三:自我效能感量表(GSES)

自我效能量表,如表10-2所示。

自我效能量表　　表10-2

指导语:以下10个句子关于你平时对你自己的一般看法,请你根据你的实际情况(实际感受),在右面合适的□上打"√"。答案没有对错之分,对每一个句子无须多考虑。

序号	内　容	完全不正确	有点正确	多数正确	完全正确
1	如果我尽力去做的话,我总是能够解决问题的	□	□	□	□
2	即使别人反对我,我仍有办法取得我所要的	□	□	□	□

续上表

3	对我来说,坚持理想和达到目标是轻而易举的	□	□	□	□
4	我自信能有效地应付任何突如其来的事情	□	□	□	□
5	以我的才智,我定能应付意料之外的情况	□	□	□	□
6	如果我付出必要的努力,我一定能解决大多数的难题	□	□	□	□
7	我能冷静地面对困难,因为我信赖自己处理问题的能力	□	□	□	□
8	面对一个难题时,我通常能找到几个解决方法	□	□	□	□
9	有麻烦的时候,我通常能想到一些应付的方法	□	□	□	□
10	无论什么事在我身上发生,我都能应付自如	□	□	□	□

二、心理训练

1.【心理训练】活动一:我选择,我愿意

目的:学习积极的心理暗示,采用积极的思维反应。

操作程序:

(1)请写三件你认为你“不得不做的事”。

(2)请按照“我不得不做 …… ”的句式说出你要做的三件事。

(3)请按照“我选择做……,所以我愿意。”的句式再说说你要做的三件事。

(4)体会一下用这两种表达句式带给你的心理感受一样吗?

(5)总结:远离抱怨、忧虑、空想、自卑等负面情绪,积极地思考和行动,勇于直面今天的困难与挑战,生活将从此告别沉重和平庸,变得更加充实且富有激情。

2.【心理训练】活动二:拥有积极心态,保持心理健康

目的:经常诵读心态和心理健康歌,拥有积极心态,保持心理健康。

操作程序:

(1)诵读心态歌:心态控制你的人生。

你不能决定命运的长度,但可以控制它的质量;
你不能左右天气,但可以改变心情;
你不能改变容貌,但可以展现笑容;
你不能控制他人,但可以掌握自己;
你不能预知明天,但可以利用今天;
你不能样样胜利,但可以事事尽力。

(2)牢记心理健康歌:

心无病,防为早,心理健康身体好;
心要平,气要和,情绪稳定疾病少;
勤锻炼,多运动,强身健体最重要;
食养身,八分饱,脏腑轻松自疏导;
手脚勤,睡足觉,劳逸结合真需要;
常动脑,少疲劳,修身养性要做到;

有规律，不乱套，正常生活总协调；
宜宽容，宜大度，气量狭窄催人老；
不恼怒，不急躁，适当宣泄人欢笑；
孝父母，爱手足，亲情本是人间宝；
尊师长，爱同学，友情人人都需要；
品诗文，习书画，个人爱好需强调；
爬千山，涉万水，旅游途中见识高。

(3)经常诵读心态和心理健康歌，让自己保持健康的身心。

(4)总结：自我心理暗示是个体通过自己的认知、言语、想象等心理活动向自己发出刺激，以影响自己的情绪、意志和行为的一种心理方法。诵读，用积极的语言给自己施加影响，使自己拥有积极心态，保持心理健康。

3.【心理训练】活动三：积极心态的自我暗示

目的：学习积极的心理暗示，采用积极的思维反应。

操作程序：

(1)请写下你的愿望。

(2)将你的愿望由“我想……” 改为“我一定能……”。

(3)不为自己找借口。

(4)使用积极的语言，如，如果相信自己能做到，你就能做到；我心里怎样思考，就会怎样去做；在我生活的每一方面，都会变得更好而又更好；现在就做，就能把异想天开的事变成事实；不论我以前是什么人，或者现在是什么人，倘若我凭积极的心态去做，我都能变成我想做的人；确定“我一定能”的概念；我想，我能。我想，我一定能！

(5)总结：经常使用能保持良好心态的自我提示语，积极的提示语能起到心理暗示的作用，经常使用一些激励性的提示语，并把它们牢记在心，使它们成为自己精神生活的一部分。这样，潜意识的提示语就会在平时不自觉地显露出来，并影响我们的心态，控制我们的情感。当然，这些能保持积极心态的提示语并不是固定不变的，只要是能励我们积极思考、积极行动的词语，都可以作为自我提示语。

4.【心理训练】活动四：早晚“三问”

目的：养成积极思维的习惯。

操作程序：

(1)每天早晨起床后，提问自己三个问题：

①现在有什么事情让我感到快乐？

②现在有什么事情让我感到振奋？

③现在有什么事情值得我去追求？

(2)每天晚上临睡前，提问自己三个问题：

①我今天为自己或别人做出什么贡献了？

②今天我最高兴的一件事是什么？

③明天有什么值得我去追求？

(3)坚持一个月，养成好习惯。

(4)看看生活是不是发生了很大变化。

(5)总结:晨起积极的心理暗示会使你一天的心情很愉快,工作也感觉很顺利。如果从早上总想着今天最烦的人是谁,今天最痛苦的事情是什么,这样的一天肯定会暗淡无光。同样,临睡积极的心理暗示使人能够安然地入睡,做个好梦。有什么样的想法,就有什么样的结果。只有提出好的问题,才能得到好的答案。想到的不一定都能够得到,但是,没有想到的,一定得不到!

5.【心理训练】活动五:我的未来我做主

目的:对目标有正确认识,通过设计适合自己特点的未来目标来达到做一个成功幸福的人。

操作程序:

(1)请小组内每个驾驶员写出五件自己从小到大取得的小小成功,最好学习、生活、工作每个不同阶段都想出一个。

(2)小组内交流分享,分析自己所谓的成功是否在他人看来也算作是成功。

(3)既然每个人对成功的定义不一样,那么对于未来我们也应该有能力自己设定适合自己的未来目标。

(4)总结:在了解自己的基础上要承认人是有个体差异的,每个人成功的标准也是不同的。未来的目标是一个不断调整的目标,根据现实环境的需要,每个人都要不断尝试新的活动,接受新的挑战,这样才能使自己设定的目标更接近成功。要想成为一个幸福快乐的人就要学会品味每一次挑战,体悟成功目标的实现是需要一个长期过程的,只有这样才能最终走向成功。

6.【心理训练】活动六:减压卡

目的:学习行之有效的减压方法。

操作程序:

(1)为保持心理健康,每个人都会有一些适合自己且行之有效的减压方法。

(2)小组内交流分享这些减压方法。

(3)把减压方法制作成卡片,发给每个驾驶员:

①一吐为快。假如你正为某事所困扰,千万不要闷在心里,把苦恼讲给你可信的、头脑冷静的人听,以取得支持和指正。

②听听音乐。轻松的音乐有助于缓解压力。如果你懂得弹钢琴、吉他或其他乐器,不妨以此来对付心绪不宁。

③大喊大叫。在僻静处大声喊叫或放声大哭,哭并不可耻,流泪可使悲伤的感情发泄,也是减轻压力的一种方法。

④与人为善。遇事千万别怀恨在心,怀恨在心付出的代价是使自己的绪紧张,用别人的错误惩罚自己。

⑤留有余地。不要企图处处争先,强求自己时刻都以一个完美形象出现,生活不需如此,你给别人留有余地,自己也往往更加从容。

⑥学会躲避。从一些不必要的、纷繁复杂的活动中,从一些人为制造的杂乱和疲劳中摆脱出来。在没有必要说话时最好保持沉默,听别人说话同样可以减轻心理压力。

⑦勿当超人。不要总认为什么事都应做得很出色,应明白哪些事你可稳操胜券,然后集

中精力干这些事。淡泊为怀,知足常乐,不但可减轻心理压力,还可避免“英年早逝”的悲剧发生。

⑧放慢节奏。当局面一团糟无法控制时,不妨放慢节奏,不要把无所事事的事安排在日程表中,进行一次“冷处理”。

⑨遇事沉着。沉着是一个人是否成熟的标志之一。沉着冷静地处理各种复杂问题,有助于舒缓紧张压力。

⑩换个环境。适当的改变环境可以减轻心理压力,这并非消极的回避,而是有益的“跳槽”可另谋新的岗位,自我反省,吸取教训。

(4)总结:适度的压力有助于提高学习和工作效率,但过度的压力会危害人的健康;压力虽无法避免,但我们可以学会“放下”,学会化解压力,历经风雨见彩虹,在逆境中获得快乐,为心灵创造一片明朗的天空。

7.【心理训练】活动七:开心一刻

目的:通过听幽默故事,练习幽默思维,练就幽默办法,幽默有助于对问题的解决和对压力的释放。

操作程序:

(1)组织者提前给驾驶员安排一任务:每位驾驶员准备一个笑话,可以是原创,也可以是查阅、学习来的。

(2)小组内分享幽默故事。如:

幽默故事一:交通警察看到一位驾驶人在大街上吃力地推着汽车,就走过去问:“先生,是不是出了什么故障或者是没汽油了?”“哦,不是这样的,只是因为刚才我发现忘记带驾驶执照了。”

幽默故事二:发生了一起车祸。但这次却是罕见的幸运,被撞的行人脚上仅有几处擦伤,而且都不大严重。驾驶人照例停下了车,在交警到来之前,他恼怒地对行人喊道:“为什么不注意?要知道我是个熟练的驾驶人,开车7年从没出过事!”行人闻言大怒,立刻接过他的话头说:“可我也不是新手,我步行已46年了!”

抛砖引玉继续分享幽默故事三,幽默故事四……

(3)体会幽默带给自己的轻松与快乐。

(4)总结:幽默可以使人在欢声笑语中化忧愁为欢乐,变尴尬为从容,最终使沉痛的心情变得开朗、豁达和轻松。美国心理学界一直很看重幽默对应激的协调作用,而在中国却一直遭到忽视。为此,在大家的日常生活中,幽默的功夫尤其需要加强。

8.【心理训练】活动八:读“心”书,助成长

目的:读经典书籍,用心去体会感悟。

操作程序:

(1)给每位驾驶员推荐2本书:[美]约瑟夫·J·卢斯亚尼著《改变自己:心理健康自我训练》和[英]丹尼尔·弗里曼,贾森·弗里曼著《家庭心理自助手册》。

《改变自己:心理健康自我训练》介绍了诸多自我测试与训练的方法,例如学会识别令你不快乐的思维和情绪,学会通过自我谈话技巧来发展新的、健康的思维和认知方式,教导人们如何改掉不安全的习惯,帮助读者无忧无虑,更自发地去把握新的生活方向,消除生活中

的厌倦、绝望、慢性疲劳和情感麻木，重新找回人的快乐本性。

《家庭心理自助手册》是英国心理学会推荐的第一本非医学类心理健康读物，收录40余例家庭常见心理问题，它不仅提供了一些预防心理问题出现的实用建议，而且还告诉你问题一旦发生该如何应对。既浅显易懂，又引人入胜。本书中提供的所有建议与方案，均有扎实的实践研究佐证，为读者提供最专业的预防知识，最有效的心理与情绪解决方案，读后可以从中得到很大帮助。

(2)请驾驶员利用工作之余，认真阅读，用心体会。

(3)驾驶员写出读书心得并交流讨论。

(4)把驾驶员读书心得整理保存，汇集成册。

三、反思感悟

请想一下，你有过心理困扰吗？你是如何处理的？在社会生活中，我们几乎找不到从来没有得过感冒的人，从来就没有身体绝对健康、从来不得病的人。在心理上也会与生理健康类似，人们或多或少、或早或晚地遇过心理困惑，就像“感冒”一样，严重的感冒需要用药物的帮助进行治疗，如果程度比较轻，也许通过多喝水、多休息，通过自身的调整就能够自愈。同样我们的心理困扰也可以通过自我积极主动去调适，求人不如求己，拥有积极心态，维护心理和谐，呵护心理健康，才能更好地感知生活的幸福与美好。

第十一章　驾驶员心理素质训练的实证研究

驾驶员的心理素质对交通安全会产生直接的影响,我们设计了驾驶员团体心理训练方案并在驾驶员中开展心理素质训练,以提高驾驶员心理素质,做到安全行车,实际效果如何有待实践检验。为此,我们在济南市交通运输企业进行了为期10个月的实验研究。

第一节　实证研究设计

一、实验研究对象

从济南市公交公司选择80人参与本研究,随机分实验组和对照组,40人作为实验组,另40人作为对照组,两组均参加前测验、后测验。实验组接受为期10个月10个专题的团体心理训练,控制组不接受任何训练。

二、实验研究工具

1. 总体幸福感量表(GWB)

总体幸福感量表(GWB)是用来评价受试对幸福的陈述,它是为美国国立卫生统计中心制订的一种定式型测查工具。本量表共有33项,后来国内段建华(1996)对本量表进行了修订,修订后的量表共18项,其中1、3、6、7、9、11、13、15、16项为反向评分。得分越高,幸福度越高。本研究使用修订后的量表。

2. 卡特尔16种人格因素问卷

16种人格因素问卷(16PF)是美国伊利诺州立大学人格及能力测验研究所卡特尔教授编制的用于人格检测的一种问卷,简称16PF。16PF测验共有187道题目,从16个方面描述个体的人格特征。这16个因素或分量表的名称和符号分别是:乐群性(A)、聪慧性(B)、稳定性(C)、恃强性(E)、兴奋性(F)、有恒性(G)、敢为性(H)、敏感性(I)、怀疑性(L)、幻想性(M)、世故性(N)、忧虑性(O)、实验性(Q1)、独立性(Q2)、自律性(Q3)、紧张性(Q4)。

3. 特质应对方式问卷(TCSQ)

特质应对方式问卷(TCSQ)是自评量表,用于反映被试者面对困难挫折时的积极与消极的态度和行为特征。由20条反映应对特点的项目组成,包括2个方面:积极应对与消极应对,每个方面都各含10个项目。各项目答案从“肯定是”到“肯定不是”,采取5、4、3、2、1五级评分。被试者根据自己大多数情况时的表现逐项填写。评价指标包括积极应对分和消极应对分。

4. 自我效能感量表(GSES)

自我效能感量表(GSES)共10个项目,涉及个体遇到挫折或困难时的自信心。GSES采用李克特4点量表形式,各项目均为1~4评分。

5. 舒尔特表(Schulte Grid)

采用1~25的数字打乱顺序,随机排列的5*5表,用来培养注意力集中、分配、控制能力;拓展视幅;加快视频;提高视觉的稳定性、辨别力、定向搜索能力。

6. 情绪状态量表(POMS)

情绪状态量表(POMS)由40个描述驾驶员不同情绪状态的形容词构成,包括紧张、疲劳、抑郁、精力、慌乱、自尊、情绪纷乱7个分量表,该量表的计分方法为:“几乎没有”为0分,“有一点”为1分,“适中”为2分,“相当多”为3分,“非常地”为4分。其中情绪纷乱(TMD)总分等于5个消极的情绪得分之和减去两个积极情绪(精力,自尊感)得分之和加100。

7. 意志力测评量表

意志力测评量表列出了26种情况,被试根据自身情况作答:完全符合选A,部分符合选B,一时难以确定是否符合选C,不大符合选D,完全不符合选E。量表中1~13题,选项A、B、C、D、E依次为5、4、3、2、1分;量表中14~26题,选项A、B、C、D、E依次为1、2、3、4、5分。26个题目得分加起来为总得分。得分越高,意志力水平越高。

8. 驾驶员安全意识测评量表

驾驶员安全意识测评量表有27个条目,从业务素质、安全态度、安全行为倾向三个维度对驾驶员的安全意识进行测评。业务素质包括6个条目,主要测量驾驶员对交通规章和安全管理制度的掌握情况、驾驶技能以及对突发事件的处理能力;安全态度共12个条目,主要测量驾驶员对安全及有关问题的心理反应,包括驾驶员对安全重要性的认识、对事故、对安全管理、对违章行为的态度。安全行为倾向含有9个条目,主要测量驾驶员在遇到安全问题时会采取怎样的行为。包括驾驶员对交通规章制度的执行情况、具备良好的职业习惯以及与他人的协调配合情况。记分方法采用0~2三级评分,按选项顺序分别记为2,1,0分。

9. 气质类型测试量表

气质类型测试量表共60题,每题有非常符合、比较符合、不确定、比较不符合、完全不符合五种程度,赋分2、1、0、-1、-2,每种气质类型对应不同的题目,把属于每一种类型的题的分数相加,得出的和即为该类型的得分。有四种气质类型:胆汁质、多血质、黏液质和抑郁质。

10. 多维度驾驶风格量表(MDSI-C)

多维度驾驶风格量表有24个题目组成,每题有A到F六种程度,计分1~6分,量表有感觉寻求、愤怒、冒险、焦虑、分心五个维度,各维度得分相加,然后取平均数。测量冒险型、愤怒型、焦虑型三种驾驶风格。冒险型驾驶风格,指故意违反安全驾驶规范,驾驶时寻求刺激,具有速度快、非法超车等特点。焦虑型驾驶风格,指驾驶时的感觉、情绪受到警觉、紧张影响,并伴随着分心活动。愤怒型驾驶风格,指在道路上有激惹、暴怒、敌对的态度和行为,并伴有攻击性行为倾向,如:诅咒、向其他驾驶员频繁闪灯(挑衅)等。

三、实验研究方法

驾驶员是在复杂的条件下工作的特殊职业,交通环境复杂多变,不但要求驾驶员具有健康的体格,还须具备敏锐的观察力、快速反应能力,稳定的情绪,良好的心理承受能力,优良个性特征。

1. 实验研究假设

通过实施以驾驶员自知与感悟能力、感知与决策能力、良好的注意品质、情绪管理能力、压弹能力、意志品质、安全意识、个性完善、心理危机预防为主题内容的团体心理训练,使实验组的驾驶员能体验积极心理品质、感受心理健康状态、培养积极正向的思维方式、心理素质将得到明显的优化;学会了更积极的自我认知,总体幸福感增强,并获得自我完善、自我修复的能力。

2. 实验研究程序

本研究采用自然实验法,进行实验组和对照组的前后测设计,整个团体训练时间持续近1年。团体心理训练实施前后的心理测试一是通过学校心理咨询中心的心理测试系统,二是通过问卷星进行测试,三对于不会使用计算机和智能手机的驾驶员通过印制问卷,进行纸笔测试,收集数据,统计分析使用 SPSS19.0 进行。

第二节　实证研究的具体实施

一、驾驶员团体心理训练的目的

团体心理训练,是在团队中进行心理帮助与辅导的一种心理能力和心理素质培养模式。对驾驶员进行心理训练有助于其必备心理品质的形成与发展,培养驾驶员感觉灵敏,观察分析交通情况迅速准确,注意力高度集中,意志品质果断、遇到突发情况情绪稳定,减少交通事故的发生概率,保证安全行车。其次,驾驶员是高风险、高压力、高应激的职业,对驾驶员进行心理训练有助于心理复原能力、情绪控制能力、压力容忍能力等积极心理潜能的培养,做好交通事故后心理危机的预防。

团体心理训练以团体动力学理论、人本主义心理学理论、小群体互动理论、社会学习理论和积极心理学理论为指导,通过教师专题讲座、开展互动式教学、组织团体活动;驾驶员通过角色扮演、心理自测了解自己;成员之间讨论、互动分享,自主体验、心灵感悟等方式培养和激发驾驶员的积极认知、积极情绪、积极意志行为和积极个性。

二、驾驶员团体心理训练时间计划安排

(1)2018 年 1 月—3 月　驾驶员职业胜任心理素质调查,确定训练内容

(2)2018 年 4 月　制作驾驶员心理测评手册,开展训练前心理测试

(3)2018 年 5 月—10 月　进行不同主题的驾驶员团体心理训练

(4)2018 年 10 月—11 月　完成驾驶员训练后心理测试

(5)2018 年 12 月—2019 年 3 月　实验数据统计分析,形成实验报告

三、驾驶员团体心理训练的内容

采用文献分析、专家评判、问卷调查法等对驾驶员职业胜任心理素质进行了深入分析,确立了 9 个训练专题,分别是驾驶员自知与感悟能力训练、驾驶员感知与决策能力训练、驾驶员良好的注意品质训练、驾驶员情绪管理能力训练、驾驶员压弹能力训练、驾驶员意志品质训练、驾驶员安全意识训练、驾驶员个性完善训练和驾驶员心理健康自我维护训练。

四、团体心理训练组织形式

团体训练方式我们设计了自主自助学习、驾驶员群体互助和专题辅导训练等形式。

1. 自主自助学习

我们给驾驶员提供了学习必读书目:常若松主编,人民交通出版社《汽车驾驶员安全心理学手册》;戴家隽主编,人民交通出版社《驾驶人安全心理指导手册》;这两本书将心理学知识与驾驶员的职业特点相结合,为驾驶员提供心理健康指导服务,提升驾驶员心理素质。《心理自助手册》是人民军医出版社出版,作者是刘学俊,这是一本面向公众的科普读物,以公众普遍存在的心理问题和社会生活事件为主要内容,重点阐述常见心理问题的自我调适方法和对人影响比较大的社会生活事件的应对策略。这几本书注重知识性和实用性,语言生动,事例鲜明,是适合驾驶员阅读的心理自助实用手册。

另外,也推荐了下列几本书和杂志,供驾驶员参考学习。主要有樊富珉主编《团体心理咨询》,岳晓东著《登天的感觉》,张德芬《遇见未知的自己》,李开复《做最好的自己》,[英]丹尼尔・弗里曼,贾森・弗里曼著《家庭心理自助手册》,勒尔顿著《放下的力量》,(美)菲尔图著,《意志力是训练出来的》,毕淑敏的《心灵七游戏》,严文华的《心理画外音》,(美)安东尼著,陆怡如译《羞怯的 10 种简明应对方式》、(美)塔切《100 种抵抗忧郁的心情处方》、郑军的《心灵简札》、塞利格曼著《真实的幸福》《持续的幸福》,威尔. 鲍温著《不抱怨的世界》,丹尼尔・戈尔曼著《情商 3:影响你一生的工作情商》,海伦. 凯勒《假如给我三天光明》,约瑟夫・J・卢斯亚尼著《改变自己:心理健康自我训练》;杂志有《大众心理学》和《心理月刊》等。

通过微信公众号《驾心・交心・安心》平台传播交通心理学知识,为驾驶员提供心理健康服务。《驾心・交心・安心》旨在交通安全心理学知识普及,驾驶员心理素质提升,让安全驾驶从"心"做起！资料包括积极心理学和交通心理学常识介绍、心理美文、心理测试、心理影像视频、交通事故案例集等专栏。

在积极心理知识专栏里,我们介绍了积极心理学的理论背景、意义和相关知识、积极心理与消极心理的异同。为了方便驾驶员自主自助学习,我们还设置了心理文摘、寓言故事,以及精美的散文赏析等,使驾驶员能从文章中获得自省和反思。交通心理学常识介绍模块,我们分析了驾驶员的感知觉、注意力、情绪、个性、安全意识、挫折压力对驾驶安全的影响,同时提出提高安全驾驶心理素质的对策。总之,在自助模块中,驾驶员可以通过一

些喜闻乐见的形式获得自身所需的心理学知识，找到提高积极心理素质的方法、培养积极的心理状态。

在驾驶员心理素质测试专栏里，我们设计了驾驶员16PF测试、总体幸福感量表（GWB）、特质应对方式问卷（TCSQ）、自我效能感量表（GSES）、情绪状态量表（POMS）、意志力测评量表、驾驶员安全意识测评问卷、气质类型测试量表、多维度驾驶风格量表等测试帮助驾驶员了解自我、探索自我、发现自我，有助于驾驶员心理素质的提升。

在心理影像视频专栏中，我们为驾驶员推荐了积极励志的心理电影（如美丽心灵、肖申克的救赎、爱德华大夫、叫我第一名、远征南极、西雅图不眠夜、幸福从天而降、心灵捕手、死亡诗社、无法触碰）和电视片（如心理访谈），播放与心理教育相关的幻灯片、积极心理讲座的视频资料（如中国香港中文大学岳晓东博士的“幸福课”）等等，这些形式具有新颖性和趣味性的特征，且寓教于乐，也更容易被驾驶员认可和接受。由此，可以激发驾驶员对心理学知识的兴趣，诱导他们更多的关注自身所具有的积极品质和积极的潜能，从而达到提升他们积极心理素质，预防心理危机发生的效果。

在交通事故案例集专栏里，我们从长期积累的交通事故案例集摘录了一部分，内容覆盖驾驶员的自我认知、个性、安全意识、情绪和意志力等对交通安全的影响。驾驶员通过对交通事故案例进行分析，更能感同身受，也更容易从中获得启发。在案例的选择上我们坚持如下三个原则：一是针对性，我们针对特定的驾驶员心理素质教育教学目的选择和设计案例；二是代表性，我们选择的案例必须具有代表性；三是真实性，案例的选择还应该能完整而真实地描述事件本身，引发驾驶员的共鸣。

2. 驾驶员群体互助

驾驶员职业群体具有流动分散作业，劳动强度大；环境复杂多变，安全风险大；瞬间的不规范操作，对社会危害大；服务对象多样，行业形象影响大；工作环境较差、易损害生理和心理健康。驾驶员由于地位、处境、利益、需要等方面有诸多的相同点，他们之间很容易沟通、接纳和产生共鸣。利用良好的驾驶员群体心理互助有助于提高助人者和受助者的积极心理素质，提高心理素质水平。

为便于驾驶员群体互助，我们建立不同主题的QQ群和微信群，为驾驶员倾诉心中苦闷开辟通道。鼓动驾驶员群体共同探讨生活工作中的困惑和发现，遇到问题“驾友”之间互助救援，思想充分交流和碰撞，讨论各种各样的专业议题和公共议题，在这个讨论当中，就产生了群体之间的认同感。

3. 专题辅导训练

我们制定了积极心理取向的团体心理训练方案并实施，围绕着9个专题，进行专题心理素质训练。训练的基本模式按“学一学，练一练，想一想，”三个环节进行。“学一学”提供相应的心理学背景知识，我们知道，提高认知是提高心理素质的重要方面。如果对心理学的知识一知半解或是根本不了解，就很难有效提高其心理素质。所以，首先需要学习相关的心理学知识；“练一练”主要依据团体辅导的原理，围绕有关主题，设计相应的活动，组织团体训练，团体训练，既可以小组内进行，也可以小组间进行。驾驶员在小组内有一种归属感，成员之间交流分享，相互促进、相互启发、借鉴，扩展思路，丰富心智；小组间的训练活动又可以激发大家的集体荣誉感，让大家为了集体而积极参与活动。我们训练中也安排一些心理自测、自我探索等，这本身就是心理训练的一个重要环节，对提高自己的心理能力有不可低估的作用，驾驶员积极配合用心去做；“想一想”是围绕训练活动，来启发驾驶员思考、反思，注重引导驾驶员自主地探索和感悟，人的心理成长，靠的不仅仅是相关理论知识的学习，更需要人的亲身体验、感受和感悟。心理学需要用心去体会，所以把驾驶员的体验和感悟，作为一个主线，渗透在团体训练中，非常具有新意。

五、驾驶员团体心理训练实施方案

为做好团体心理训练，我们制定了驾驶员团体心理训练实施方案，如表 11-1 所示。

驾驶员团体心理训练实施方案　　表 11-1

序号	训练主题	训练目的	训练方式	训练内容
1	相聚是缘	活跃气氛，打破僵局； 相互熟识，加速了解； 感受团体心理成长的特殊氛围，建立团队规范契约	教师讲授 心理自测 团体活动 互动分享 自主体验 反思感悟	理论探讨：阐述驾驶员心理素质训练的意义、理论基础、原则；明确驾驶员心理素质训练的内容与方法，掌握驾驶员心理素质训练的目标与要求。 心理自测：16PF 测试 合作能力测试 团体活动： (1)滚雪球/串名字游戏 (2)微笑握手 (3)大风吹 【反思感悟】感受初次合作的魅力并想一想参加心理素质训练的期望与打算？
2	感知与决策能力训练	培养敏锐、迅速、准确地感知能力，遇到风险时冷静果断做出决策	教师讲授 团体活动 互动分享 自主体验 反思感悟	理论探讨：驾驶员视知觉、错觉、危险知觉、判断决策能力对安全行车的重要性。 团体活动： (1)驾驶适宜性检测 (2)看图识危险 (3)危险预测能力训练 (4)心灵电波 (5)老师说 (6)九点连线思维与决策 (7)风险问题脑力激荡 【反思感悟】结合专题学习与自我测试，思考评估自己的感知与判断能力、危险知觉与决策能力存在的问题以及自我完善的方法

续上表

序号	训练主题	训 练 目 的	训练方式	训 练 内 容
3	良好的注意品质训练	提升驾驶员注意广度、注意的转移和分配能力，克服注意力不集中，改善驾驶分心	教师讲授 团体活动 互动分享 自主体验 反思感悟	理论探讨：驾驶员注意及其功能、注意的分类、注意的品质及培养、驾驶员的“不注意”与驾驶分心的预防。 团体活动： (1)“舒尔特表”训练 (2)看谁的速度快？ (3)被难住的心算家 (4)找不同 (5)视点上下、左右、“蛇形”移动训练 (6)缩扩视野训练 (7)脑力激荡—驾驶员注意力不集中的克服 (8)一手画圆一手画方 (9)视听训练 (10)送你十八句祝福语 【反思感悟】结合专题学习与自我训练，思考评估自己的注意广度、注意的转移、注意分配能力存在的问题以及克服驾驶分心
4	情绪管理能力训练	驾驶员情绪的自我觉察与表达，情绪调节与管理能力	教师讲授 心理自测 团体活动 互动分享 自主体验 反思感悟	理论探讨：驾驶员情绪的概述、安全行车的情绪要求；驾驶员不同的情绪状态和种类对交通安全的影响；驾驶员路怒症的原因与预防；组织层面和个人层面驾驶员情绪管理的方法。 心理自测：情绪状态量表(POMS) 团体活动： (1)一周情绪记录表 (2)情绪的自我觉察 (3)趣味连线 (4)情绪的表达 (5)别让情绪把鱼吓跑 (6)三栏目技术调整认知，管理情绪 (7)积极心理暗示 (8)重庆万州公交车坠江事故所想到的 (9)你演我猜 (10)情绪调节妙招收集会 (11)读“心”书，助成长：《情商3：影响你一生的工作情商》 【反思感悟】狐狸和葡萄的故事

续上表

序号	训练主题	训 练 目 的	训练方式	训 练 内 容
5	意志力训练	掌握意志力训练方法 提高意志品质	教师讲授 心理自测 团体活动 互动分享 自主体验 反思感悟	理论探讨:驾驶员意志的概述、意志与意志行动、意志的作用、意志行动的阶段、意志品质的特性、不良意志品质的表现、意志力训练方法,意志品质的自我锻炼。 心理自测:意志力测评量表 团体活动: (1)克服惰性训练 (2)意志的考验 (3)意志品质的自我分析与完善 (4)养成良好习惯 (5)意志品质的自我锻炼,设计一些行之有效的方法并努力实践 (6)读“心”书,助成长:《意志力是训练出来的》 (7)观影疗心:《意志的考验》又名《远征南极》 【反思感悟】展示“延迟满足”实验,请思考驾驶员意志品质的自制性对于驾驶工作的重要性?如何在驾驶中自觉自律,确保安全行车
6	压弹能力训练	培养压弹能力 积极有效应对挫折与压力	教师讲授 心理自测 团体活动 互动分享 自主体验 反思感悟	理论探讨:掌握驾驶员的压力源,掌握压力缓解压力的方法和途径;受挫后的心理反应,掌握挫折的自我防御与应对策略;压弹含义、压弹力的四种表现、压弹能力的培养。 心理自测:压力测试表(PSTR) 团体活动: (1)挫折的应对 (2)压力问题脑力激荡 (3)我的生命线 (4)绝处逢生 (5)你能拿得动吗? (6)辩论与赠送“名言” (7)软化挫折 (8)胡萝卜、鸡蛋与咖啡豆 (9)祸福相依,泰然处之 (10)渐进肌肉放松练习 (11)读“心”书,助成长:理查德·怀斯曼著《正能量》 勒尔顿《放下的力量》 (12)观影疗心:电影《叫我第一名》 【反思感悟】回顾并写下你曾经遇到的烦恼不快事件,你遇到过哪些挫折?你的压力来自何处?你是如何应对的?效果如何?

续上表

序号	训练主题	训 练 目 的	训练方式	训 练 内 容
7	个性优化训练	优化个性，健全人格	教师讲授 心理自测 团体活动 互动分享 自主体验 反思感悟	理论探讨：驾驶员的需要、冒险动机和安全动机；能力、气质和性格；驾驶员的驾驶风格、驾驶员性格的完善。 心理自测：气质类型测试 多维度驾驶风格测试 团体活动： (1)辩论赛　性格决定命运 (2)需要与动机脑力激荡 (3)气质类型与驾驶行为 (4)驾驶风格与行车安全 (5)人生剧本 (6)梦想性格大揭秘 (7)读“心”书，助成长：(美)妮蒂雅著《性格解析——了解自己·理解他人》 【反思感悟】经过心理自测和学习活动，你对自己的了解增加了多少？分析一下自己的气质和性格类型，想一想驾驶中如何扬长避短？如果现在让你来描述你的驾驶风格，那么你会如何描述？回顾一下你的驾驶经历，是哪些因素促使你的驾驶风格的形成？要成为一个更加完善成熟的人，你需要从现在开始做出何种努力？
8	自知与感悟能力训练	促进驾驶员认识自我，悦纳自我，完善自我，走向成熟的自我；使自知的“我”和他人所知的“我”更为一致；学习自我反思、自我评估，探索自我努力的方向	教师讲授 心理自测 团体活动 互动分享 自主体验 反思感悟	理论探讨：自我意识的含义、特点；认识自我、悦纳自我、完善自我；驾驶员的自我认知与行车安全。 心理自测：自我意识测试 团体活动： (1)我是谁？ (2)用三个形容词描述自己 (3)留舍最爱 (4)自我探索——理想的我和现实的我 (5)你问我答 (6)生命最后的思考 (7)我的社会支持系统 (8)独特的我 (9)看视频，完成句子 (10)自知与感悟训练的效果 (11)读“心”书，助成长：张德芬《遇见未知的自己》 【心灵感悟】接纳自己，珍惜独一无二的自己，努力做最好的自己

续上表

序号	训练主题	训 练 目 的	训练方式	训 练 内 容
9	交通安全意识训练	培养驾驶员交通安全意识，养成良好驾驶习惯	教师讲授 心理自测 团体活动 互动分享 自主体验 反思感悟	理论探讨：驾驶员的安全意识内容、驾驶员安全意识的类型、驾驶员交通安全意识淡薄的违章行为及其社会危害性、提高驾驶员安全意识的方法及措施。 心理自测：驾驶员安全意识测评 团体活动： (1)安全为了谁 (2)安全驾驶习惯脑力激荡 (3)交通安全宣传标语征集 (4)听故事，谈体会 (5)亲情感化 (6)交通安全宣传系列活动 【心灵感悟】看视频澳大利亚交通公益宣传片：人人都会被牵挂思考“安全为了谁”
10	心理健康自我维护训练	拥有积极心态，自我维护心理健康	教师讲授 心理自测 团体活动 互动分享 自主体验 反思感悟	理论探讨：驾驶员心理健康及标准，驾驶员典型的安全驾驶心理，驾驶员心理健康的自我调适，拥有积极心态，学习维护心理健康的方法。 心理自测：自我效能感量表(GSES) 总体幸福感量表(GWB) 特质应对方式问卷(TCSQ) 团体活动： (1)我选择，我愿意 (2)拥有积极心态，保持心理健康 (3)积极心态的自我暗示 (4)早晚“三问” (5)我的未来我做主 (6)减压卡 (7)开心一刻 (8)读“心”书，助成长：[美] 约瑟夫・J・卢斯亚尼著《改变自己：心理健康自我训练》 [英]丹尼尔・弗里曼，贾森・弗里曼著《家庭心理自助手册》 【反思感悟】请想一下，你有过心理困扰吗？像“心理感冒”一样，我们的心理困扰可以通过自我积极主动去调适，求人不如求己，拥有积极心态，维护心理和谐，呵护心理健康，才能更好地感知生活的幸福与美好
11	联谊总结笑迎未来	团体训练总结 给予彼此祝福 进行训练效果评估	团体活动 心理自测 自主体验 教师总结	团体活动： (1)健康十巧手运动 (2)真情告白 心理自测：进行训练后测 【心灵感悟】我的训练收获

第三节　实证研究的结果分析

我们在济南市交通运输企业进行了为期10个月的实验研究,利用实验研究工具进行了实验前测和后测,对各组进行了组内和组间比较,结果分析如下:

一、实验前后的差异比较

1.卡特尔16种人格因素的差异比较

我们对实验组和对照组团体心理训练实施前后进行了显著性检验,如表11-2所示。结果显示,实验组和对照组在训练实施前无显著性差异,说明两个组的驾驶员在16种人格因素上基本处于同一个水平。团体心理训练实施后,实验组在乐群性、稳定性上得分高于对照组且达到显著水平(P<0.05)在忧虑性、敏感性、紧张性上得分低于对照组且达到显著水平(P<0.05)和极其显著水平(P<0.01)。

驾驶员团体心理训练实施前后16PF各因子得分的比较($\overline{X}$±SD)　　表11-2

心理因素	实验组			对照组			实施前两组比较(t值)	实施后两组比较(t值)
	实施前	实施后	t值	实施前	实施后	t值		
乐群性(A)	5.75±2.100	6.08±1.839	-3.302**	5.46±1.803	5.49±1.733	-1.754	0.944	2.044*
聪慧性(B)	4.32±1.786	4.34±1.742	-1.424	4.14±1.701	4.15±1.682	-1.000	0.638	0.704
稳定性(C)	5.47±1.667	6.47±1.994	-4.479***	5.70±2.088	5.72±2.020	-0.575	-0.776	2.314*
恃强性(E)	5.64±1.522	5.66±1.474	-0.575	5.37±1.778	5.36±1.749	1.000	1.020	1.143
兴奋性(F)	5.97±1.666	6.08±1.431	-1.817	5.83±2.218	5.90±2.083	-1.754	0.463	0.633
有恒性(G)	4.89±1.688	5.22±1.511	-3.589**	5.26±2.048	5.32±1.948	-1.921	-1.212	-0.359
敢为性(H)	5.88±1.572	5.93±1.475	-2.043*	5.88±2.124	5.94±2.021	-1.685	0.001	-0.024
敏感性(I)	5.67±1.893	5.25±1.489	4.048***	6.15±1.824	6.06±1.713	1.976	-1.591	-3.136**
怀疑性(L)	4.75±1.706	4.70±1.622	2.043*	4.98±1.475	4.96±1.453	1.000	-0.866	-1.027
幻想性(M)	5.93±1.661	5.99±1.559	-1.652	6.22±1.696	6.21±1.671	1.000	-1.073	-0.856
世故性(N)	5.21±1.732	5.36±1.686	-2.365*	5.30±1.487	5.37±1.470	-1.929	-0.350	-0.056
忧虑性(O)	6.14±1.873	5.33±1.756	4.964***	6.02±2.208	6.00±2.162	1.000*	0.338	-2.100*
实验性(Q1)	5.27±1.484	5.44±1.500	-3.436**	5.44±1.557	5.53±1.501	-2.751**	-0.694	-0.382
独立性(Q2)	4.44±1.893	4.51±1.834	-1.925	4.70±1.654	4.73±1.628	-1.423	-0.928	-0.794
自律性(Q3)	5.10±1.529	5.29±1.486	-3.553**	5.58±1.556	5.64±1.535	-2.294*	-1.945	-1.452
紧张性(Q4)	6.15±1.800	5.26±1.280	6.237***	6.00±2.214	5.96±2.159	1.348	0.460	-2.484*

注:t值上标*表示P<0.05,**表示P<0.01,***表示P<0.001。

我们对实验组和对照组各自前后测显著性检验结果表明,经过团体心理训练,实验组的驾驶员在16种人格因素中稳定性、敏感性、忧虑性、紧张性前后差异达到非常显著水平

(P<0.001),在乐群性、有恒性、自律性前后差异达到极其显著水平(P<0.01),敢为性、世故性前后差异达到显著水平(P<0.05),且乐群性、稳定性、有恒性、敢为性训练后的得分明显高于训练前,在敏感性、怀疑性、忧虑性、紧张性训练后的得分明显低于训练前;而对照组驾驶员16种人格因素上前后也略有差异,除实验性、自律性外其他都没有未达到显著水平。可见,团体心理训练能提高驾驶员的积极心理品质,使驾驶员适应能力增强,情绪稳定,做事尽职、责任心强,不感情用事。随和、容易与人相处,相信自己有应付问题的能力,独立的去处理问题。紧张困扰少了,心理容易平衡。

2. 意志力的差异比较

我们对实验组和对照组团体心理训练实施前后进行了显著性检验,如表11-3所示。结果显示,实验组和对照组在训练实施前无显著性差异,说明两个组驾驶员意志力基本处于同一个水平。团体心理训练实施后,实验组的意志力得分高于对照组且达到显著水平(P<0.05)。

驾驶员团体心理训练实施前后意志力的得分比较($\overline{X}\pm SD$)　　表11-3

心理因素	实验组			对照组			实施前两组比较(t值)	实施后两组比较(t值)
	实施前	实施后	t值	实施前	实施后	t值		
意志力	96.08±10.289	100.45±7.977	-9.761***	96.35±9.681	96.45±9.271	-0.443	-0.123	2.068*

注:t值上标*表示P<0.05,**表示P<0.01,***表示P<0.001。

我们对实验组和对照组各自前后测显著性检验结果表明,经过实施团体心理训练,实验组驾驶员的意志力得分高于训练前,且前后差异达到极其显著水平(P<0.001),而对照组驾驶员意志力前后也略有差异,但未达到显著水平。可见,团体心理训练能提高驾驶员的意志力,意志力强的驾驶员会把实现交通安全作为基本需要,明辨是非,当机立断,自觉地调节自己的行动,对符合交通安全的事以饱满的热情和认真的态度来办好,即使遇到困难和干扰,也能全力以赴克服困难。驾驶车辆时善于控制自己的情绪,约束自己的言行,善于忍耐,遇事沉着冷静,处事周全。

3. 驾驶风格的差异比较

我们对实验组和对照组团体心理训练实施前后进行了显著性检验,如表11-4所示。结果显示,实验组和对照组在训练实施前无显著性差异,说明两个组驾驶员在驾驶风格各维度上基本处于同一个水平。团体心理训练实施后,实验组的驾驶风格各维度得分(感觉寻求、愤怒、冒险、焦虑、分心)低于对照组且达到显著水平(P<0.05)。

驾驶员团体心理训练实施前后驾驶风格的得分比较($\overline{X}\pm SD$)　　表11-4

心理因素	实验组			对照组			实施前两组比较(t值)	实施后两组比较(t值)
	实施前	实施后	t值	实施前	实施后	t值		
感觉寻求	1.88±1.111	1.48±0.433	3.096**	1.88±1.114	1.84±1.018	1.433	0.034	-2.048*
愤怒	3.23±1.255	2.68±0.841	6.479***	3.19±1.265	3.18±1.257	0.374	0.142	-2.090*
冒险	3.27±1.299	2.73±0.848	6.112***	3.21±1.245	3.22±1.178	-0.255	0.193	-2.135*

续上表

心理因素	实验组			对照组			实施前两组比较(t值)	实施后两组比较(t值)
	实施前	实施后	t值	实施前	实施后	t值		
焦虑	1.64 ±0.701	1.35 ±0.329	4.209***	1.60 ±0.630	1.58 ±0.581	0.902	0.280	-2.211*
分心	1.83 ±0.597	1.58 ±0.354	4.717***	1.80 ±0.555	1.78 ±0.512	1.275	0.233	-2.082*
冒险型	5.15 ±2.193	4.21 ±1.153	4.685***	5.08 ±2.168	5.06 ±2.042	0.927	0.130	-2.288*
愤怒型	3.23 ±1.255	2.68 ±0.841	6.479***	3.19 ±1.265	3.18 ±1.257	0.374	0.142	-2.090*
焦虑型	3.47 ±1.141	2.93 ±0.618	5.121***	3.40 ±1.091	3.36 ±1.005	1.438	0.287	-2.350*

注:t值上标*表示 $P<0.05$,**表示 $P<0.01$,***表示 $P<0.001$。

我们对实验组和对照组各自前后测显著性检验结果表明,经过实施团体心理训练,实验组驾驶员的感觉寻求、愤怒、冒险、焦虑、分心得分低于训练前,且前后差异达到极其显著水平($P<0.001$),而对照组驾驶员的感觉寻求、愤怒、冒险、焦虑、分心前后也略有差异,但未达到显著水平。可见,团体心理训练后故意违反安全驾驶规范,寻求刺激,激惹、暴怒、敌对的态度、攻击性行为、紧张、担忧等变少了。

4.安全意识的差异比较

我们对实验组和对照组团体心理训练实施前后进行了显著性检验,如表11-5所示。结果显示,实验组和对照组在训练实施前无显著性差异,说明两个组驾驶员安全意识基本处于同一个水平。团体心理训练实施后,实验组在安全态度、安全行为倾向2个维度上得分高于对照组且达到显著水平($P<0.05$)。

驾驶员团体心理训练实施前后安全意识的得分比较($\overline{X}\pm SD$) 表11-5

心理因素	实验组			对照组			实施前两组比较(t值)	实施后两组比较(t值)
	实施前	实施后	t值	实施前	实施后	t值		
业务素质	9.82 ±1.059	10.18 ±0.958	-4.149***	9.80 ±1.043	9.88 ±1.042	-1.778	0.106	1.340
安全态度	16.35 ±4.130	18.10 ±3.629	-8.062***	16.27 ±4.224	16.30 ±4.226	-0.443	0.080	2.044*
安全行为倾向	10.53 ±3.343	12.18 ±2.863	-7.237***	10.65 ±3.231	10.75 ±3.160	-1.275	-0.170	2.113*

注:t值上标*表示 $P<0.05$,**表示 $P<0.01$,***表示 $P<0.001$。

我们对实验组和对照组各自前后测显著性检验结果表明,经过实施团体心理训练,实验组的驾驶员安全意识各个维度得分高于训练前,且前后差异达到极其显著水平($P<0.001$),而对照组驾驶员安全意识前后也略有差异,但未达到显著水平。可见,团体心理训练能提高驾驶员的安全意识,使驾驶员对安全重要性的认识增强,更好的执行交通规章制度,自觉遵守交通法规,维护交通安全,具备良好的职业习惯以及与他人的配合协调,增强了驾驶员的社会责任感。

5.特质应对方式的差异比较

我们对实验组和对照组团体心理训练实施前后进行了显著性检验,如表11-6所示。结果显示,实验组和对照组在训练实施前无显著性差异,说明两个组驾驶员的特质应对方式基本处于同一个水平。团体心理训练实施后,实验组在特质应对方式上积极应对得分高于对照组且达到显著水平（$P<0.05$），在消极应对上得分低于对照组且达到显著水平（$P<0.05$）。

驾驶员团体心理训练实施前后特质应对方式的得分比较（$\overline{X}\pm SD$） 表 11-6

心理因素	实验组			对照组			实施前两组比较（t 值）	实施后两组比较（t 值）
	实施前	实施后	t 值	实施前	实施后	t 值		
积极应对	36.48 ±5.464	38.14 ±5.751	-3.751^{***}	35.65 ±7.889	35.72 ±7.800	−1.755	0.770	2.211^{*}
消极应对	31.31 ±7.010	27.25 ±7.015	6.221^{***}	30.08 ±9.211	30.04 ±9.150	1.755	0.941	-2.134^{*}

注：t 值上标 * 表示 $P<0.05$，** 表示 $P<0.01$，*** 表示 $P<0.001$。

我们对实验组和对照组各自前后测显著性检验结果表明，经过实施团体心理训练，实验组的驾驶员训练后积极应对得分高于训练前，消极应对得分低于训练前，且前后差异达到非常显著水平（$P<0.001$），而对照组驾驶员特质应对方式前后也略有差异，但未达到显著水平。可见，团体心理训练能改善驾驶员的特质应对方式，使驾驶员遇到问题时以积极的态度对待问题并力求高效解决问题。

6. *总体幸福感的差异比较*

我们对实验组和对照组团体心理训练实施前后进行了显著性检验，如表 11-7 所示。结果显示，实验组和对照组在训练实施前无显著性差异，说明两个组基本处于同一个幸福感水平。团体心理训练实施后，实验组在总体幸福感上得分高于对照组且达到显著水平（$P<0.05$）。

驾驶员团体心理训练实施前后总体幸福感得分的比较（$\overline{X}\pm SD$） 表 11-7

心理因素	实验组			对照组			实施前两组比较（t 值）	实施后两组比较（t 值）
	实施前	实施后	t 值	实施前	实施后	t 值		
总体幸福感	70.88 ±8.191	73.91 ±5.560	-3.956^{***}	70.58 ±9.804	70.71 ±9.583	−1.737	0.206	2.55^{*}

注：t 值上标 * 表示 $P<0.05$，** 表示 $P<0.01$，*** 表示 $P<0.001$。

我们对实验组和对照组各自前后测显著性检验结果表明，经过实施团体心理训练，实验组的驾驶员总体幸福感得分高于训练前，且前后差异达到非常显著水平（$P<0.001$），而对照组驾驶员幸福感前后也略有差异，但未达到显著水平。可见，团体心理训练能提高驾驶员的总体幸福感，能增进驾驶员心理健康。

7. *自我效能感的差异比较*

我们对实验组和对照组团体心理训练实施前后进行了显著性检验，如表 11-8 所示。结果显示，实验组和对照组在训练实施前无显著性差异，说明两个组驾驶员自我效能感基本处于同一个水平。团体心理训练实施后，实验组在自我效能感上得分高于对照组且达到极其显著水平（$P<0.01$）。

驾驶员团体心理训练实施前后自我效能感的得分比较（$\overline{X}\pm SD$） 表 11-8

心理因素	实验组			对照组			实施前两组比较（t 值）	实施后两组比较（t 值）
	实施前	实施后	t 值	实施前	实施后	t 值		
自我效能感	2.673 ±0.635	2.779 ±0.595	-3.288^{**}	2.658 ±0.697	2.633 ±0.652	0.927	0.297	3.182^{**}

注：t 值上标 * 表示 $P<0.05$，** 表示 $P<0.01$，*** 表示 $P<0.001$。

我们对实验组和对照组各自前后测显著性检验结果表明，经过实施团体心理训练，实验组的驾驶员自我效能感得分高于训练前，且前后差异达到极其显著水平($P<0.01$)，而对照组驾驶员自我效能感前后也略有差异，但未达到显著水平。可见，团体心理训练能提高驾驶员的自我效能感，使驾驶员乐观、自立自强，有自信心，独立完成自己的工作计划，不依赖别人。

二、实证研究结论

从本实验的数据结果来看，我们开展的驾驶员心理素质训练，连续近一年的实验研究结果表明，驾驶员心理素质训练具有良好的实施效果。

通过实施以驾驶员感知与决策能力、良好的注意品质、情绪管理能力、压弹能力、意志品质、安全意识、自知与感悟能力、个性完善、心理健康自我维护为主题内容的团体心理训练，使驾驶员适应能力增强，善于控制自己的情绪，约束自己的言行，自觉地调节自己的行动；故意违反安全驾驶规范，寻求刺激，激惹、暴怒、敌对的态度、攻击性行为、紧张、担忧等变少了；提高驾驶员的安全意识，使驾驶员对安全重要性的认识增强，更好的执行交通规章制度，自觉遵守交通法规，维护交通安全，增强了驾驶员的社会责任感。驾驶员遇到问题时以积极的态度对待问题，相信自己有应付问题的能力，并力求高效解决问题；使驾驶员能体验积极心理品质、感受心理健康状态、培养积极正向的思维方式、心理素质将得到明显的优化；学会了更积极的自我认知，总体幸福感增强，并获得自我完善、自我修复的能力。

搭建积极理念的驾驶员网络“三助”(自助、互助、求助)微信服务平台《驾心·交心·安心》传播交通心理学知识，为驾驶员提供心理健康服务，深受驾驶员喜爱。在这里，驾驶员可以通过网络、进行心理测试、学习心理美文、观看心理影像视频、分析交通事故案例等，自主学习交通心理学和心理健康知识。建立驾驶员 QQ 群、进行互助学习，共同探讨学习工作中的困惑。网络“三助”服务平台建立以来，访客点击量日益增多，已成为驾驶员心理沟通的桥梁，感情联络的纽带，解决心理问题的良方。

参考文献

[1] [美]理查德·格里格,[美]菲利普·津巴多.心理学与生活[M].北京:人民邮电出版社,2013.

[2] 彭聃龄.普通心理学[M].北京师范大学出版社,2012.

[3] 许志敏、吴建平."路怒症"的心理学理论与实践[J].学术探讨,2015.

[4] 刘浩.道路交通事故中驾驶员因素分析及对策研究[D].东北大学硕士学位论文,2006.

[5] 李艳春、于海辰.大货车驾驶员交通心理与交通安全的研究[J].中国安全科学学报,2014.

[6] 范士儒.交通心理学教程[M].北京:中国人民公安大学出版社,2009.

[7] 常若松.汽车驾驶员安全心理学手册[M].北京:人民交通出版社.2014.

[8] 戴家隽.驾驶人安全心理指导手册[M].北京:人民交通出版社.2014.

[9] 严新平,王长君.机动车安全驾驶心理与行为自我测试及训练手册[M].武汉:武汉理工大学出版社,2011.

[10] 施臻彦,葛列众,胡晓晴.驾驶分心行为的测量方法及其应用研究进展[J].人类工效学,2010年09月第16卷第3期.

[11] 何存道.卡车驾驶员情绪状态研究[J].人类工效学.2001年6月第7卷第2期.

[12] 朱国锋.驾驶员情绪状态研究[J].上海:心理科学.2003年第26卷第3期.

[13] 陈晓晨,马锦飞,窦广波,张士兵.不同类型驾驶员的情绪状态[J].中国健康心理学杂志.2013年第21卷第6期.

[14] 陈安之.如何追求超级成功.21世纪超级成功学.北京:知识出版社,2001.

[15] 白羽.改变心力:团体心理训练与潜能激发[M].杭州.浙江文艺出版社,2006.

[16] 楼中艳.驾驶员的个性特点与驾驶安全的关系[J].人类工效学,2011年03月第17卷第1期.

[17] 徐鸿,廖怀高,徐建奇.交通安全心理学——从人的心理看如何预防汽车交通事故[M].成都:西南交通大学出版社.2010.

[18] 聂振伟.大学生心理健康-成长从"心"开始[M].北京.中国人民大学出版社,2014.

[19] 龚惠香.大学生心理素质训练[M].杭州.浙江大学出版社,2011.

[20] 杨秀君.心理素质训练[M].上海.上海交通大学出版社,2010.

[21] 郑红雯,卢勇.交通心理学[M].北京.中国人民公安大学出版社,2010.

[22] 王为正,韩玉霞.大学生心理自助读本——感悟.求索.升华 [M].北京.科学出版社,2010.

[23] 解云,徐新春.道路交通安全心理学[M].北京.人民交通出版社股份有限公司,2017.

[24] 孙志强.驾驶员的情绪与行车安全[J].科技信息,2012(22).

[25] 陆婷,邓宏宝,戴家隽.职业汽车驾驶员心理能力研究进展[J].交通医学,2011,25(2):153-156.

[26] 邬庆祥、高德建、顾天祯.心理自测与训练[M].上海.上海科技出版社出版,1989.